Concise

簡明
經濟學

Economics

修訂三版

➤ 王銘正 著

$ $

修訂三版序

　　隨著 2018 年美中貿易戰爭、2020 年 COVID-19 疫情與 2022 年俄烏戰爭的爆發，國內外經濟與金融情勢有比較大幅度的波動；本修訂版次希能讓有興趣的讀者，瞭解這些重大事件所造成的影響。

　　本版次除了數據資料根據最新年份加以更新外，也新增了以下的內容：

第 2 章：疫情對不同行業的有利與不利的影響（如晶片短缺與「塞港」現象）；公教年金改革法案通過的影響；政府於 2021 年 1 月 1 日起開放含有萊克多巴胺的美國豬肉進口後，造成國產豬肉的需求增加；國內雞蛋價格在 2022 年年初飆漲；俄烏戰爭一爆發，國際油價即應聲漲破每桶 100 美元；口罩價格上限與「口罩國家隊」的綜合影響。

第 4 章：碳費與碳稅的異同。

第 5 章：美中貿易戰爭對臺灣的影響。

第 6 章：為何我國的經濟成長率在 2019～2021 年這段期間有不錯的水準，但失業率卻持續上升？

第 7 章：為何美股 Meta（原 Facebook，臉書）在 2022 年 2 月 3 日會下跌 84.84 美元，跌幅高達 26.3%？

第 8 章：美國在 2020 年 3 月至 2022 年 2 月期間的量化寬鬆貨幣政策。

第 9 章：為何俄羅斯的中央銀行會在 2022 年 2 月 28 日宣布將指標利率從 9.5%，一口氣上調到 20%？

第 10 章：以臺灣與美國為例，說明疫情對總合需求與總合供給，進而對實質 GDP 與一般物價的影響。

　　本書在寫作期間，承蒙中央大學經濟系吳月華與陳厚琪兩位助教的諸多協助，謹在此致謝。也感謝出版公司給予個人絕對的寫作空間。

王銘正

2022 年 5 月

於國立中央大學研究室

修訂 二版序

　　本書的初版承蒙用書教師與讀者的支持，可以在短短三年有了修訂二版；謹在此致上最誠摯的謝意。

　　此一版本維持初版的簡潔易懂的寫作風格，數據資料也根據最新年分加以更新，也提及新型冠狀病毒肺炎 (COVID–19) 疫情的相關議題，如國際油價大跌、美國中央銀行 (Fed) 將聯邦資金利率的目標值降至 0～0.25%，且宣布採取無限量的 QE 政策，以及總合需求與短期總合供給同時減少等。

　　本書在印行期間，疫情還在蔓延階段，國際油價、薪資與股票等資產其價格均曾大幅波動，不少國家其經濟可能負成長，失業率也可能大幅上升，未來全球的經濟與財金情勢有可能異常嚴峻；衷心希望本書可以為讀者奠下日後繼續鑽研經濟與財金知識與議題的基礎。

　　本書在寫作期間，承蒙中央大學經濟系張雅琪與吳月華兩位助教的諸多協助，謹在此致謝。也感謝出版公司給予個人絕對的寫作空間。

王銘正

2020 年 5 月

於國立中央大學研究室

序

　　個人長期在國立中央大學開授生活經濟學這門一學期的通識核心必修課程，用的教科書是個人所寫的《經濟學》（三民書局出版）。不過，對非經濟相關科系的學生而言，這本教科書的份量太多且部分內容稍嫌艱深，因此，個人有時會興起寫一本適合非經濟相關科系學生的簡明經濟學教科書的念頭。在 2016 年年中，三民書局的編輯部也有同樣的想法，所以本書就誕生了。

　　本書既然標榜「簡明」，所以除了行文簡潔易懂外，也盡量跟學生貼近，例如，以林書豪的投籃命中率說明勞動邊際產量與平均產量之間的關係，以及用陳偉殷的防禦率說明邊際成本與平均變動成本之間的關係。

　　另外，為讓讀者有更多的收穫，本書內容也盡量跟日常生活中常見或重要的經濟現象與政府政策有關。例如，本書說明「一例一休」新制的影響、為何我國的實質薪資在過去十餘年間停滯、如何從經濟的角度看「太陽花學運」、歐洲與日本中央銀行的負利率政策，以及美國次級房貸風暴的成因與影響及政府政策……等等。

　　總之，個人期許自己，這是一本有良心的經濟學入門教科書。

　　本書在寫作期間，承蒙中央大學經濟系馬慧娟與張雅琪兩位助教的諸多協助，在此致上最誠摯的謝意。也感謝出版公司給予個人絕對的寫作空間。

王銘正

2017 年 3 月

於國立中央大學研究室

目次

1 → 導　論

學習重點

1.經濟學是一門什麼樣的學問？

2.經濟學的基本觀念為何？

3.價格機能如何引導社會資源的配置？

4.何謂循環流程圖？

課前引言

曾有一幅漫畫這樣畫到:「一個行人向坐在路旁聊天的四個人問路。那四個人想了一下後,就各指了東南西北四個方向;而這四個人都是經濟學家。」這幅漫畫挪揄了經濟學家總是會有不同的意見;但這不是因為經濟學家好辯,而是經濟現象與問題實在是太複雜了。之所以複雜,一方面是因為人的行為本來就很複雜,牽涉到金錢又更複雜;另一方面是因為出口是臺灣經濟成長的主要動力來源之一,所以臺灣的經濟表現深受國際景氣的影響,而國際景氣又是變化莫測。

其實,一般人對經濟相關議題也可能會有截然不同的看法。最明顯的莫過於買股票的人認為股價未來會漲,而賣股票的人則正好相反。

雖然經濟現象與問題複雜且經濟學家常會有不同的意見,但經濟學仍有一些被絕大多數經濟學家所認可的基本原理。本章在說明過經濟學是一門什麼樣的學問後,會介紹這些原理。

1.1 經濟學是什麼？

■ 1.經濟現象

經濟學是解釋並預測「經濟現象」的一門學問。何謂「經濟現象」？簡單地說，就是市場價格波動的現象。市場價格除了一般商品（如手機與農產品）的價格外，也包括服務（services，如手機通訊與交通運輸）的價格，以及薪資、租金、利率（資金的運用以百分比所表示的代價）等生產要素 (factors of production) 的價格。除了以上的價格外，像匯率也是一種價格；如果美元兌新臺幣的匯率為 30，那就表示 1 美元以新臺幣所表示的價格為 30 元新臺幣。

■ 2.市場供需決定市場價格

在自由市場下，也就是政府不介入市場去干預價格的情況下，一般市場價格是由市場買賣雙方所共同決定的。在經濟學，我們稱市場價格是由市場需求 (market demand) 與市場供給 (market supply) 所共同決定的。當市場供給、需求或供需雙方同時變動時，市場價格也就跟著變動。

例如，在 2008 年年中，國際石油價格因中國與印度等大型新興經濟體的所得高度成長，導致石油的需求大增而飆上每桶 140 美元；但隨後因金融海嘯的發生導致全球經濟衰退，造成石油的需求大減，而於 2009 年年初跌至每桶約 30 美元的水準；在 2020 年 4 月，更因新型冠狀病毒肺炎 (COVID-19) 疫情蔓延，使消費與生產活動大幅縮減，而使國際油價因需求大減而跌破每桶 20 美元；在 2022 年 2 月初，又因全球經濟復甦且不少國家因疫苗覆蓋率高而逐步解封對疫情的限制措施，而使石油的需求大增，再加上俄羅斯與烏克蘭爆發戰爭，從而讓國際油價漲破每桶 100 美元。又例如，在 1980 年代後期，臺灣當時有一句話叫「臺灣錢淹腳目（腳趾縫隙）」；這句話在形容臺灣當時資金氾濫的程度。資金氾濫的結果，使股票市場的需求大幅增加，進而造成臺灣股價指數從 1985 年 9 月約 700 點的水準，漲到 1990 年 2 月的 12,682 點；另外，資金氾濫與上市公司獲利佳，臺灣股

價指數也因股票市場的需求大幅增加 ， 而從疫情爆發後的 2020 年 3 月的 8,523 點，漲到 2022 年 1 月的 18,619 點。

■ 3. 選擇的科學

市場的供給與需求是市場參與者個別的供給與需求的總和。當大部分市場參與者其供給或需求改變時，市場的供給或需求也會跟著變動，進而使市場價格發生變動。因此，我們如要瞭解市場價格波動的經濟現象，首先必須瞭解哪些因素會影響市場參與者其供給與需求的決策；換句話說，我們必須先瞭解市場參與者他們如何做決策或選擇。從這個角度來看，經濟學是一門研究人們如何做決策或選擇的科學 (a science of decision or choice)。

1.2 　經濟學的基本觀念

有人說人生是一連串的選擇過程。人們為什麼需要做選擇？人們又如何做選擇？本節將介紹一些經濟學的基本觀念來回答這些問題。

▶ 1.2.1　魚與熊掌不可兼得：資源相對欲望是有限的

■ 1. 對大學生而言

當你剛成為大一新生時，你可能想買電腦、腳踏車（甚至摩托車）、更炫的手機等；你也有很多書要買，也有很多活動要參加。可是你的預算是有限的，以至於這些欲望無法同時滿足。這時候，你必須在有限的預算下，根據這些欲望的強烈程度及所需支付的價格排定優先順序；換言之，你必須做選擇或取捨 (trade-off)。因此，人們之所以需要做選擇，是因為人們所擁有的資源相對其欲望是有限的。

也許有些大一新生家裡很有錢，所有的物質欲望不會有預算的限制，但他們仍會面臨「時間有限」的限制，以至於必須決定哪些活動必須割愛，特別是在大考之前。又例如，在你的預算跟時間都是有限的情況下，你要搭哪一種交通工具返家？自強號或區間車？有哪一種長途交通工具是既省時又省錢，而讓你不需要做取捨的？

■ 2.對一般家庭而言

就一般家庭而言，最基本的決策是夫妻要不要同時工作，以及家庭的收入有多少要儲蓄下來做為小孩的未來教育費用或退休支用，剩下來的收入又要如何分配在食衣住行育樂各項支出上。

■ 3.對政府而言

就政府而言，也面臨相當多的決策問題。例如，社會福利支出（如老農津貼）要不要增加？如果增加，是要增稅，還是舉債，還是減少其他項目的支出？如果是後者，哪些項目的支出要減少？又例如，政府要不要增加對「就學貸款」利息的補貼？如要增加，經費從何而來？再例如，有哪一種發電方式比其他發電方式來得安全、對環境較無害且成本較低❶，而使政府能輕易地做出決策？

■ 4.對整個社會而言

就整個社會而言，會面臨「生產什麼」、「生產多少」、「如何生產」（多用資本或多用勞動）以及「如何分配」（即所得分配問題）等四個基本決策。一個社會之所以會面臨這些決策問題，也是因為整個社會的資源相對於人們的欲望是有限的。一個具體而微的表徵是，人們所欲求的東西幾乎都是有價格標在上面的❷，

---

❶ 根據台電公司網站（首頁＞公司治理＞電價成本）的資料，2021 年，核能、燃煤、燃氣、風力與太陽光電等主要發電方式的每度成本分別為 1.39、1.57、1.92、2.00 與 2.89 元。其中，核能發電的成本最低，但會有核廢料處理與核災風險等問題；燃煤發電的成本亦低，但空氣污染問題最嚴重；風力發電的成本也低且也不會產生空氣污染，但會有噪音（陸上）及破壞生態的問題；太陽光電雖也不會產生空氣污染，但發電成本高且會破壞景觀與生態；風力發電與太陽光電也會有設備製造所產生的污染及無法連續發電而無法做為基載電力的問題；燃氣發電的空氣污染程度輕，但天然氣的國際價格波動幅度大。

❷ 這些東西即所謂的經濟財 (economic goods)。如果社會所有的資源都像空氣一樣，取之不盡用之不竭，那麼，所有的東西就會像空氣一樣是免費的，即所謂的自由財 (free goods)。

而人們的預算相對其欲望是有限的，所以人們必須要做選擇。

▶1.2.2　人們如何作選擇：比較成本與效益

人們如何做選擇呢？讓我們舉下面的例子來說明。

想像你大學畢業時有 X 與 Y 兩個工作機會讓你選：X 工作的月薪為 3 萬元，而 Y 工作的月薪為 6 萬元。你是否會毫不猶豫地選 Y 工作呢？

薪水高低並不是人們在選擇職業時的唯一考量，人們還會考量工作的成就感、工作環境的和諧、訓練機會、未來發展性等效益 (benefit)，以及工作壓力、時間長短、安全危害、健康與尊嚴受損、相關支出（如交通、租屋、治裝）等成本 (cost)。人們會試著量化所有的效益與成本以進行比較。

■ 1.外顯成本與內隱成本

讓我們以 B 與 C 分別代表效益與成本，且以下標 1 與 2 分別代表 X 工作與 Y 工作。我們稱 $B_1 - C_1$ 與 $B_2 - C_2$ 分別為 X 工作與 Y 工作的淨效益 (net benefit, NB)。如果

$$B_1 - C_1 > B_2 - C_2$$

則你會選擇 X 工作，亦即當 X 工作的淨效益大於 Y 工作時，你會選擇 X 工作，即使 Y 工作的月薪是 X 工作的兩倍。

舉例來說，X 工作是在冷氣房裡做咖啡拉花，而 Y 工作是當餐點外送員。你可能不願受風吹日曬雨淋，且擔心車禍風險，所以對你而言，Y 工作的成本相當高，高到讓你願意捨棄高薪（有些很拼命的餐點外送員其月收入超過 10 萬元）。可是有些人可能會因經濟壓力而選擇高薪的 Y 工作；就這些人而言，經濟壓力迫使他們調低其所承擔的成本。

上式可以改寫成：

$$B_1 > C_1 + (B_2 - C_2)$$
$$= C_1 + NB_2$$

我們稱 C_1 為 X 工作的外顯成本 (explicit costs)❸，亦即因從事 X 工作而遭致的直接成本，而 NB_2 為從事 X 工作的內隱成本 (implicit costs)，亦即因選擇 X 工作而放棄 Y 工作的淨效益。如果你可以選擇的工作機會不只兩個，且你最終選了 X 工作，則這意味著 X 工作的淨效益是這些工作裡面最高的，且其內隱成本為次高的淨效益。

■ 2.機會成本

經濟學的成本指的是經濟成本 (economic costs)，或稱機會成本 (opportunity costs)，它包括外顯成本與內隱成本，因此是一個總成本的概念。由上式可以得知，人們會選擇某一機會，是因為此一機會的總效益大於總成本的緣故。

由於機會成本是經濟學中相當重要的觀念，讓我們再舉一個例子說明。假設你家裡有一間店面租給別人，月租 3 萬元，且租金歸你。你本來在一家公司上班（對應上面的 X 工作），月薪 4 萬元。現在你想收回你家的店面來自己開店（對應上面的 Y 工作），而且你估算每個月會計帳上的利潤（= 營業收入 − 會計成本）會有 5 萬元。為簡化說明，假設這兩項工作有相同的外顯成本（亦即 $C_1 = C_2$），且其效益均只來自於收入。這時候你會不會因為自己開店的會計利潤有 5 萬元，高於你目前的月薪 4 萬元，而選擇辭掉工作去開店呢？

由於你目前的收入除了月薪 4 萬元之外，還有你家店面的 3 萬元租金，總共是 7 萬元（對應上面的 B_1），高於收回你家的店面來自己開店的會計利潤 5 萬元（對應上面的 B_2），所以你不應該自行開店。

我們可以換個角度來思考這個問題。如果你家沒有店面，所以你得租別人的店面（月租 3 萬元）來開店。這時候你會計帳上的成本會多了租金 3 萬元這一項（因為你有實際的支出），而使你會計帳上的利潤從使用自家店面的 5 萬元變成了 2 萬元，比你在人家公司上班還少，這時候你就不會選擇自行開店。同樣是自行開店，且自家店面與他家店面的租金同樣是 3 萬元，那麼，最後會不會選擇自行開店的結果不是應該一樣嗎？如果你是用機會成本的概念，那麼你用你家店面來

---

❸ 外顯成本有時被稱為會計成本 (accounting costs)，但外顯成本可能源自於無形的項目，如上述的工作壓力，而無法顯示在會計帳上。因此，外顯成本實際上涵蓋會計成本。

開店的經濟利潤（＝營業收入－經濟成本）為每個月負 2 萬元，其為 5 萬元的會計利潤減去自家店面被你用來開店所少賺的月租 3 萬元，以及你辭去工作所少賺的月薪 4 萬元，這兩項內隱成本。因為經濟利潤為負，所以你不應該選擇自己開店。

如果你租別人的店面來開店，則經濟利潤仍為每個月負 2 萬元，其為 2 萬元的會計利潤減去你上班的月薪 4 萬元。這兩種情況的差別在於，月租 3 萬元在前者是內隱成本，在後者是外顯成本，但都屬於機會成本，所以不管店面是自家的還是用租的，最後的結果都是不應該自己開店。

▶1.2.3　人們如何做邊際選擇：比較邊際效益與邊際成本

■ 1.邊際效益與邊際成本

有時候人們的決策不是關於「要不要」的問題（如要不要自行開店），而是關於「要不要繼續」的問題。比方說，期末考前一天你已念了 8 小時的書，要不要再繼續念下去呢？這時候你要比較如果再繼續念 1 小時所增加的效益（稱邊際效益 (marginal benefit)），與所增加的成本（稱邊際成本 (marginal cost)）。

以本例而言，再多念 1 小時的邊際效益，為明天考試你預期增加的分數所帶給你的滿足水準的提升。如果事關被二一或三二，那你多念這 1 小時的邊際效益可能相當大。而你的邊際成本為多念這 1 小時，你就少了做 1 小時當時你最喜歡做的事（如打電動）所帶給你的淨效益（此為繼續念書的內隱成本），而且這 1 小時若繼續念書，你可能會相當痛苦（此為念書的外顯成本）。

要不要繼續念呢？這時候你該比較邊際效益與邊際成本；如果前者大於後者，那就繼續念吧！又比方說，你已唱了 5 小時的 KTV，有同學提議再唱 1 小時，你要不要答應呢？這時候你的回答其實是反映出你所做的「邊際分析」（亦即比較邊際效益與邊際成本）的結果（你的回答會是什麼呢？為什麼？）。

⏱ **動動腦 1-1**

⑴舉出你所做過的邊際決策，並說明當時你所做的「邊際分析」。

⑵根據統計，2018 年世界各國每人每日平均上網時間為 6 小時 42 分鐘，臺灣則高達 7 小時又 39 分鐘 (Global Digital Report 2019)。你認為原因為何？

■ 2.水與鑽石的矛盾

經濟學之父亞當・史密斯 (Adam Smith) 在其 《國富論》 (*The Wealth of Nations*) 一書中，曾提到一個「水與鑽石的矛盾」現象，意即水是維持生命所需的東西，為什麼水的價格會遠比鑽石低呢？這是因為在一般不缺水的情況下，人們已喝了足夠的水，再多喝水所帶來的邊際效益低，因此，人們所願意支付的價格也就不高。而鑽石由於稀有，一般人買不起，所以擁有它會有很強的炫耀效果（即邊際效益高），有錢人也就願意支付高價來購買。所以，透過邊際概念可以解答此一矛盾現象。不過，水的價值也不見得永遠比鑽石低。假設你在沙漠盜取了一袋鑽石，但水卻喝光了，你再不喝水的話，馬上就會渴死。這時候，如果有人要用一袋水跟你換那一袋鑽石，你願不願意換？答案應該是很明顯的。

▶1.2.4　人們的行為隨誘因起舞

■ 1.什麼是誘因？

誘因 (incentive) 就是獎懲，就是所謂的「胡蘿蔔與棍子」。人們的行為會隨誘因的改變而改變。為瞭解這一點，讓我們先看下面兩個例子。

在 18 世紀末，英國政府雇船將犯人送到澳洲，費用是依犯人數目事先支付給船長；結果，犯人死亡的比例很高（約 12%）。這是因為船長已先拿到錢，所以沒有誘因善待犯人。後來，英國政府改成依犯人平安抵達澳洲的數目來付費，結果情況就大為改善。

　　作家劉墉在《人生的真相》一書中提到一個故事：有一位貧病交加的老農在臨終前告訴他遊手好閒的獨子：「家裡值錢的東西都在田底下。」他兒子在他過世後就拚命地挖他家的田，結果什麼都沒有。為了過日子，他兒子只好下田工作。沒想到，「深耕」後的田使農作物的收穫特別好，日後他兒子也就比較願意下田❹。

🕐 **動動腦 1-2**

(1)舉出你的行為隨著家庭或學校的誘因機制改變而改變的例子。

(2)舉出別人的行為因你提供足夠的誘因而改變的例子。

■ 2.誘因引導行為

　　在日常生活中，最常見到的「行為隨誘因起舞」的例子是，廠商大降價後，顧客買的數量變多了，甚至原先沒買的，現在也來買了。另外，政府有時候也會提出新的誘因機制來達成政策目標。例如，為減少酒醉駕車肇事事件，政府提高罰鍰且將酒測值超過一定標準者依「公共危險罪」移送法辦。又例如，為因應全球溫室氣體排放日益嚴重的趨勢，政府補貼電動機車的購買及住家屋頂太陽能面板的裝置。

⑴老農津貼

　　有時，政府所提的誘因太強，反而造成資源浪費或不公平的結果。舉例來說，政府為照顧老年農民生活，自 1995 年起開始發放老農津貼，當時每月 3,000 元；發放金額後來逐步提高，自 2012 年起，每月達 7,000 元（2016 年元月再調高為 7,256 元）。由於這個津貼相當誘人，且農保資格寬鬆、審查浮濫❺，遂造成「假農民」人數大增：在 2013 年，臺灣的實際農業人口數明明只有約 54 萬人，但投

---

❹　劉墉 (1993)，《人生的真相》，臺北：水雲齋文化。

❺　加保年資僅需 6 個月，農會會員僅需持有 0.1 公頃農地，非農會會員只需切結每年農業收入超過 10,200 元，即可請領津貼。

保農保人數竟高達約 145 萬人❻；發放金額也從最初的一年 124 億元，大幅增加到一年 562 億元，約占行政院農委會一半的預算❼。為解決這個問題，立法院於 2014 年 7 月 16 日通過《老年農民福利津貼暫行條例》修正案，規定未來若要領取老農津貼，門檻將從原先投保農保 6 個月，提高到投保 15 年以上才能領取（比照勞保年金最低標準）。這項新政策提高假農民的保費支出，再加上確實審查投保人資格，而讓農保的投保人數持續減少至 2021 年 11 月底的 100.9 萬人❽。

(2)勞退新制

另外，政府有些政策雖立意良善，但因沒有考慮到實施後產生的「副作用」，而使政策美意無法達成，甚至反其道而行。

舉例來說，原來的《勞動基準法》規定，勞工必須於同一事業單位工作 15 年以上且年滿 55 歲或工作 25 年以上，才能請領退休金。由於國內廠商主要是中小企業，其存續時間多半為 10 年至 13 年，加上《勞動基準法》對未按時提撥勞工退休準備金的處罰太輕（處 2,000 元以上、20,000 元以下罰鍰），有提撥的廠商家數至 2003 年 12 月底止僅有 10.10%（受益員工率為 49.18%），再加上國內勞工流動率高，使得大部分勞工沒有領到退休金。為解決此一問題，《勞工退休金條例》除了讓勞工可以選擇可攜式的個人退休金專戶外（此專戶保障勞工不會因離職或轉換工作而領不到以前工作期間應領的退休金），並規定雇主每月負擔之勞工退休金提繳率，不得低於勞工每月工資的 6%，且一開始在《勞工保險條例》中對違反規定者訂定相當重的罰則（欠費 1 年，滯納金就變成應提繳金額的 23 倍）。

「勞退新制」上路後，勞保局每月發出一萬多張催繳單，相當於有 5% 的事業單位未配合新制按時提繳勞退金；過高的滯納金，反而讓部分事業單位採取直接關門的作法，最後受害的還是勞工。勞退新制立法當時原本是希望透過重罰讓事業單位不敢違規，以保障勞工權益（立意良善），但罰則過苛反而讓部分事業單位採取直接關門的作法，不但讓該事業單位的勞工領不到退休金，連薪水也沒有

---

❻　監察院 102 財正 0051 號糾正案文。

❼　《聯合報》，2014 年 1 月 6 日。

❽　行政院農委會農業統計資料查詢 > 動態查詢 > 農民健康保險投保人數。

了（副作用）。起碼就這些勞工而言，勞退新制反而讓他們受害。有鑑於此，立法院於 2008 年通過《勞工保險條例》修正案，改成每逾 1 日加徵其應納費額 0.1% 至應納費額 20% 為限。 在這些較為合理的規定下 ， 新制勞工退休金的收繳率在 2015 年已達 99.8% ❾。

⏱ **動動腦 1-3**
舉出類似「勞退新制」其政策美意無法達成，甚至反其道而行的政府政策措施。

▶ 1.2.5　交易使雙方獲利

■ 1.交易的成立

當你做完經濟方面的決策，亦即跟價格有關的決策（如買火車票或當家教），接下來你會執行你的決策。首先，你必須找到交易的另一方，然後開始議價。當然，像火車票或便利商店的商品，你並沒有議價空間，也就是說，像這類的商品或服務，你是一個價格接受者 (price taker)；但像家教的話，你多少有一些議價空間；有一些商品的議價空間會比較大，如房地產或地攤貨。

■ 2.交易利得

當交易雙方同意最後的議價結果後，交易就成交。由於交易是在自由意志下進行，且交易價格是雙方都接受的，因此，交易可以使雙方同時獲利；也就是說，雙方都會有交易利得（gains from trade，或稱貿易利得）。就買方而言，其交易利得為其所願意支付的金額大過實際支付的金額的部分；就賣方而言，其交易利得為其實際收到的金額大過他們所要求的金額（主要決定於他的成本）的部分。

舉例來說，如果你每小時至少要有 250 元才願意當家教，而實際的家教費是

---

❾　行政院勞動部網站（搜尋關鍵字：滯納金）。

每小時 400 元，那麼你每小時的家教就會有 150 元的交易利得；如果家長願意支付的家教費是每小時 500 元，則他（她）會有每小時 100 元的交易利得。所以，買賣雙方交易利得的多寡，一方面決定於買方的支付意願與賣方的成本，另一方面決定於實際成交的價格。當交易成交時，買賣雙方都會有交易利得，那麼，是不是當成交數量愈大時，整個社會的福利水準就愈高？這要看交易的標的物是不是會產生外部成本 (external costs)。

⑴**外部成本**

　　外部成本指的是人們的行為對其他人造成負面影響，且當事人並沒有負擔此一社會成本。例如，工廠偷偷排放廢氣，影響空氣品質等。所以像這類會產生外部成本的商品，並不是成交數量愈大，整個社會的福利水準就會愈高。如果交易的標的物不會產生外部成本，那麼成交數量愈大，買賣雙方的交易利得也會愈大，從而整個社會的福利水準也會愈高。這樣的結論是不是也適用於交易標的物為身體器官呢？換句話說，如果「器官市場」存在，那麼，社會福利水準會不會提升呢？

⑵**器官交易提升社會福利水準？**

　　臺灣在 2006 年爆發「卡債風暴」，50 萬名以上的「卡奴」無法償還他們的卡債；另外，有些人因為經商失敗之類的原因而背負龐大的債務。這些人生活陷入困境，有些人甚至自殺。

　　假設有一個卡奴已下定決心要自殺，突然之間，政府立法通過器官交易合法化；他只要「賣」一顆腎臟、或「賣」部分肝臟、或「賣」一片眼角膜，就可以解決他的債務問題。雖然賣掉他的器官之後，他的身體殘缺了，但他可以重新過日子；也就是說，他會有「器官交易利得」。就「買」器官的買者而言，他可能因為「買」到器官，而不是像現在一樣須等待適合的人捐贈❿，而使得生命可以延

---

❿　據財團法人器官捐贈移植登錄中心統計，截至 2018 年 11 月 22 日，全臺有 9,808 人等待器官捐贈，等候人數最多的器官類別為腎臟（7,489 人）。雖然在 2018 年，全臺成功移植腎臟與肝臟的案例有 658 例，但還不到等待器捐人數的十分之一。另外，媒

續或病情好轉；對他而言，他也會有「器官交易利得」。

　　讓我們再想一個比較極端的例子：有一個單親媽媽，她有三個稚齡的小孩，但負債 1,000 萬元。她本來已決定攜子自殺，但突然間，心臟可以合法「交易」，「市場價格」是一顆 2,000 萬元，這位媽媽決定進行這項「交易」。這項交易成交與沒有這項交易的差別在於她的三個小孩得以繼續過他們的一生，換心者也得以重生。雖然，不管有沒有這項交易，這位媽媽都會結束自己的生命，但一是「含恨」，一是「喜捨」。

> ⏱ **動動腦 1-4**
> 既然器官交易可使交易雙方享有交易利得，那為什麼器官交易尚未合法化？

1.3　價格機能：一隻看不見的手

■ 1.價格機能

　　由以上關於「交易利得」的說明可以得知：如果交易的標的物不會產生外部成本，那麼，一個社會的交易愈自由，亦即政府對交易的干涉愈少，則這個社會的福利水準應該會愈高。

　　每個社會的交易自由程度並不一樣。在共產主義社會，「生產什麼」、「生產多少」及「如何生產」這三個社會基本決策是由中央政府官員依自己的偏好拍板定案。在此情況下，很容易發生人民想要的東西不生產，且生產出來的東西卻不是人民想要的結果。

　　相反地，在自由市場下，資源的配置就非常有效率，亦即人民不要的東西不會被生產，且愈多人想要的東西產量會愈多。像美國這樣一個不管是以哪一種標

體也曾報導，因中國規定死刑犯器官不能用於器捐，換肝費用曾飆高到新臺幣 700 萬元（《中國時報》，2015 年 6 月 10 日）。

準來衡量都是非常龐大的經濟體，她的資源配置就相當有效率。這樣的「神奇」結果是如何產生的呢？在自由市場經濟體制下，這樣的結果是透過「價格機能（制）」(price mechanism)，或稱「市場機能（制）」(market mechanism)，來達成的。價格機能是指透過市場價格引導社會資源配置的機能。何以價格機能可以讓社會資源有效率地配置？

⑴智慧型手機何以能普及？

以智慧型手機為例。臺灣智慧型手機廠商「宏達電」其 2011 年的稅後利潤高達 7.3 個資本額。簡單地說，是智慧型手機的高單價造就宏達電的高利潤。其他手機廠商看到這樣的現象，再加上預期未來會有更多人購買，自然會想積極切入智慧型手機市場，結果就造成智慧型手機市場供給的增加。當一項商品的賣家數目及每一賣家賣的數量持續增加時，這項商品的價格自然會持續下降；也就是說，這項商品會變得愈來愈便宜，從而更多人買得起。就這樣，智慧型手機一開始的高單價吸引廠商加入這個市場，導致價格下降，最後造成愈來愈多想要有智慧型手機的人真的擁有了。各個世代的手機與個人電腦，以及液晶電視機都曾有過這樣的過程。結果手機、電腦及液晶電視機這些一般人想要的東西，最後都普及了。之所以會有這樣的結果，不是政府叫廠商去生產這些產品，而是一開始的高單價讓追求自利 (self-interest) 的廠商覺得有利可圖。在利之所趨下，這些產品變普及了；買到這些產品的消費者其福利水準也提高了。換言之，廠商在追求利潤的過程中，「不自覺地」提升了消費者的福利水準。

⑵臺灣成衣廠為何會關廠？

不過，價格高並不一定代表利潤就高，因為價格高可能是廠商反映成本增加的結果。臺灣的工資在 1980 年代快速上漲，再加上中國自 1990 年起大幅改革開放，使得臺灣生產的成衣跟中國生產的比較起來是屬於高單價產品（指與中國成衣相比較下的相對價格高）。如果臺灣成衣與中國成衣的品質差不多，在全世界的消費者都追求自利的情況下，臺灣成衣在全世界各個市場節節敗退也是很自然的結果。臺灣成衣廠商面對這種情勢，不是提高其產品品質，不然就必須關廠。原

先被這些廠商使用的資源在它們關廠之後可以釋放出來，而由臺灣競爭力較強的產業來使用，從而臺灣整個資源的使用效率得以提升。所以，消費者在追求自利的過程中，也「不自覺地」讓整個社會資源的使用效率提升。

■ 2.看不見的手

總而言之，在市場經濟下，市場價格提供相當有用的訊號 (signals)，而能引導社會資源做有效率的配置，就如同交通號誌讓交通順暢一樣。如亞當・史密斯在其《國富論》一書中所言，在市場經濟下，追求自利的人們在追求自利的過程中，如同被「一隻看不見的手」(an invisible hand) 引導，而「不自覺地」提升社會福利水準。

■ 3.市場失靈

到目前看來，價格機能似乎是完美無缺的；其實不然，因為每個經濟都會有市場失靈 (market failure) 的現象。市場失靈指的是市場自由運作並不能導致資源有效率配置的情況。例如，如果政府不對污染加以管制或設法讓廠商自行減少污染，而放任市場自由運作，則就整個社會而言，這些會產生污染的商品會有生產過多的問題，從而整個社會的資源並未能有效率地配置。市場經濟另一個常被人質疑的結果是，讓市場自由運作可能會造成所得分配或財富分配相當不平均。有人年薪超過千萬❶，有人卻失業。這是因為在市場經濟下，每個人所擁有的技能其「市場價值」不同的緣故。

本節最後要強調一點：在市場經濟下，是用「錢」投票，亦即誰的錢多，誰掌握的社會資源就比較多。如果「換心」是合法的，且政府沒有全額補助昂貴的換心手術費用，則心臟還是歸於出價最高的人。為避免讓自己陷入困境，讀者除做好自己的理財規劃外，還要讓自己的技能與時俱進。

---

❶　大陸媒體《財富雜誌》公布 2017 年到 2020 年，前 40 名名人收入榜，周杰倫 4 年賺進 21.53 億人民幣（高達 93.8 億新臺幣）位居榜首。《TVBS 新聞網》，2021 年 10 月 15 日。

1.4 循環流程圖與本書架構

■ 1.循環流程圖

本章最後介紹循環流程圖 (circular-flow diagram)，此圖包括一個經濟社會最主要的兩個部門，家戶 (households) 與廠商 (firms)，以及最主要的兩個市場，商品（與服務）市場以及生產要素市場。透過此圖，我們可以瞭解家戶與廠商所做的主要決策以及他們彼此之間如何互動。

⑴家戶的決策

如圖 1–1 所示，內圈的箭頭代表商品與生產要素的流向，外圈的箭頭則代表金錢的流向。家戶有兩個主要決策。首先，他們提供他們所擁有的生產要素到要素市場，以賺取所得（流程圖右下角）。生產要素的種類包括勞動、土地、資本與企業才能 (entrepreneurship)，其報酬分別為薪資、地租、利息與利潤。接著，家戶以他們所賺取的所得在商品市場購買商品，進行消費（流程圖右上角）。

⑵廠商的決策

至於廠商，他們先從要素市場雇用生產要素來進行生產；他們支付給生產要素的酬勞就構成他們的成本（流程圖左下角）。廠商再將生產出來的商品銷往商品市場，賺取收益（流程圖左上角）。廠商的收益減去成本即為利潤。由於這裡的成本是機會成本，所以這裡的利潤為經濟利潤。如果經濟利潤為正值，表示廠商有高人一等的企業才能；由於廠商會有虧損的風險，所以正的利潤也可解釋成廠商承擔風險的報酬。另外，循環流程圖也可以包括政府部門與國外部門，我們會在以後的相關章節，介紹這兩個部門的行為。

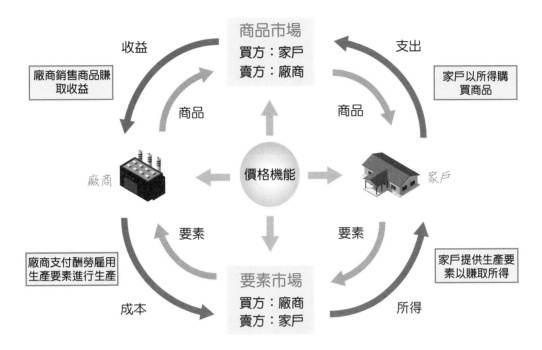

圖 1–1　循環流程圖

■ 2.本書架構

本書的架構如下：

第 2 章	介紹需求及供給與影響它們的因素，還有市場均衡價格的決定，以及供需影響因素的變動如何影響市場均衡價格，並討論政府政策（如課稅）的效果；本章也會分析價格管制的後果。
第 3 章	介紹各項生產成本，以及完全競爭廠商其短期的決策，與市場的短期均衡，還有獨占廠商的行為。
第 4 章	介紹外部性這個市場失靈的成因，以及政府及私人面對外部性所能採取的對策。
第 5 章	介紹國際貿易，主要透過比較利益 (comparative advantage) 說明一國的貿易型態 (pattern of trade)，亦即一國如何決定出口哪些商品並進口哪些商品，並分析政府的貿易政策效果。

　　本書前面五章是個體經濟學 (microeconomics) 的範疇，探討的範圍侷限於個別部門的行為、市場的表現，以及政府相關政策的效果。第 6 章起的章節則屬於總體經濟學 (macroeconomics) 的範疇，探討的範圍為一國整體經濟表現的決定因素，及政府總體經濟政策的效果。

第 6 章	介紹一國的總體經濟指標如何衡量，包括國民所得、一般物價水準、失業率及所得不均度。
第 7 章	介紹一國的金融體系，並探討撮合投資與儲蓄之可貸資金市場 (market for loanable funds) 的表現。
第 8 章	介紹一國的貨幣體系，並說明中央銀行及一般銀行的行為如何影響貨幣數量，及銀行的槓桿操作與 2008～2009 年金融危機之間的關係，也會介紹中央銀行的量化寬鬆貨幣政策與負利率政策。
第 9 章	介紹國際金融，除了介紹外匯市場與外匯制度外，也會介紹購買力平價 (purchasing power parity) 與利率平價 (interest parity) 等匯率理論。
第 10 章	介紹總合需求 (aggregate demand) 與總合供給 (aggregate supply)，並結合總合供需探討一國的景氣循環 (business cycle) 現象，以及政府財政政策與貨幣政策的效果。

✔ 課後練習

一、單選題

(　　) 1.下列敘述何者正確？
 (A)經濟學是一門專門教人如何賺錢的科學
 (B)經濟學是一門研究人們如何做決策或選擇的科學
 (C)有錢人不會面臨如何取捨的問題
 (D)以上(B)與(C)均正確

(　　) 2.下列何者不是一個社會會面臨的基本決策？
 (A)生產什麼　　　(B)如何生產　　　(C)如何理財　　　(D)如何分配

(　　) 3.下列何項概念可以解答「水與鑽石的矛盾」現象？
 (A)邊際概念　　　(B)總效益概念　　　(C)總成本概念　　　(D)以上皆非

(　　) 4.在市場經濟下：
 (A)若消費者追求自利，則整個社會資源的使用效率無法提升
 (B)若廠商追求自利，則整個社會的福利水準無法提升
 (C)自利的人們在追求自利的過程中，如同被「一隻看不見的手」引導，
 　而不自覺地使社會資源的使用效率提升
 (D)以上(A)與(B)均正確

(　　) 5.讓市場自由運作：
 (A)可能會有市場失靈問題　　　　　(B)所得分配可能會很不平均
 (C)失業率會提高　　　　　　　　　(D)以上(A)與(B)均正確

(　　) 6.就循環流程圖而言，下列何者正確？
 (A)說明了商品與服務從何方來，又去向何方，但並未說明生產要素從
 　何方來，又去向何方
 (B)同時說明了商品與服務以及生產要素從何方來，又去向何方，但並
 　未說明金錢的流向
 (C)同時說明了商品與服務、生產要素與金錢從何方來，又去向何方
 (D)只能考慮家戶與廠商兩個部門

（　）7.買賣雙方交易利得的多寡，決定於以下何者？

    (A)買方的成本 　　　　　　　　　(B)賣方的支付意願

    (C)實際成交的價格 　　　　　　　(D)以上皆是

（　）8.假設你有 A、B 與 C 三種機會供你選擇且其淨效益分別為 500 元、

    300 元與 200 元。在此情況下：

    (A)你會選 A 機會且內隱成本為 500 元

    (B)你會選 A 機會且內隱成本為 300 元

    (C)你會選 A 機會且內隱成本為 200 元

    (D) A、B 與 C 三種機會你都可能選

（　）9.假設你今晚要在附近的飲料店打工 4 小時，時薪為 150 元；但若翹班，

    不但領不到錢，還會被罰 1,000 元。對你而言，這 4 小時的外顯成本

    （如耗費體力與精神）為 100 元。突然間，你朋友說他有兩張免費的

    演唱會公關票，想請你一起去聽，前後也剛好是你打工的那 4 小時，

    不過你得出來回的計程車費 400 元。後來你答應你朋友的邀約，這意

    味著對你而言，這場演唱會的總效益起碼為多少？

    (A) 1,300 元　　　(B) 1,500 元　　　(C) 1,700 元　　　(D) 1,900 元

（　）10.人們會採取某一種行動是因為，相較於其他行動，此一行動：

    (A)總效益最大　　(B)淨效益最大　　(C)總成本最小　　(D)以上皆是

（　）11.市場失靈指的是：

    (A)讓市場自由運作，所得分配可能會很不平均

    (B)讓市場自由運作，無法使社會資源的配置最有效率

    (C)讓市場自由運作，無法確保人們的財產權

    (D)讓市場自由運作，會綁住「那一隻看不見的手」

（　）12.假設臺北市單獨調高香菸的健康捐。結果，一些臺北市的菸民到新北

    市買菸。此一行為最合乎下列哪一個經濟學原理？

    (A)人們的行為隨誘因起舞　　　　(B)天下沒有白吃的午餐

    (C)交易可以使買賣雙方同時獲利　(D)以上皆非

二、問答題

1. 假設你是某家建築公司的老闆。你之前花了 10 億元買了一塊地，並已投入 3 億元的建築費用，你需要再花總共 2 億元的建築費用與售屋費用才能賣光所有的新成屋。如果你不繼續蓋，而把未蓋好的房屋與土地一併賣出，你只能拿到 8 億元。假設由於某種原因使房屋的價格大跌。

   (1) 如果你預估總銷售金額只有 12 億元，你會不會把房子蓋好？

   (2) 如果你預估總銷售金額只有 9 億元，你的決策是否與(1)小題相同？

2. 若在圖 1-1 的「循環流程圖」中，

   (1) 加入政府部門，則政府在商品與服務市場，以及生產要素市場是買者還是賣者，還是兩者都是？試舉例說明。

   (2) 加入國外部門，則在國內的商品與服務市場，以及國內的要素市場，外國是站在買方還是賣方，還是兩者都是？試舉例說明。

3. 假設政府為照顧勞工，而對未大幅加薪的企業課以更高的營利事業所得稅率。你認為政府此舉是否能使所有勞工的福利水準提升？為什麼？

4. 假設政府大幅提高老農津貼金額且放寬請領標準。你認為政府此舉會造成什麼樣的不利後果？試說明之。

5. 這個題目讓你思考取捨問題。假設包括勞保基金與軍公教退撫基金等各種基金，如果不改變收費及支付標準，均將於十年後破產，且政府有嚴重的債務問題，因此無法負擔這些基金的虧損。如果你是主政者，你會提出什麼樣的對策，讓這些基金不至於破產？而這些對策又可能會遭遇什麼樣的問題？試說明之。

2 需求、供給與政府 個體經濟政策效果

學習重點

1. 何謂需求？影響需求的因素為何？
2. 何謂供給？影響供給的因素為何？
3. 嚴重疫情如何影響需求與供給？
4. 何謂市場均衡、均衡價格與均衡數量？
5. 市場均衡價格為何會變動？如何變動？
6. 何謂需求的價格彈性？其決定因素為何？
7. 何謂需求的所得彈性？
8. 何謂供給的價格彈性？其決定因素為何？
9. 何以「穀賤傷農」？何謂「薄利多銷」？
10. 何謂消費者剩餘？何謂生產者剩餘？
11. 政府課稅時，買者與賣者的負擔各為何？課稅所造成的福利效果又為何？
12. 政府實施價格管制所造成的福利效果為何？
13. 「一例一休」新制的影響為何？

課前引言

我們曾在上一章提到，在「勞退新制」下，雇主每月須至少提撥勞工每月工資的 6% 到勞工的可攜式個人退休金專戶裡。假設你已經在工作，你會不會因勞退新制的這項規定，而認為你每個月的工資會多了 6%，亦即雇主給你加薪了 6%？如果你很天真地認為：「沒錯，就是這樣。」那麼，你就大錯特錯了！

104 人力銀行的一項調查結果指出，勞退新制實施後，有 37% 的企業會減薪、15% 會縮減三節獎金、13% 會減少員工旅遊、67% 會減緩未來的調薪速度❶。這些企業的因應措施告訴我們，在勞退新制下，雖然絕大多數的勞工以後可以領得到退休金，但有一部分的退休金是資方減少勞方退休前的薪資或福利而來的，亦即有一部分的退休金其實是勞工「自己提撥」的。

這其實是勞動市場供需雙方「角力」下的結果。如果勞方沒有壓倒性的力量，怎能奢求資方會照單全收勞退新制的規定？經濟學用價格彈性 (price elasticity) 的高低反映市場供需雙方其力量的大小。價格彈性，簡單地說，反映市場供需雙方其規避不利結果的能力。

要瞭解供需雙方的價格彈性，我們需先瞭解何謂需求與供給。我們在介紹完需求與供給、影響供需的因素，以及這些因素的變動如何造成市場價格的波動後，接下來會介紹價格彈性，並利用它來說明為何「穀賤傷農」、為何有些廠商會採取「薄利多銷」的策略，以及政府課稅時買賣雙方的稅的負擔 (tax burden)。本章最後會介紹政府實施價格管制 (price control) 的影響，包括「一例一休」新制的影響。這些課題都是市場供需概念的運用，希望讀者讀完本章之後，不再對一些經濟現象有「霧裡看花」的感覺。

---

❶ 《中時晚報》，2005 年 5 月 25 日。

2.1 需 求

▶ 2.1.1 需求的意義

經濟學所謂的需求 (demand) 是價格與需求量 (quantity demanded) 之間的關係；需求量是指買者在一段時間內，願意且有能力購買的數量。一般人通常願意買鑽石，但不見得有能力；有能力買鑽石的人，並不見得願意買。這兩類人對鑽石的需求量均為零。

▶ 2.1.2 需求曲線

接下來我們以老王家在不同蘋果價格下的需求量來說明需求。假設老王家在蘋果 1 顆 30 元時，一個月買了 15 顆；當價格漲到一顆 40 元時，購買數量減少為 10 顆；當價格降為 1 顆 20 元時，購買數量增加為 20 顆。我們可以把這些價量組合（及其他組合）列成表 2–1 的需求表 (demand schedule)，並繪成圖 2–1 中的需求曲線 (demand curve)。

表 2–1　蘋果需求表

蘋果價格	蘋果需求量
$10	30 顆
20	20
30	15
40	10
50	6

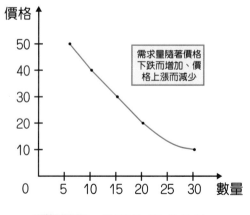

圖 2–1　蘋果的需求曲線

▶2.1.3　需求法則

　　由表 2–1 可以看出，蘋果價格與需求量呈反方向變動，所以圖 2–1 中的需求曲線為一條負斜率曲線。就絕大多數的商品（與服務）而言，我們通常都可以觀察到商品價格上漲時需求量減少，且價格下跌時需求量增加的現象。經濟學稱此價格與需求量呈反向變動的關係為需求法則 (the law of demand)。

　　為什麼合乎需求法則的現象會普遍存在呢？以蘋果為例，當蘋果價格下跌且其他商品（如梨子）的價格不變時，則蘋果現在變得相對便宜，一般人會多買蘋果來替代梨子。我們稱此需求量的變動為蘋果變得相對便宜所產生的替代效果 (substitution effect)。

　　另一方面，蘋果價格下跌會使每一塊錢的購買力提高，而使消費者在相同的預算下能購買更多的蘋果。我們稱此需求量的變動為蘋果價格下跌所產生的所得效果 (income effect)。

　　替代效果與所得效果合稱為價格效果 (price effect)。由於這兩種效果，我們通常可以觀察到商品價格與需求量呈反向關係的需求法則。

▶2.1.4　改變需求的因素

　　商品的需求量除了受到商品自身價格的影響外，還決定於下列因素：

■ 1.所　得

　　在 1950 年代的臺灣，蘋果只有少數有錢家庭買得起；但在現在，隨著所得的增加，一般家庭只要喜歡吃蘋果，都會購買蘋果。因此，在每一個價格下的蘋果需求量，會隨所得的增加而增加。若一項商品每一價位下的需求量與所得呈同向變動，則我們稱此一商品為正常財 (normal goods)。以需求曲線表示的話，當所得增加時，其需求曲線會往右移，如從圖 2–2 中的 D_0 右移至 D_1。

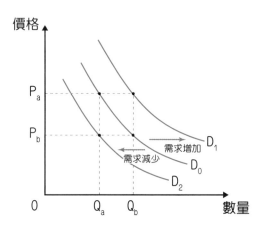

圖 2-2　需求曲線的移動

　　在這邊，我們就可以區分需求量的變動 (change in quantity demanded) 與需求的變動 (change in demand) 之間的不同。以老王為例，在原先的所得水準下，其全家的蘋果需求曲線為圖 2-2 中的 D_0。當蘋果每顆價格為 P_a 時，老王全家每個月的需求量為 Q_a；當蘋果每顆價格降為 P_b 時，老王全家的需求量增為 Q_b。此一數量的變動是在其他條件不變下，由商品自身價格變動所引起的；我們稱此一數量的變動為需求量的變動。

　　一項商品需求數量的改變，也可能是自身價格以外的因素發生變動所造成的。比方說，在蘋果每顆價格為 P_a 時，老王家的所得增加了。由於蘋果對老王家而言是正常財，老王家會增加蘋果的購買量（由原先的 Q_a 增為 Q_b）；在其他的蘋果價格下，老王家同樣也會因所得的增加而增加購買量。因此，在每一價位下，老王家的蘋果需求量均隨所得的增加而增加，此顯示在需求曲線由圖 2-2 中的 D_0 右移至 D_1。

　　一項商品其自身價格以外的影響因素變動時，會造成需求曲線左右移動，我們稱此一變動為需求的變動。因此，需求量的變動是商品自身價格變動所引起的，其顯現在同一條需求曲線線上的移動；而需求的變動是商品自身價格以外的影響因素變動所造成的，其顯現在需求曲線整條線的移動。

　　大多數的商品（如資訊與通訊商品）為正常財，但有些商品的需求會隨著所得的增加而減少，我們稱此類商品為劣等財 (inferior goods)。在 1950 年代的臺

灣，有些窮苦家庭只有在過年時才吃得到豬油拌飯；後來所得增加了，吃到豬油拌飯的機會就增加了，此時，豬油是正常財。但隨著所得再進一步增加及健康觀念的普及，人們減少豬油的消費，此反映在豬油的需求曲線由圖 2-2 中的 D_0 左移至 D_2；此時豬油變成劣等財。由這個例子也可以得知，一項商品不一定永遠是正常財。就大多數人而言，其他劣等財的例子還包括乘坐公共汽車、低價泡麵等。

> ⏱ **動動腦 2-1**
> 舉出劣等財的其他例子。

■ 2.相關商品的價格

所謂相關商品包括替代品與互補品。

⑴替代品

為滿足某一種欲求，彼此之間可相互替代的商品，稱為替代品 (substitutes)，如蘋果與梨子、捷運與計程車等。當梨子的價格上漲時，在其他條件不變下，人們會以蘋果來替代，而造成蘋果的需求增加。當計程車費率上漲時，大多數人會多搭捷運。所以，在其他條件不變下，一項商品價格的上漲（下跌）會造成其替代品需求的增加（減少），亦即一項商品的需求會與其替代品的價格呈同向變動關係。

⑵互補品

為滿足某一種欲求，必須同時使用的商品，稱為互補品 (complements)，如汽車與汽油、電腦與軟體等。當汽油價格飆漲時，一些原先想買車的人會暫緩購車，或是轉買電動汽車或電動機車；當電腦價格愈來愈低而使電腦愈來愈普及時，遊戲軟體的需求會增加。所以，在其他條件不變下，一項商品價格上漲（下跌）會導致其互補品需求的減少（增加），亦即一項商品的需求會與其互補品的價格呈反向變動關係。

■ 3.嗜　好

嗜好的形成與變動大多與非經濟因素有關，包括歷史、宗教、習俗、流行等。例如，寶可夢 (Pokémon) 熱潮帶出行動電源與手機快速充電器的強烈商機。另外，政府於 2021 年 1 月 1 日起開放含有萊克多巴胺的美國豬肉進口，但為避免「貿易歧視」，故未強制業者標示肉品含有萊克多巴胺；一些消費者本身，以及部分小吃店與餐廳為消除消費者在健康上的疑慮，而改買國產豬肉。

經濟學家通常不會去分析嗜好為何變動，但確知嗜好是影響需求的一項重要因素。嗜好這項因素可以解釋，在所有條件都相同的情況下，不同人為何對同一項商品有不同的需求，以及為何一項商品對某些人而言是正常財，對另一些人卻是劣等財。

■ 4.預　期

預期 (expectations) 是影響經濟行為相當重要的一項因素，其影響在日常生活中也隨處可見。例如，如果你預期某一檔股票的價格未來會上漲，你會在現在就買進或買更多；如果你預期新冠肺炎疫情未來會更嚴重，從而口罩與酒精等防疫物資其價格未來會上漲，則你現在會多買。如果你預期汽油價格未來會大幅上漲，那麼你現在可能不會買車。這些例子告訴我們，對未來價格的預期會影響現在的需求。

> ⏱ **動動腦 2-2**
>
> 如果你預期利率未來會下跌，你會在現在趕快去買保險，還是等以後再買？同樣地，如果你預期利率未來會下跌，你會在現在趕快去買黃金，還是等以後再買？

除了對未來價格的預期會影響現在的需求外，對未來所得的預期也會影響現在的需求。例如，你考上高考，你會預期未來你會有一份穩定的收入，那麼你現在可能會借款提前買機車甚至汽車。再例如，臺灣的公教年金改革法案於 2018 年

7 月 1 日正式通過，自那時起，公教月退休金的所得替代率❷一開始降為 75%，然後逐步調降為第十年的 60%。絕大多數的公教人士——不管是在職的，還是已退休的——都會預期其未來的所得會減少，從而會減少其正常財的現在消費。

又例如，你在住客主要為國外旅客的飯店工作，同樣地，如果你預期疫情未來會更嚴重，則你會進一步預期你的未來所得會減少，從而現在就開始縮衣節食。

■ 5.嚴重疫情

嚴重的疫情也會影響人們的需求。當疫情嚴重時，人們為降低染疫的風險，會減少外出旅遊，或減少到人潮擁擠或密閉的空間消費，從而造成對大眾運輸（特別是航空客運）、外宿、餐飲、遊樂場、演唱會與電影等產品的需求減少。不過，嚴重的疫情也造成「宅經濟」——在家從事的經濟活動——的昌盛。這些活動包括在家上課／上班、消費及休閒活動，從而造成對筆記型電腦、遊戲機與遊戲軟體、家具、家電、玩具、健身器材與外送餐飲等產品的需求增加。另外，由於騎自行車是嚴重疫情下最適宜的戶外運動，因此，人們對自行車的需求也會增加。

■ 6.季節性因素

如中秋節流行烤肉造成甜玉米需求增加；又如學校開學前後，資訊與通訊產品的需求會增加。這些都是季節性因素所造成的需求變動。

▶2.1.5 市場需求

我們剛剛所探討的是個別的需求。若我們把一項商品每個價格下的個別需求量予以加總，就可以得出該價格下的市場需求量；而一項商品的市場需求指的就是該商品價格與市場需求量之間的關係。此一關係我們可以用表 2–2 及圖 2–3 來說明。

---

❷ 所得替代率即「月退休金」之於「在職每月薪資」的比率。如果核計的在職每月薪資為 6 萬元，而月退休金為 4 萬元，則所得替代率為 66.6%。

表 2–2　蘋果市場需求表　　　　　數量：顆

蘋果價格	老王家的需求量	小李家的需求量	市場需求量
$10	30	20	50
20	20	12	32
30	15	6	21
40	10	2	12
50	6	0	6

　　假設市場只有老王與小李兩家人，他們每個月對蘋果的需求表如表 2–2 所示。將他們在每一個蘋果價格下的需求量相加，即可得出在不同蘋果價格下的市場需求量。我們可以利用表 2–2 中的數字繪成圖 2–3 的市場需求曲線，其做法為在每一個價位上畫一條水平線，將此一水平線與個別需求曲線交點所對應的個別需求量相加，即可得到每一個價位下的市場需求量；所以我們稱市場需求曲線是個別需求曲線的水平加總。由於他們的需求曲線均為負斜率，所以市場需求曲線也是負斜率。另外，當市場的買者人數增加時，市場需求曲線會往右移。

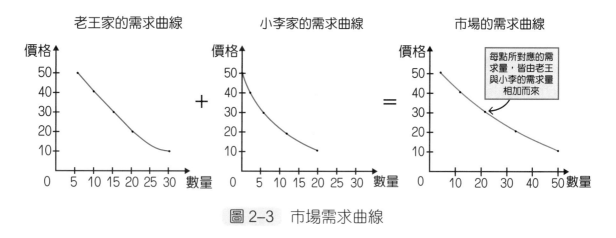

圖 2–3　市場需求曲線

2.2　供　給

　　在本節，我們介紹市場的另一面——供給。可以想像的，供給決策與需求決策不同，但仍有一些共通之處。

▶ 2.2.1 供給的意義

供給 (supply) 指的是價格與供給量 (quantity supplied) 之間的關係；供給量是一段時間內，賣者願意且有能力提供的數量。當一項農產品價格低到採收愈多就虧損愈多的水準時，農夫即使有滿園的農產品，他也不願意採收；當一項商品價格飆漲時，生產者願意無限量供應，但受限於產能，他有能力供應的數量是有限的。所以，供給量同時決定於賣者的意願與能力。

▶ 2.2.2 供給曲線

假設老張有一座蘋果園，最高產量為 10 萬顆，且他必須雇工人採收。表 2–3 的供給表 (supply schedule) 顯示老張在不同蘋果價格下的供給量。例如，當蘋果價格為每顆 5 元時，老張算一算採收工人成本、紙箱成本、裝箱工人成本、運輸成本等，發現採收蘋果會虧損，所以就決定讓蘋果「自由落體」，亦即他的供給量為零。若蘋果的價格為每顆 10 元，他會雇工人採收比較好採的蘋果；若蘋果價格為每顆 20 元，他會雇工人進一步採收較難採的蘋果（比方說需用梯子）。若蘋果價格為每顆 40 元，老張決定通通採收，所以其供給量為最高產量的 10 萬顆。若蘋果價格為每顆 50 元，老張雖然願意多採蘋果，但其供給量也仍是最高產量的 10 萬顆。

表 2–3　蘋果供給表

蘋果價格	蘋果供給量
$ 5	0 萬顆
10	4
20	7
30	9
40	10
50	10

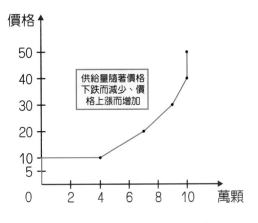

圖 2–4　蘋果的供給曲線

我們可以利用表 2–3 中的數字繪成圖 2–4 的供給曲線 (supply curve)。此線包括三個部分：當蘋果每顆價格低於 10 元時，供給量為零，所以這部分的供給曲線為垂直線段；當蘋果每顆價格高於 40 元時，供給量均為 10 萬顆，故這部分的供給曲線也是垂直的；剩下的供給曲線部分為正斜率曲線，其所對應的蘋果每顆價格介於 10 元和 40 元之間。

▶ 2.2.3　供給法則

就絕大多數的商品（與服務）而言，我們通常可以觀察到如圖 2–4 中的正斜率供給曲線的現象；換言之，在其他條件不變（如生產要素價格不變）下，供給量通常隨著價格的上漲（下跌）而增加（減少）。經濟學稱此價格與供給量呈同向變動的關係為供給法則 (the law of supply)。

為什麼會有這樣的供給法則呢？我們可以從兩個角度來解釋。一個角度是，一項商品價格愈高時，生產該商品愈有利可圖，所以生產者願意投入更多的生產要素來生產，供給量因而增加。另一個角度是，生產者投入更多的生產要素來生產時，生產要素的生產力會愈來愈低；當要素價格不變時，此意味著每單位產量的成本愈來愈高，生產者將本求利，所以當供給量愈來愈大時，生產者所要求的商品價格也就愈來愈高。例如，當蘋果採收量愈高時，蘋果會愈難採，即工人一天的採收量愈低。當採收工人的每天薪資不變時，工人一天的採收量愈低，就表示每顆蘋果的採收成本愈高。生產者將本求利，所以若要他增加蘋果的產量，則他會要求更高的蘋果單價，以涵蓋每顆蘋果更高的生產成本。

▶ 2.2.4　改變供給的因素

我們剛剛所提的老張蘋果供給表及供給曲線，是在其他條件（如採收工人的薪資）不變下所得出來的。在其他條件不變下，若供給量的變動是由商品自身價格變動所造成的，則此變動稱為供給量的變動 (change in quantity supplied)；此變動顯現在同一條供給曲線線上的移動。當其他條件改變時，在每一價格下的供給數量也跟著改變；這時候整條供給曲線會左右移動，這是所謂的供給的變動 (change in supply)；換言之，商品自身價格以外的影響因素發生變動，會造成供給曲線整條線的移動。我們接下來就介紹一些會讓供給變動的因素：

■ 1.要素價格

　　當蘋果採收工人的每天工資提高時，蘋果園園主所願意雇用工人的數量會減少（這是生產要素的需求法則），從而在每一個蘋果價格下的供給量會減少，進而造成供給的減少，此反映在圖 2–5 中的供給曲線由 S_0 左移至 S_1。從另一個角度來看，當蘋果採收工人的每天工資提高時，每顆蘋果的採收成本也跟著提高；蘋果園園主為涵蓋更高的薪資成本，每一個蘋果產量下他所要求的蘋果售價都會提高，這時候他的供給曲線會往上移。同樣地，當房屋建材的價格上漲時，建商也會調高房屋售價。所以，當要素價格上漲時，生產成本會增加，從而造成供給的減少，或供給曲線上移；相反地，當要素價格下跌時，供給會增加，使得供給曲線往下移或往右移，如從圖 2–5 中的 S_0 往右移至 S_2。

■ 2.技　術

　　如果老張採用產量更多或病蟲害抵抗力更強的品種，那麼每棵蘋果樹的產量會更多。在此情況下，他在每一個蘋果價位下的供給量都會增加，這意味著他的供給曲線往右移。從另一個角度看，新品種使每棵蘋果樹所結的數量增加，讓蘋果變得更容易採收，所以採收成本下降，而使得他所要求的蘋果價格也跟著下降。因此，技術進步會讓相同生產要素雇用量下的產量增加，或讓相同產量下所需花費的生產成本減少，而造成供給增加。

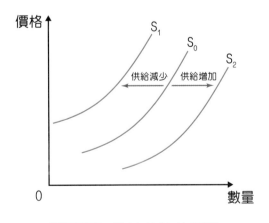

圖 2–5　供給曲線的變動

■ 3.預　期

當你預期手中的股票未來會漲，你現在會減少每一個價位下本來要賣出的數量，等到未來股價上漲時再多賣；如果口罩與酒精等防疫物資的賣者預期疫情未來會更嚴重，從而其價格未來會上漲，則部分賣者現在會少賣❸。所以當賣者預期價格未來會上漲時，他現在的供給會減少（供給曲線左移）；相反地，當賣者預期價格未來會下跌時，他現在的供給會增加。

> ⏱ **動動腦 2-3**
> 舉出賣者預期未來價格會上漲而減少供給的其他例子。

■ 4.嚴重疫情

當疫情嚴重時，廠商可能因自身生產線的勞工染疫而減少供給，也可能因上游廠商其生產線的勞工染疫而減少供應，或貨運業的勞工染疫，使貨運量減少，而使其自身的供給被迫減少。舉例來說，東南亞因疫情嚴重迫使不少運動鞋廠、汽車廠、手機廠與半導體晶片封裝與測試廠減產，甚至停工。又例如，自 2020 年第二季起，隨著全球染疫人數的大幅增加，可上工的貨櫃裝卸工人與貨櫃車司機的人數也隨之減少，而造成歐美不少港口有「塞港」現象，亦即由於貨櫃裝卸與離港速度緩慢，而使不少貨櫃輪滯留港外，從而使全球的貨櫃運輸服務的供給大幅減少，進而使不少國家的出口廠商因貨櫃量不足而造成其供給減少❹。

■ 5.其他因素

就農產品而言，天候是影響供給相當重要的因素。當颱風或豪雨造成產地嚴

---

❸　在我國，囤積防疫物資與哄抬其價格是會觸法的。

❹　臺灣的全球最大汽車維修零件廠東陽公司在 2021 年元月就有 300 個貨櫃出不去，占其正常月貨櫃量的兩成左右。（《今周刊》，1256 期，頁 64〜65，2021 年 1 月 24 日〜2021 年 1 月 31 日）

重損害時，農產品的供給會減少；當風調雨順時，農產品的供給會增加。另外，俄烏戰爭造成能源（石油與天然氣）、金屬與農產品的供給減少。此外，像冬天是高麗菜的盛產期，這是季節性因素影響供給的例子。

▶2.2.5 市場供給

類似市場需求是個別需求的水平加總，市場供給是由個別供給的水平加總而來。假設除了老張外，小林也種蘋果。我們可以由表 2–4 的供給表畫出圖 2–6 的市場供給曲線。由於老張與小林的供給曲線均為正斜率，所以市場供給曲線也是正斜率。當果農數目增加或產量更高的新品種問世時，國內蘋果的市場供給會增加，從而供給曲線會往右移。

表 2–4　蘋果市場供給表

數量：萬顆

蘋果價格	老張的供給量	小林的供給量	市場的供給量
$ 5	0	2	2
10	4	6	10
20	7	9	16
30	9	11	20
40	10	12	22
50	10	13	23

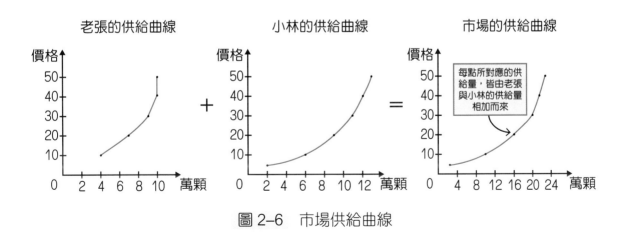

圖 2–6　市場供給曲線

2.3 市場均衡

▶2.3.1 均衡價格與均衡數量

　　介紹完市場需求與市場供給以後，我們就可以說明市場均衡 (market equilibrium) 的概念。我們可以把前兩節的市場需求曲線與市場供給曲線畫在同一個圖形，如圖 2–7。這兩條線的交點（圖 2–7 中的 e 點）就是市場均衡點。市場均衡點所對應的價格 (P_e) 稱為均衡價格 (equilibrium price)，所對應的數量 (Q_e) 稱為均衡數量 (equilibrium quantity)。

　　所謂的「市場均衡」是指市場供需雙方的力量達成平衡。具體而言，當市場價格為均衡價格時，從圖 2–7 中的市場需求曲線來看，此時的市場需求量為 Q_e；同時，從市場供給曲線看，此時的市場供給量也是 Q_e。由於數量都是 Q_e，所以當市場價格為均衡價格時，市場供需雙方的力量達成平衡。若影響市場供需的變數（如技術與所得）不再變動，則市場均衡價格與數量也將繼續維持。

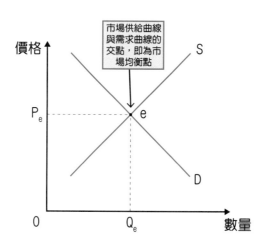

圖 2–7　均衡價格與均衡數量

▶2.3.2 不均衡時的調整

　　當市場價格未達均衡水準時，市場的供給量與需求量不會相等；供需不相等

將造成市場價格的調整，直到均衡價格達成為止。

■ 1.供給量 > 需求量

　　為什麼有這樣的價格調整過程？這一點我們可以利用圖 2–8 來說明。若市場價格為 P_1，此時市場供給量 Q_b 大於市場需求量 Q_a，其差額 $(Q_b - Q_a)$ 稱為超額供給 (excess supply) 或過剩 (surplus)。市場供過於求的結果，通常會讓那些生產成本較低的廠商降價求售。價格下降以後，一方面其他廠商的供給量減少，而使市場供給量減少；另一方面，消費者的需求量會增加，而使市場的需求量增加（如箭頭所示）。這樣一減一增的結果，市場超額供給會減少。這樣的過程會一直持續到市場均衡達成為止。此時，在市場均衡價格 P_e 下，所有的廠商都可以順利賣出其所想要賣出的數量，也就沒有廠商會再降價求售。

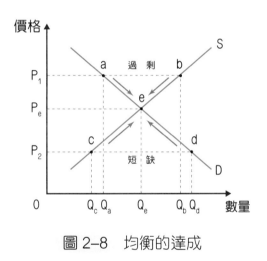

圖 2–8　均衡的達成

■ 2.需求量 > 供給量

　　若市場價格為 P_2，此時市場需求量 Q_d 大於市場供給量 Q_c，其差額 $(Q_d - Q_c)$ 稱為超額需求 (excess demand) 或短缺 (shortage)。市場供不應求的結果，通常會讓那些所得較高或比較「死忠」的消費者高價搶購，而使價格上漲。價格上漲以後，一方面其他消費者的需求量會減少，而使市場需求量減少；另一方面，供給者的供給量會增加，而使市場供給量增加（如箭頭所示）。這樣一減一增的結果，市場短缺程度會下降；此一過程會一直持續到市場均衡達成為止。

因此，不管原先市場是處在超額供給還是超額需求的狀態，透過價格的調整，可使市場失衡的程度逐漸縮小，直到市場供需雙方的力量達成平衡為止。

2.4 市場均衡價格的變動

本節將根據前面所提的改變需求與改變供給的因素，說明這些因素的變動對市場均衡價格與均衡數量的影響。

▶ 2.4.1 需求變動的影響

影響需求的因素包括所得、相關商品的價格、嗜好、預期與嚴重疫情。在其他條件（如市場供給）不變下，當這些因素的變動造成需求增加時，會使市場需求曲線往右移 （如從圖 2-9 中的 D_0 右移至 D_1），從而造成市場均衡價格的上漲（如從圖中的 P_0 上漲至 P_1）。 之所以會有這樣的結果， 是因為當市場需求增加時，在原先的均衡價格下（如 P_0），市場會有超額需求（如圖中的 $\overline{ea}$），因而造成均衡價格的上漲。另外，均衡數量這時候也會增加（如從圖中的 Q_0 增為 Q_1）。

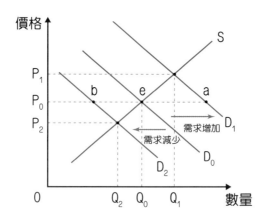

圖 2-9　市場需求變動的影響

相反地，當市場需求減少時，會使需求曲線往左移（如從 D_0 移至 D_2），從而造成均衡價格的下跌（如從 P_0 下跌至 P_2）。這是因為在原先的均衡價格 (P_0) 下，市場會有超額供給 ($\overline{be}$)，因而均衡價格會下跌。此外，均衡數量這時候也會減少（如從 Q_0 減少為 Q_2）。接下來我們就說明影響需求的因素發生變動所造成的影響。

■ 1. 所　得

　　當所得增加時，就正常財而言，個別的需求會增加，造成市場需求曲線往右移，進而造成市場均衡價格上漲與均衡數量增加；就一個所得與人口持續增加的經濟體而言，房地產市場基本上會因市場需求不斷增加而呈現價漲量增的結果。相反地，就劣等財而言，當所得增加時，個別的需求會減少，造成市場需求曲線往左移，進而造成市場均衡價格下跌與均衡數量減少。

　　臺灣的公教年金改革法案於 2018 年 7 月 1 日正式通過後，絕大多數的公教人士都會預期其未來的所得會減少，從而會減少其正常財的現在消費。以娛樂服務類（包括旅館住宿費、遊樂場入場費、國內旅遊團費等等）為例，其價格指數從 2018 年 7 月的 104.53，降至 2018 年 12 月的 99.38 ❺，下降了 4.9%。

■ 2. 替代品價格

　　一項商品的價格上漲，會導致其替代品的市場需求增加；在其他條件不變下，會造成該替代品市場價格的上漲。例如，在 2005 年夏天，由於接連的豪雨與颱風重創中南部的青蔥產地，使全臺的青蔥價格居高不下，也造成人們改用香菜來替代青蔥。香菜的市場需求增加，使臺北農產運銷公司批發價由 2006 年年初的每公斤不到 40 元漲到 2006 年 10 月 8 日的 600 元 ❻。以圖 2-9 表示，就是香菜的市場需求因青蔥價格上漲而由 D_0 右移至 D_1，從而造成香菜市場均衡價格的上漲。

■ 3. 互補品價格

　　一項商品的價格上漲，會使其互補品的市場需求減少，從而造成該互補品市場價格的下跌。例如，如果國際油價因供給減少而大漲時，汽車市場基本上會因市場需求減少而呈現價跌量縮的結果。

---

❺　行政院主計總處首頁 > 政府統計 > 主計總處統計專區 > 物價指數 > 統計表 > 時間數列查詢 > 物價統計資料庫檢索各中類及個別項目指數 > 消費者物價指數 > 消費者物價基本分類暨項目群指數。

❻　《聯合報》，2006 年 10 月 16 日。

■ 4.嗜　好

當禽流感疫情或豬隻口蹄疫疫情發布後，會使相關肉品的市場需求大幅減少，而呈現價跌量縮的結果。另外，政府於 2021 年 1 月 1 日起開放含有萊克多巴胺的美國豬肉進口後，造成國產豬肉的需求增加，就有傳統市場的攤商表示：國產豬肉每公斤應聲上漲 10 元❼。

■ 5.嚴重疫情

當疫情嚴重時，人們會減少外出旅遊，從而造成對外宿需求減少。以國內旅館住宿類為例，其價格指數於 2020 年 5 月降至 79.54❽，年減 16.15%。以圖 2–9 表示，疫情嚴重造成國內旅館住宿的市場需求由 D_0 左移至 D_2，從而造成其市場價格下跌，且銷售量減少。

疫情嚴重也會造成自行車的需求增加，國內自行車市場的價格指數於 2020 年 12 月漲至 105.67，年增 2.05%。以圖 2–9 表示，國內自行車的市場需求由 D_0 右移至 D_1，從而造成其市場價格上漲，且銷售量增加。

■ 6.預　期

價格預期是唯一會同時影響需求與供給的單一因素，我們將在後面的「供需同時變動的影響」這一小節再舉例說明。

■ 7.季節性因素

由於中秋節流行烤肉，在中秋節前夕，烤肉應景蔬菜（如甜玉米）的市場需求會增加，造成市場價格上漲。像 2005 年中秋節前夕，臺北果菜市場甜玉米特級品每公斤的批發價，短短 5 天就從 40 元漲到 70 元，漲幅超過七成❾。

---

❼　《聯合報》，2021 年 1 月 10 日。

❽　行政院主計總處首頁 > 政府統計 > 主計總處統計專區 > 物價指數 > 統計表 > 時間數列查詢 > 物價統計資料庫檢索各中類及個別項目指數 > 消費者物價指數 > 消費者物價基本分類暨項目群指數。

⏱ **動動腦 2-4**

既然甜玉米的價格短短 5 天就上漲超過七成，且每年中秋節前夕都會有類似的現象，為何甜玉米供應商不囤積 5 天前收割的甜玉米，5 天後再來賣？

▶ 2.4.2 供給變動的影響

影響供給的因素包括生產要素價格、技術、預期、嚴重疫情、天候與季節等因素。在其他條件（如市場需求）不變下，當這些因素的變動造成供給增加時，會使市場供給曲線往右移（如從圖 2–10 中的 S_0 右移至 S_1），造成市場均衡價格下跌（如從圖中的 P_0 下跌至 P_1）。這是因為在原先均衡價格 (P_0) 下，市場會有超額供給 $(\overline{ec})$，因而均衡價格會下跌。此外，均衡數量這時候也會增加（如從 Q_0 增加為 Q_1）。

相反地，當市場供給減少時，供給曲線會往左移（如從 S_0 左移至 S_2），造成均衡價格上漲（如從 P_0 上漲至 P_2）。這是因為在原先的均衡價格 (P_0) 下，市場會有超額需求 $(\overline{de})$，因而均衡價格會上漲。此外，均衡數量這時候會減少（如從 Q_0 減少為 Q_2）。接下來依序說明影響供給的因素發生變動所造成的影響。

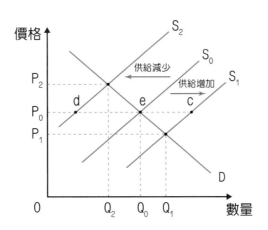

圖 2-10 市場供給變動的影響

---

❾ 《中時晚報》，2005 年 9 月 13 日。

■ 1.要素價格

當生產要素價格上漲時，不管產量為何，廠商為反映成本的增加，其所要求的價格會提高。以圖 2–10 表示，市場供給曲線會從原先的 S_0 上移至 S_2，從而造成商品均衡價格由 P_0 上漲至 P_2。例如，糖與麵粉價格上漲導致麵包漲價；鋼鐵、砂石與土地成本上漲導致房價上漲；飼料價格上漲導致雞蛋與肉類漲價[10]；電腦價格因為臺灣電腦廠商將生產線移至工資比較便宜的中國而下跌等。

■ 2.技 術

當廠商生產技術進步時，其成本會下跌而造成供給曲線往右移。如果不少廠商都發生技術進步，則市場供給會增加。以圖 2–10 表示，技術進步造成供給曲線往右移，從而均衡價格下跌且均衡數量增加。例如，資訊、通訊與液晶面板等產品的價格都因廠商的技術不斷進步而不斷地下跌。

■ 3.嚴重疫情

嚴重疫情使 2020–22 年全球的貨櫃運輸服務的供給大幅減少，而造成東亞一美西線的 40 呎貨櫃的運價由不到 1,000 美元漲至 2022 年 2 月的超過 8,000 美元[11]。以圖 2–10 表示，貨櫃運輸服務的市場供給曲線從原先的 S_0 上移至 S_2，從而造成均衡價格由 P_0 上漲至 P_2。

■ 4.天候與季節性因素

以高麗菜為例，颱風過後，高麗菜價格因市場供給大幅減少而可以漲到 1 顆

---

[10] 在 2022 年年初，傳統市場的普通白蛋由一斤不到 40 元漲到超過 200 元。其原因包括 (1) 2021 年禽流感導致超過 10 萬隻雞遭撲殺；(2) 2021 年冬天特別冷導致產蛋率降低；(3) 2021 年年中的疫情三級警戒使外食需求驟減，從而蛋的需求遽降，進而造成蛋價大跌，再加上飼料價格因海運價格飆漲而上漲，使蛋雞農利潤變薄而主動減養，最終造成 2022 年蛋的供給因蛋雞變少而減少。(《商業周刊》，1788 期，頁 48，2022 年 2 月 21 日～2022 年 2 月 27 日)

[11] 《今周刊》，1256 期，頁 66。

100 元；但在冬季盛產時，也可以因市場供給大幅增加，而跌到 1 顆只剩 10 元。
這些價格變動現象主要是市場供給變動所造成的。

▶2.4.3　供需同時變動的影響

　　之前我們曾提到，價格預期是唯一會同時影響市場供給與需求的單一因素。
以股票為例，如果某一家上市公司突然宣布一項股價尚未反映的利多消息（如開
發出一項深具競爭力的產品），市場會預期該公司的股票價格未來會上漲，從而現
在就買進，或減少原先要賣出的數量。前者造成市場需求增加，後者造成市場供
給減少；以圖 2–11 表示，前者造成市場需求曲線由 D_0 右移至 D_1，後者造成供給
曲線由 S_0 左移至 S_1。從該圖也可以看出，在原先的均衡價格 P_0 之下，現在會有
$\overline{ab}$ 的超額需求，從而造成現在價格的上漲，一直到新的均衡價格 P_1 達成為止。
因此，當市場預期某一家公司的股票價格未來會上漲時，現在的市場需求就會增
加且市場供給也會減少，從而現在的股價就會上漲。

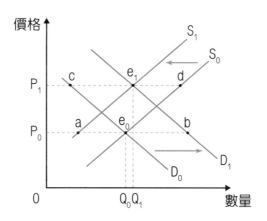

圖 2–11　預期價格變動：價漲量增

　　另外，就 P_1 而言，那些沒有在此一價位下買進股票的人，以及在此一價位下
賣出股票的人，是因為他們認為股價漲到 P_1 已充分反映利多，因而未來股價在其
他條件不變下，不會再上漲。相反地，在 P_1 價格下，買進股票以及未賣出股票的
人，則認為未來股價還有上漲的空間。因此，由於市場參與人所擁有的訊息不同
（此點可由某些人擁有「內線消息」來理解），所以對未來股價水準的判斷也就有

所不同,從而在絕大多數的情況下,會有人因預期股價未來會上漲而買進,也會有人因預期股價未來會下跌而賣出。

另外,圖 2–11 中新的均衡數量 Q_1 大於原先的均衡數量 Q_0,這是因為市場需求的增加幅度(以 $\overline{ce_1}$ 表示),大過市場供給的減少幅度(以 $\overline{e_1d}$ 表示)。因此,圖 2–11 所畫的是「價漲量增」的結果。如果市場需求增加的幅度小於市場供給減少的幅度,那麼,結果就會是圖 2–12 所畫的「價漲量縮」的情況。

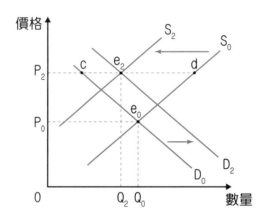

圖 2–12　預期價格變動:價漲量縮

另外,在 2022 年 2 月,俄羅斯一出兵烏克蘭,國際油價即應聲漲破每桶 100 美元,這是因為市場買賣雙方均預期國際社會會制裁俄羅斯,而使其石油出口減少,進而預期國際油價未來會上漲;此一預期心理使國際石油現貨市場的需求增加且供給減少,而造成國際油價上漲。

此外,全球在 2021 年曾發生晶片短缺現象。其原因包括宅經濟昌盛使資訊電子產品的需求增加,從而造成晶片的需求增加;另外,全球晶片封測有兩至三成是在馬來西亞完成,馬來西亞疫情嚴峻導致全球晶片的供給減少。在市場預期晶片短缺問題恐延續到 2023–2024 年的情況下,台積電在與客戶洽談 2022 年新合約時決定調漲晶圓代工價格,成熟製程價格調漲 15～20%,先進製程價格調漲約 10%[12]。

---

[12]　《工商時報》,2021 年 10 月 25 日。

2.5 彈性及其決定因素

在 2.4.1 和 2.4.2 兩個小節，我們曾探討單由市場需求或單由市場供給變動所造成的市場均衡價格變動。例如，當颱風過後，高麗菜價格可以漲到 1 顆 100 元，這時候，消費者的需求量會減少多少呢？又例如，若政府大幅開放外國蘋果進口而導致本國蘋果市場價格下跌，本國果農的供給量又會減少多少呢？本節將介紹彈性的觀念來回答這些屬量 (quantitative) 問題。

▶2.5.1 需求的彈性及其決定因素

■ 1.需求的價格彈性

根據需求法則，當一項商品的價格上漲時，消費者的需求量會減少。需求的價格彈性（price elasticity of demand，簡稱需求彈性），衡量商品價格變動時，該商品需求量的變動幅度。由於需求量的變動幅度決定於度量衡的單位，為避免因度量衡單位不同而造成不同的衡量結果，我們用變動百分比來衡量需求的價格彈性。

如果我們以 η^D 來表示需求的價格彈性，那麼其計算公式如下：

$$\eta^D = -\frac{\dfrac{(Q_1^D - Q_0^D)}{Q_0^D}}{\dfrac{(P_1 - P_0)}{P_0}}$$

這個公式表示當價格由 P_0 變動到 P_1 時，共變動 $\dfrac{(P_1 - P_0)}{P_0}$ 個百分點；此時，需求量由 Q_0^D 變動到 Q_1^D，共變動 $\dfrac{(Q_1^D - Q_0^D)}{Q_0^D}$ 個百分點。這兩個變動百分點相除等於 η^D，表示價格變動百分之一時，需求量變動 η^D 個百分點。因為公式前面加負

號，且價格與需求量呈反向變動，所以 η^D 為正值。由於 η^D 為正值，所以當 η^D 愈大時，表示需求量的變動對價格的變動愈敏感。

⑴無彈性

如果 η^D 為零，那就表示不管原先的價格 (P_0) 為何，且不管價格變動的百分比為何，需求量都沒有變動。這時候，需求曲線會是圖 2–13 ⒜的垂直線（像電線杆一樣動也不動）。像一些有錢人對香菸或 Hello Kitty 商品的需求就屬於這種型態；我們稱此一需求型態為完全無彈性 (perfectly inelastic)。至於一般的吸菸者或 Hello Kitty 迷，當這些商品價格上漲時，他們的需求量會減少，但需求量的減少百分比（絕對值）會小於價格上漲的百分比，亦即其 η^D 會介於 0 與 1 之間。比方說，某人原先在香菸 1 包 100 元時，每個月抽 30 包，當價格漲為 1 包 120 元時，每個月變成只抽 27 包，其 η^D 為 0.5。這些消費者的需求曲線會如圖 2–13 ⒝所示，為較陡的曲線；我們稱此一需求型態為無彈性 (inelastic)。

⑵有彈性

另外，像一般的飲料與零食，由於其替代品較多，所以當其價格上漲時，消費者會多消費其替代品，而造成其需求量減少的百分比（絕對值）大過其價格上漲的百分比，亦即其 η^D 大於 1。這時候的需求曲線會如圖⒟所示，為一較平坦的曲線。我們稱此一需求型態為有彈性 (elastic)。

如果當一項產品價格上漲時，其需求量減少的百分比等於價格上漲的百分比，這時候的 η^D 等於 1。我們稱此一需求型態為單位彈性 (unit elasticity)，其需求曲線會如圖⒞所示，為一雙曲線（雙曲線的方程式為 $P \times Q = A$，A 為定數，所以價格與需求量呈反向且同比例的變動）。

最後一種需求型態為需求曲線為一水平線。我們會在第 3 章說明完全競爭廠商所面對的需求曲線為一水平線，它在市場價格下（如圖⒠的 P_0），可以銷售它所願意銷售的任何數量；但它若是將產品價格訂稍微高於市場價格，則市場對其產品的需求量會馬上降為零。由於價格稍微一上漲，需求量馬上大幅減少，因此，這種需求型態的 η^D 趨近於無窮大；我們稱此一需求型態為完全有彈性 (perfectly elastic)。

(a)彈性為零：完全無彈性

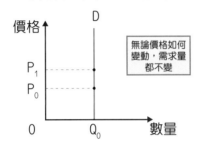

(b)彈性 < 1：無彈性

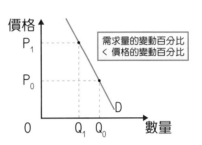

(c)彈性 = 1：單位彈性

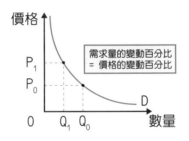

(d)彈性 > 1：有彈性

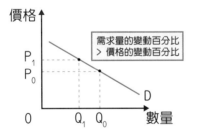

(e)彈性無窮大：完全有彈性

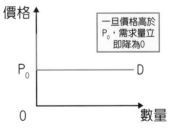

圖 2-13　需求的不同價格彈性

有了上述的價格彈性的概念後，接下來我們就可以說明消費者支出 (P × Q) 與價格之間的關係。如上所述，若消費者的需求曲線為雙曲線的型態，則不管原先與新的價格為何，消費者的支出不變，因此，若 η^D 等於 1，則支出不會隨價格變動而變動。若 η^D 大於 1，則當價格上漲時，由於需求量的減少百分比大於價格上漲的百分比，因此，支出會減少；同理可證，當價格下降時，支出會增加。因此，若需求彈性大於 1，則價格與支出會呈反向變動；相反地，若需求彈性小於 1，則價格與支出會呈同向變動。

值得一提的是，消費者對某一商品的價格彈性不一定恆大於或小於 1。一項商品的需求彈性有時候會受到價格高低的影響，通常是價格低時，需求彈性會比較小；這是因為當價格低時，需求量已經較大，若價格再下降，需求量增加的比例有限，因此，需求彈性較小。

■ 2. 需求彈性的決定因素

除了價格高低這項因素外，影響需求彈性的其他因素包括：

⑴替代品的多寡與替代性的高低

像我們剛剛所舉的香菸與 Hello Kitty 的例子，由於這些商品沒有替代性高的替代品，所以其需求彈性通常都很小。另外，像鹽與蛋也有同樣的情況。相反地，有一些商品會有比較多替代性高的替代品，如一般的飲料與零食等。當這些商品漲價時，通常一般人會改買它們的替代品，而減少對它們的支出，也就是說，這時候這些商品的價格彈性會大於 1。因此，一項商品的替代品愈多且替代性愈高，則其需求彈性愈大。

⑵是否為必需品

對一般人來說，水、電、主食等是必需品 (necessities)，其需求彈性通常都不高，亦即當這些商品的價格上漲時，其需求量的減少比例都很有限。但就大部分商品而言，其必需性的高低就因人而異了。例如，像手機通訊，對有些人來說是非常必需的；就這些人來說，即使通訊費率上漲，他通話時間減少的幅度可能相

當有限（即 η^D 小）；但就其他人而言，手機通訊不是那麼必要，他們的需求彈性就比較高。又例如，像汽油，對計程車司機而言，不加油就沒有收入，因此，他們對汽油的需求彈性比較低；但一些原先開車或騎車的上班民眾，在油價高漲後，他們可能就改搭公車或捷運上班，也就是說，他們對汽油的需求彈性比較高。

⑶時間的長短

在商品價格變動後，一般消費者可能短時間無法大幅改變其消費習慣，或需要時間更新一些新的裝置，因此，短期的需求彈性通常比長期的要來得小。例如，一般家庭在電價上漲後，會陸續更換省電燈泡，甚至安裝太陽能面板；在還沒有完成之前，用電量的減少比例有限。

■ 3.需求的所得彈性

就需求而言，除了價格彈性外，還有所得彈性。之前我們曾提到，當一項商品的需求量隨所得的增加而增加（減少）時，其為正常財（劣等財）。所得彈性（income elasticity，令其為 η_1）衡量的是需求量對所得（令其為 I）變動的反應程度，其公式如下：

$$\eta_1 = \frac{\dfrac{(Q_1^D - Q_0^D)}{Q_0^D}}{\dfrac{(I_1 - I_0)}{I_0}}$$

如果 η_1 為正值，則為正常財。正常財又可區分成奢侈品與必需品，前者 η_1 大於 1，後者小於 1。如果 η_1 為負值，則為劣等財。

▶ 2.5.2　供給的彈性及其決定因素

■ 1.供給的價格彈性

根據供給法則，供給量與價格呈同向變動，因此，供給的價格彈性　（price

elasticity of supply，簡稱供給彈性）為正值。如果我們以 η^S 表示供給彈性，其公式如下：

$$\eta^S = \frac{\dfrac{(Q_1^S - Q_0^S)}{Q_0^S}}{\dfrac{(P_1 - P_0)}{P_0}}$$

⑴無彈性

　　如果 η^S 為零，那就表示不管原先的價格 (P_0) 為何，且不管價格變動的百分比為何，供給量都沒有變動；這時候，供給曲線會是圖 2–14⑷的垂直線。像每一塊土地都有其地目（如農地），非經變更地目不能改變用途，因此，在短期間，特定用途的土地其供給量是固定的。我們稱此一供給型態為完全無彈性 (perfectly inelastic)。若 η^S 小於 1，則表示供給量的變動百分比小於價格的變動百分比。像大學附近都會有學生套房出租，如果租金上漲，則附近住家會比較有意願將家中多餘的房間隔成學生套房出租。但一些歷史比較悠久的大學，其附近可以增加的學生套房數量就比較有限，因此，其供給曲線會如圖 2–14⑵所示，為較陡的曲線。我們稱此一供給型態為無彈性 (inelastic)。

⑵有彈性

　　相反地，新大學附近可以增加的學生套房數量就比較多，因此，其供給曲線會如圖 2–14⑷所示，為較平坦的曲線。我們稱此一供給型態為有彈性 (elastic)。

　　如果供給曲線為一通過原點的直線，那麼線上任何一點的彈性值都等於 1（請讀者自行證明），我們稱此一供給型態為單位彈性 (unit elasticity)。如果供給曲線為一水平線，那麼當價格稍微低於圖 2–14⑸的 P_0 時，供給量馬上變為零，因此其供給彈性為無窮大。例如，如果本國為小國（亦即本國為國際市場的價格接受者），則國外的出口商願意以國際市場價格（如圖⑸的 P_0）銷給本國所願意進口的任何數量；但若國內進口商不願以 P_0 的價格進口，則國外的出口商在本國市場的供給量為零。我們稱此一供給型態為完全有彈性 (perfectly elastic)。

(a)彈性為零：完全無彈性　　(b)彈性 < 1：無彈性

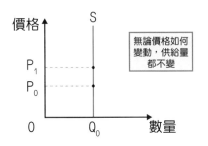

無論價格如何
變動，供給量
都不變

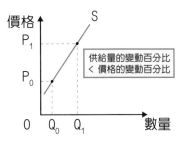

供給量的變動百分比
< 價格的變動百分比

(c)彈性 = 1：單位彈性

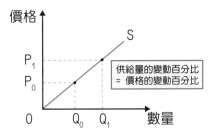

供給量的變動百分比
= 價格的變動百分比

(d)彈性 > 1：有彈性　　(e)彈性無窮大：完全有彈性

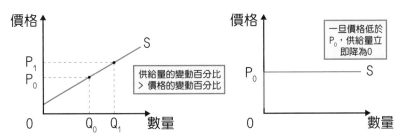

供給量的變動百分比
> 價格的變動百分比

一旦價格低於
P_0，供給量立
即降為0

圖 2-14　供給的不同價格彈性

　　值得一提的是，廠商的供給彈性並非一成不變，而可能像圖 2-15 所示，在價格低時，供給彈性大於 1，但在價格高時，供給彈性小於 1。這是因為在價格低時，廠商的產量也低，亦即有閒置的產能；當價格提高時，廠商有利可圖且有充裕的產能，因此，供給量可以大幅度增加，亦即此時的供給彈性大於 1。相反地，在價格高時，其產能已接近滿載，此時，若產能無法擴充，則當價格再提高時，其供給量增加的幅度是有限的，亦即此時的供給彈性小於 1。

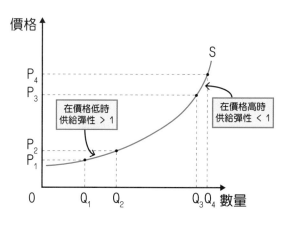

圖 2-15　短期供給彈性的改變

■ 2.供給彈性的決定因素

　　除了產能利用率的高低會影響供給彈性外，還有一些其他的影響因素：

⑴時間的長短

　　在短期，廠商的供給量受限於產能，但在長期，廠商可以進行擴廠且增添機器設備。在產能提高後，供給量隨價格變動而變動的幅度也就較短期來得大，亦即廠商長期的供給彈性會較短期的來得大，亦即廠商長期的供給曲線會較短期的來得平坦。就整個市場而言，由於市場供給曲線為個別供給曲線的水平加總，所以，市場長期的供給彈性也會較短期的來得大。

⑵**生產成本隨產量變動而變動的敏感程度**

之前我們曾提到採收蘋果的例子，當蘋果變得比較難採收時，每一個採收工人的採收量會變得比較少；在採收工人的工資不變下，這意謂著每顆蘋果的採收成本變高了。因此，若勞工的生產力隨著產量增加而下降的比例愈大，那麼每單位產量生產成本上升的比例也愈高；在此情況下，廠商所願意增加的產量比例也愈小，亦即其供給彈性愈小。

2.6 價格彈性的應用

之前我們曾提到，當需求的價格彈性大於 1（小於 1）時，支出會與價格呈反向（同向）變動。由於買者的支出就是賣者的收益 (revenue)，因此，當市場價格因市場供給改變而變動時，賣者的收益會如何變動，端看市場需求的價格彈性而定。接下來，我們就以「穀賤傷農」與「薄利多銷」為例來說明。

▶2.6.1 穀賤傷農

當農產品大豐收時，農產品的價格通常會跌得很慘❸，且農產品的需求彈性通常在價格低時會小於 1。比方說，當自助餐店一碗飯的價格因米價大跌而由原先的 10 元跌至 5 元時，原先每餐吃一碗飯的人，不會因為這樣而變成每餐吃兩碗飯。因此，當農產品價格因豐收而大跌時，人們需求量的增加比例是有限的，從而農民的收益會減少，因此就有所謂的「穀賤傷農」的現象。此點可利用圖 2–16 來說明。

如圖所示，某一項農產品原先的市場價格為 P_0，銷售量為 Q_0，所以農民的總收益為 $P_0 \times Q_0$，或長方形 $0P_0e_0Q_0$ 的面積。當此項農產品大豐收時，市場供給曲線由原先的 S_0 右移至 S_1，使得市場價格降為 P_1，但銷售量僅增為 Q_1。此時，農民的總收益為 $P_1 \times Q_1$，或□$0P_1e_1Q_1$ 的面積。由於市場需求的價格彈性小於 1，所以銷售量增加的比例小於價格下跌的比例，因此，農民的總收益減少。

---

❸　例如，嘉義縣盛產香蕉，由於 2020 年沒有颱風，讓香蕉大豐收，導致上品香蕉每公斤的大盤價由 5 月的 30 原元大降至 10 月的 8 元。《蘋果即時》，2020 年 10 月 11 日。

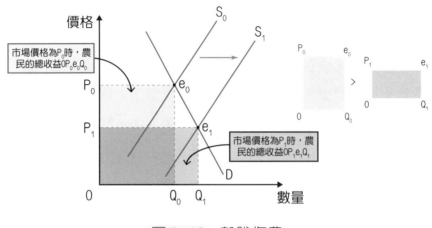

圖 2-16　穀賤傷農

►2.6.2　薄利多銷

　　薄利多銷是廠商透過降價，來增加收益的策略。如前所述，廠商降價之後，收益要能增加，其商品的市場需求彈性必須大於 1。我們之前也曾提到，替代品愈多且替代性愈強的商品，其需求彈性愈大。因此，採取薄利多銷策略的廠商，通常是其產品的替代品多且彼此之間的替代性高。舉例來說，臺灣智冠科技公司曾以一套不到 4 美元的售價銷售國外正版遊戲軟體，把替代性相當高的盜版遊戲軟體打得落花流水；全盛時期，智冠曾取得全球 60 家遊戲軟體業者的在臺授權❶。另外，像百貨公司舉辦「週年慶」等特價活動，而使得收益大增，也是薄利多銷的例子。

　　廠商採取薄利多銷策略，其短期利潤是不是一定會增加呢？薄利多銷雖會使廠商的收益增加，但其成本也會隨銷售量的增加而增加。因此，廠商的短期利潤是否增加還要看收益增加的幅度是否大於成本增加的幅度❶。

❶　《大紀元時報》，2006 年 8 月 31 日。

❶　如果廠商降價的幅度過大，其短期收益甚至有可能下降。有時候，我們會看到一些賣場或公司將某些商品的價格訂得不可思議地低（如 1 元電腦或 1 元手機）。因為這些特價商品的價格實在太低了，所以這些商品的總銷售金額不可能比沒有特價時要來得高，也因此，廠商採取的並不是薄利多銷的策略。它們是著眼於利用這些超低價商品來增加其他商品或服務（如手機通訊）的需求，以提升整體的利潤水準。因此，這些超低價商品有「犧牲打」的意味在，也因此，這些商品通常是限量銷售的。

2.7 政府個體經濟政策及其福利效果

以上我們所分析的是自由市場的情況，亦即政府不介入市場的情況。政府基於稅收考量，或有時候基於「善意」，會採行一些政策。這些政策會形成對市場的干預，以至於市場的表現會與市場自由運作下的表現有所不同。在本節，我們先介紹消費者剩餘 (consumer surplus) 與生產者剩餘 (producer surplus)，這兩種剩餘的概念可以幫助我們瞭解政府政策對消費者與生產者福利水準所產生的效果。接著，我們再說明政府課稅以及政府進行價格管制對市場表現以及福利水準的影響。

▶ 2.7.1 消費者剩餘

從表 2–1 的老王全家對蘋果的需求表可以知道，當蘋果價格為每顆 50 元時，老王全家每個月的需求量為 6 顆，老王總共付了 300 元。「如果」蘋果是 1 顆 1 顆買，這 6 顆蘋果老王總共「願意」付多少錢呢？我們利用下面的需求表來回答這個問題。當蘋果每顆價格超過 100 元時，老王覺得太貴了，所以 1 顆也沒買；當蘋果每顆價格為 100 元時，老王願意買第 1 顆；當蘋果價格為 90 元時，老王願意買第 2 顆，這表示老王第 2 顆願意支付的最高價格為 90 元。因此，若老王是依其每顆願意支付的最高價格 1 顆 1 顆地買，則老王總共願意花 190 元（100 元＋90元）買 2 顆蘋果；但老王實際上總共只花 180 元（90 元×2）買到 2 顆蘋果，所以老王覺得「賺到了」10 元（190 元－180 元）。我們稱消費者購買某一數量的商品，其所願意支付的最高金額與實際支付金額的差，為消費者此一購買數量下的消費者剩餘。

根據此一定義及表 2–5，老王購買 3 顆蘋果的消費者剩餘為 30 元（＝100 元＋90 元＋80 元－80 元×3）。此 30 元的剩餘也可表示成第 1 顆 20 元的剩餘加第 2 顆 10 元的剩餘。依此類推，在蘋果每顆價格為 50 元時，老王購買 6 顆，其消費者剩餘總共為 150 元（＝100 元＋90 元＋80 元＋70 元＋60 元＋50 元－50 元×6）。由於消費者在市場價格下，其所願意且有能力購買的每 1 單位，均是以市場價格來支付，而非以每 1 單位其所願意支付的最高金額來支付，所以會有消費者剩餘。

表 2–5　蘋果需求表

蘋果價格	蘋果需求量
$100 以上	0
100	1
90	2
80	3
70	4
60	5
50	6

　　根據以上的說明，如果價格與需求量都是連續的，則我們可以用圖 2–17 來說明消費者剩餘。如圖所示，當市場價格為 P_0 時，需求量為 Q_0，此時消費者購買 Q_0 數量的商品，其所願意支付的最高金額為□$0P_1aQ_0$ 的面積，其為第 1 單位到 Q_0 這個單位，每 1 單位所對應的需求曲線的高度（代表消費者購買此單位其所願意支付的最高金額）的加總；而消費者購買 Q_0 數量的實際支付金額為□$0P_0aQ_0$ 的面積。二者的差為 △P_0P_1a 的面積，此一面積所代表的金額即為消費者購買 Q_0 數量的消費者剩餘。

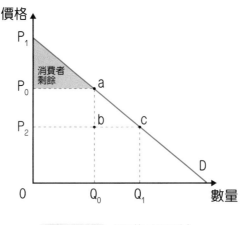

圖 2–17　消費者剩餘

　　如果圖 2–17 中的 D 線代表市場需求曲線，那麼 △P_0P_1a 的面積就代表全市場的消費者剩餘。

⏱️**動動腦 2-5**

若圖 2-17 中的市場價格由 P_0 降為 P_2 時，消費者剩餘會如何變動？為什麼？

▶ 2.7.2　生產者剩餘

根據供給法則，當商品的價格愈高時，生產者願意且有能力供給的數量愈多。如圖 2-18 中的供給曲線所示，當價格為 P_0 時，生產者的供給量為 Q_0；若要生產者比 Q_0 多供給 1 單位，他所要求的價格會比 P_0 高，所以每一數量所對應的供給曲線的高度為生產者提供此 1 單位所要求的最低價格。因此，若市場價格為 P_0，供給量為 Q_0，此時，生產者所拿到的實際金額為 $0P_0aQ_0$，但他供給 Q_0 數量所要求的最低金額為 $0P_1aQ_0$，其為生產者供給每 1 單位所要求的最低金額（為此 1 單位所對應的供給曲線高度）的總和。這二者之間的差（$\triangle P_1P_0a$），稱為生產者剩餘，因此，某一數量下的生產者剩餘為生產者提供此一數量，其所拿到的實際金額大過其所要求的最低金額的部分。若圖 2-18 中的 S 線代表市場的供給曲線，那麼 $\triangle P_1P_0a$ 代表全市場的生產者剩餘。當市場價格上漲時，在其他條件不變下，整個市場的生產者剩餘會增加（讀者可自行利用圖 2-18 來理解此一結果）。

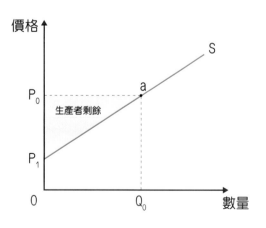

圖 2-18　生產者剩餘

我們可以結合上述的消費者剩餘與生產者剩餘，得出某一商品在自由市場及沒有外部性的情況下，當市場達成均衡時，整個社會的總剩餘。如圖 2–19 所示，市場均衡價格為 P_0，均衡數量為 Q_0。此時，社會的總剩餘為 $\triangle abe$，其為消費者剩餘 P_0be 與生產者剩餘 aP_0e 之和。

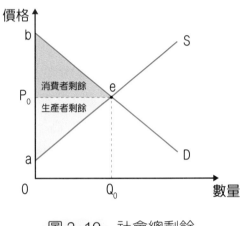

圖 2–19　社會總剩餘

▶2.7.3　政府課稅

有了消費者剩餘與生產者剩餘這兩個概念後，我們就可以分析政府課稅對社會福利水準的影響。社會福利水準為消費者剩餘加生產者剩餘再加稅收金額之和；之所以會加上稅收金額，是因為政府可以利用稅收來提供公共服務（如治安），而可以提升社會福利水準。

經濟學有一些關於稅方面的有趣結論，例如，不管是對買者還是賣者課稅，市場有相同的結果；被課稅的一方（不管是買方還是賣方），其稅的負擔不見得比另一方要來得重。接下來，我們就以市場供需模型來說明這些結論。

■ 1.對買者課稅

如果某一商品每單位的稅額為 t，且由買者繳稅，則對買者的需求會有何影響？圖 2–20 (a)中的 d_0 為買者在無稅下的需求曲線，每一數量所對應的需求曲線的高度為買者購買此 1 單位其所願意支付的最高價格。當單位稅額為 t 時，因為

買者所購買的每 1 單位均須支付 t 這麼多的稅額，所以買者在購買每 1 單位所願意支付的最高價格都少了 t 這麼多。

例如，當買者要購買 q_0 這 1 單位時，在原先沒有稅的情況下，他所願意支付的最高價格為 P_0；有了稅之後，他現在所願意支付的最高價格變成 $P_0 - t$。當他付 $P_0 - t$ 這麼多金額給賣方後，他還要繳 t 的稅，因此，他購買 q_0 這 1 單位時，他包含稅的支出金額仍為原先的 P_0。所以，當政府對某一商品課稅時，需求曲線會往下移動（如從 d_0 下移至 d_1），且移動的幅度等於單位稅額。

需求曲線往下移動代表需求減少，因此，課稅會造成需求的減少。由於市場需求曲線為個別需求曲線的水平加總，因此，如圖 2-20(b)所示，市場需求曲線也會因政府課稅而往下移動，其幅度也等於單位稅額 t。

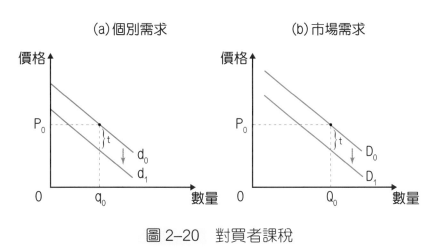

圖 2-20　對買者課稅

當市場需求曲線向下移動 t 這麼大的幅度時，賣者所收到的價格是否也會下降 t 這麼多？這決定於市場供給曲線的型態。

由於是對買者課稅，所以市場供給不受影響。如圖 2-21(a)所示，若市場供給曲線為正斜率，那麼新的市場需求曲線 (D_1) 與供給曲線交點所對應的價格 (P_s) 為賣者所收到的價格。此一價格比原先沒有課稅下的市場均衡價格少了 $P_0 - P_s$ 這麼多。而買者除了支付 P_s 的單價給賣者外，每單位購買量還須支付 t 這麼多的稅額，因此，其所支付的完稅價格為 $P_s + t$，等於 P_b。P_b 大於 P_0 的部分 $(P_b - P_0)$，即買者因政府課稅而比以前多支付的價格，我們稱此為買者的稅的負擔；而賣者因政府課稅而比以前少收的價格 $(P_0 - P_s)$，我們稱為賣者的稅的負擔。

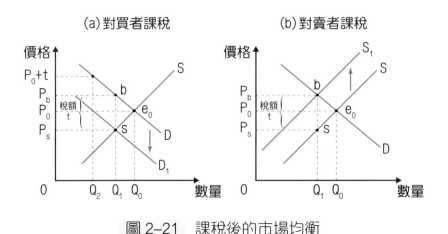

圖 2–21　課稅後的市場均衡

　　由圖 2–21 (a)可以看出，買者與賣者的稅的負擔均小於稅額，所以，在市場供給曲線為正斜率且需求曲線為負斜率的情況下，稅額是由買者與賣者共同負擔。

　　為什麼政府對買者課稅，稅額最後卻是由買者與賣者共同負擔？如圖 2–21 (a)所示，若稅額全部由買者負擔，則買者每單位須支付 $P_0 + t$ 這麼多（賣者仍收到原先的 P_0）。在這樣的完稅價格下，市場的需求量 (Q_2) 會小於市場的供給量 (Q_0)，從而在供過於求的情況下，市場價格會下跌。市場價格下跌就表示買方沒有負擔全部的稅額，或賣者也負擔一部分的稅額。

　　因此，在市場需求並非完全無彈性的情況下，政府雖對買者課稅，但由於買者可以有其他的選擇（如增加對替代品的需求），所以，稅不會全部由買者負擔。不過，如果市場需求是完全無彈性的，這時候由於市場需求曲線是垂直的，因此，不會因課稅而移動，此時，賣者所收到的價格仍為 P_0，所以稅就全部由買者負擔。之所以會有這樣的結果，是因為買者別無選擇，以至於整個市場的需求量還是跟課稅前一樣多；而要讓賣者繼續供給這麼多的數量，賣者所要求的價格會跟課稅前一樣，也因此，稅就全部由買者負擔。

　　相反地，如果市場需求彈性是無窮大的，那麼稅就全部由賣者負擔。這是因為如果買者所支付的完稅價格要比以前高，那麼買者就不會購買任何數量，也因此，賣者若要銷售任何數量，則賣者就要吸收全部的稅額。

■ 2.對賣者課稅

如果政府對賣者課稅，那麼由於賣者現在必須繳稅，所以其銷售成本會增加。當成本增加時，賣者每一個供給量所要求的價格也會呈同幅度的增加；使賣者在繳完稅後，仍可拿到其所要求的最低價格。因此，政府若對賣者課稅，則會造成市場供給曲線往上移，且移動的幅度等於稅額 t。如圖 2–21 (b)所示，市場新的均衡數量為 Q_1，買者所支付的價格為 P_b，而賣者繳完稅後所收到的價格為 P_s。

比較圖 2–21 (a)與圖 2–21 (b)可以發現，不管是對買者還是對賣者課稅，結果是一樣的：市場均衡數量均為 Q_1，買者所支付的價格均為 P_b，且賣者最後所收到的價格均為 P_s。為什麼會有這樣的結果？我們可以在圖 2–21 (b)中畫上圖 2–21 (a)中的 D_1 線，它會與 S 線交在 s 點。由圖 2–21 (a)可以知道，s 點所對應的數量為 Q_1，與圖 2–21 (b)中的 b 點所對應的數量是一樣的。因此，不管是對買者還是對賣者課稅，市場成交量都是一樣。既然成交量一樣，買者價格也都會是 P_b，且賣者價格也都會是 P_s。

■ 3.稅的負擔

我們剛剛提到，買者的稅的負擔為 $P_b - P_0$，而賣者的稅的負擔為 $P_0 - P_s$。在稅額固定下，一方稅的負擔大，就表示另一方的負擔小。買賣雙方稅的負擔的大小決定於哪些因素？簡單地說，哪一方的「價格彈性」大，那一方規避稅負的能力就比較強，從而其稅的負擔就比較小。

我們可以利用圖 2–22 來說明這個結果。如圖所示，(a)與(b)二圖有相同的市場供給曲線，(a)圖中的市場需求曲線比(b)圖中的來得平坦，亦即(a)圖的市場需求彈性較大。我們可以發現，市場需求彈性愈大，買者的稅的負擔愈小。

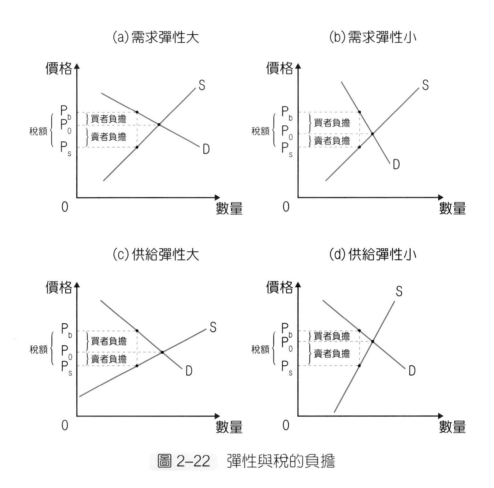

圖 2-22 彈性與稅的負擔

我們在上一章及本章一開始提到「勞退新制」的重點內容及實施後廠商的因應做法。由於此一新制有相當高的強制性，所以對以前未按時提撥勞工退休準備金的廠商而言，就如同被課稅一樣。在勞動市場，資方是買者，勞方是賣者。根據我們之前的分析，買方與賣方的稅的負擔決定於市場需求彈性與供給彈性的相對大小，因此，在資方的勞動需求彈性很大或勞方的供給彈性很小的行業（如成衣業），勞工所領的退休金其實大部分是勞工自己「提撥」的。相反地，就那些資方的勞動需求彈性很小或勞方的供給彈性很大的行業（如 IC 設計業）而言，新提撥的退休金主要是由資方負擔的。

■ 4.課稅的福利效果

我們可以用圖 2-23 及表 2-6 來說明政府課稅對社會福利的影響。在沒有稅

的情況下，市場均衡價格為 P_0，均衡數量為 Q_0；消費者剩餘為市場需求曲線高出 P_0 的部分，即面積 A + B + C，生產者剩餘為 P_0 高出市場供給曲線的部分，即面積 D + E + F。因此，社會的總剩餘為市場需求與供給曲線圍起來的面積。

當政府課徵 $P_b - P_s$ 這麼多的單位稅額時，市場的均衡數量降為 Q_1，買者所支付的價格上漲至 P_b，且賣者所收到的價格下降至 P_s。因此，消費者剩餘減少 B + C，只剩 A；生產者剩餘減少 D + E，只剩 F；政府稅收則從無增加為 B + D，即每單位稅額乘以成交量。由於政府稅收可挹注政府支出，而使某些人受益，這些人受益的程度我們簡單地以稅收金額來表示。所以，在政府課稅下，社會總剩餘為課稅下的消費者剩餘、生產者剩餘與稅收之和，其為 A + B + D + F。兩相比較可以發現，課稅使社會總剩餘減少 C + E，我們稱此為課稅所造成的無謂損失 (deadweight loss)。

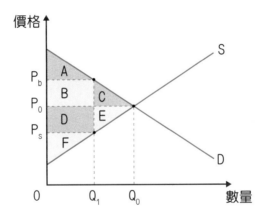

圖 2-23　課稅的福利效果

表 2-6　課稅的福利效果

	沒課稅	課　稅	變　動
消費者剩餘	A + B + C	A	− (B + C)
生產者剩餘	D + E + F	F	− (D + E)
稅　收	0	B + D	+ (B + D)
總剩餘	A + B + C + D + E + F	A + B + D + F	− (C + E)

　　消費者剩餘與生產者剩餘所反映的其實就是我們在第 1 章所提的交易利得。若沒有交易數量，就沒有任何的剩餘；交易數量減少，交易利得也就跟著減少。政府課稅造成市場成交量減少，進而導致消費者剩餘與生產者剩餘的減少；此兩部分剩餘的減少可用來反映買賣雙方交易利得的減少。而交易利得的減少總額 (B + C + D + E)，無法由稅收來彌補的部分 (C + E)，就稱為無謂損失。

　　從另一個角度來看，每 1 單位的數量，其所對應的需求曲線的高度，為買者所願意支付的最高價格，亦即這 1 單位所帶給買者的價值；其所對應的供給曲線的高度，為賣者所要求的最低價格，即賣者提供這 1 單位的機會成本。就圖 2–23 中的 Q_1Q_0 的每 1 單位數量而言，由於它們對買者的價值高於賣者的成本，因此，如果它們被交易，是可以提升社會福利水準的；但課稅使得這些數量不被交易，社會也因此損失了 C + E 這麼多的社會總剩餘。

　　總之，課稅會使成交量減少，而造成無謂損失。既然如此，那為什麼政府還要課稅？政府課稅的正當性來自於稅收用於公共財的提供，且公共財所造成的社會總剩餘的增加超過交易利得的減少，從而政府課稅之後，社會總剩餘是增加的。但如果政府的效能低，課更多稅只是建更多的「蚊子館」而已，那麼政府課稅所造成的社會總剩餘的減少還會大過 C + E。

▶2.7.4　價格管制

■ 1.價格上限 (price ceiling)

⑴循環信用利率

　　所謂價格上限是受管制的標的物，賣方的售價不能超過的法定最高水準。如我國《民法》第 205 條規定：「約定利率，超過週年百分之二十者，債權人對於超過部分之利息，無請求權。」換言之，年利率的法定上限是 20%。這樣的價格上限會有什麼樣的影響，我們可以用圖 2–24 來說明。

　　由於會跟銀行借信用貸款（指沒有不動產或汽車等抵押品的貸款）的人，通常是信用條件較差的人；這些人無法償還借款的機率較高，所以銀行會收取較高

的利率以涵蓋較高的風險。而這些人可能由於需錢孔急，所以也會願意付較高的利率。如圖 2–24 所示，假設如果政府沒有對這個資金市場有任何的限制，均衡利率為 30%（圖中的 i_0，此一水準純屬臆測）。在此一均衡利率水準下，均衡的借款金額為 Q_0。

如果政府將借款利率的上限訂在 20%（如圖中的 i_1），那麼根據供給法則，銀行現在願意貸出的金額降為 Q_1。在此情況下，雖然繼續借到錢的人會因現在適用較低的利率而受益，但由於借款總金額減少，所以會造成交易利得減少，而產生無謂損失。如果政府再將利率上限降為 15% ❶（圖中的 i_2），那麼，銀行的貸出金額會再進一步縮減為 Q_3，而使無謂損失進一步擴大。

當利率上限很低時，就連那些信用條件好但只是一時需要借款的人也可能借不到錢。最後，大多數需要借款的人可能需轉向地下錢莊借，且銀行也賺不到這部分的錢，這會造成社會福利的重大損失。換個角度來想，如果利率上限的調降有助於社會總剩餘的增加，那麼，利率上限應不斷調降直到零為止。可想而知，屆時銀行會通通關門，臺灣經濟也跟著崩潰。由以上的分析可以得知，政府所訂的利率上限愈低，整個社會福利水準就愈低，這是因為銀行所願意貸出的金額會愈少，而使得整個社會的交易利得愈少。

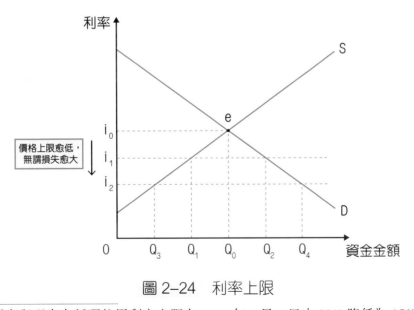

圖 2–24 　利率上限

❶　信用卡與現金卡循環信用利率上限在 2015 年 9 月 1 日由 20% 降低為 15%。

⑵口罩價格

　　另一個價格上限的例子是口罩。因新冠肺炎疫情爆發，政府除了於 2020 年 1 月 24 日宣布禁止口罩出口外，並於當月 31 日宣布徵用口罩，直接向工廠收購口罩，並限制每人購買量及制定口罩價格。一開始訂為每片 8 元，隨即降為每片 6 元。由於在疫情爆發前，超商的售價為 2 片 18 元，平均一片 9 元，因此，當時每片 6 元的價格屬於價格上限。

　　如果政府沒對口罩實施價格上限，則國內的口罩價格會跟國外大多數國家一樣，因需求大幅增加而大幅飆漲。雖然政府一開始徵用口罩，但由於數量遠小於大幅增加後的需求量，因此有嚴重的供不應求的短缺現象，所以政府當時限制每人每 7 天只能購買 2 片，但仍有短缺下的大排長龍現象。此一短缺現象在後來由於「口罩國家隊」❶❼的產能大幅提升，以及臺灣的疫情控制得宜而趨緩，口罩的價格上限於 2021 年元月降為每片 4 元，且每人每 14 天可買 10 片，同時不再有排隊的現象。

　　此一結果可以用在圖 2–24 中的 i_2（對應每片 4 元）畫一條水平的市場供給曲線來說明。之可以有這樣的結果，是因為臺灣本來就有生產口罩，且有生產力相當高的工具機等產業，可以讓「口罩國家隊」迅速開出大量產能，這是絕大多數國家無法做到的，也算是一項「臺灣之光」，且口罩普及有助於疫情的控制（亦即會有第 4 章將提到的「外部效益」）。不過，一開始的大排長龍現象，及口罩廠商無法出口，讓其損失不少獲利，且新增的大量產能未來有可能閒置，是此一「臺灣之光」背後的代價。

---

❼　「口罩國家隊」是臺灣在嚴重特殊傳染性肺炎疫情期間，參與口罩生產線架設、口罩生產的多家工具機廠商、口罩製造商、法人組織、中華民國經濟部官員及中華民國國軍的合稱。在 2020 年 1 月 31 日，行政院宣布將擴增口罩生產線，臺灣區工具機暨零組件工業同業公會自告奮勇協助此項政策，在經濟部的協調下，公會累積投入 3,241 人次協助製造，在 40 天之內組建完成 92 臺口罩產線，交付數十家口罩生產商生產醫療用口罩，而法人組織和中華民國國軍也派人力支援，齊力促使臺灣的口罩產能從原本 1 月時的日產 188 萬片，在 5 月時達到日產 2,000 萬片。然而，隨著口罩品質良莠不齊、廠商混充口罩、員工過勞等弊端叢生，口罩國家隊的部分廠商也飽受社會批評，並受到政府裁罰。（《維基百科》）

■ 2.價格下限 (price floor)

　　價格下限是受管制的標的物，買方的買價不能低於的法定最低水準，如「基本工資」（經濟學稱最低工資 (minimum wage)）。在 2022 年，基本工資的月薪為 25,250 元，此表示資方付給正職勞工的工資每個月不得低於 25,250 元。由於臺灣大部分勞工的每月工資都高於這個水準，所以這項基本工資對臺灣大部分勞工而言是無效的；但對於少部分技能水準較低的勞工（如國中畢業生）卻有影響。此點我們可以利用圖 2–25 以及機車行學徒為例來說明。

　　假設在沒有基本工資的管制下，機車行學徒市場的均衡工資為每月 W_0 元，就業人數為 Q_0。就一些國中畢業生而言，他們不想再繼續升學，雖然當學徒每個月只領 W_0 元，但他們可以學得一技之長，且「出師」後，每個月的收入足以養家糊口，所以他們現在願意領這麼低的工資。就一些機車行老闆而言，他們認為以學徒對機車行所能做的貢獻而言，每個月 W_0 元是他們願意支付的工資。因此，每個月 W_0 元的工資對雙方而言，都是有利的。

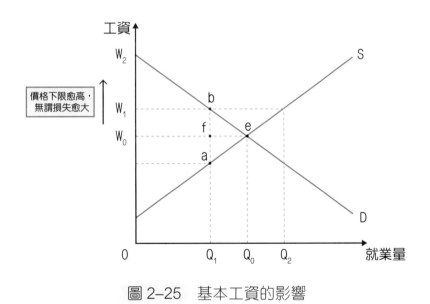

圖 2–25　基本工資的影響

　　如果現在政府為「照顧」勞工而訂定 W_1 元的基本工資水準，那麼，不單有些機車行老闆覺得不划算而停止雇用學徒，而且現在會有較多的國中畢業生滿意

這個工資水準而加入市場；前者造成學徒需求量由原先的 Q_0 減少為現在的 Q_1，後者造成學徒供給量由 Q_0 增加為 Q_2，而使得學徒市場出現 $Q_2 - Q_1$ 的超額供給或失業。

雖然基本工資的實施讓繼續保有工作的學徒可以領到更多的薪水，但也會造成失業人口，且由於雇用量的減少，而使得社會有圖 2–25 中 abe 的無謂損失。由於沒有任何一家機車行大到在學徒市場具有壟斷力而出現「剝削」學徒的情形，因此，就機車學徒市場以及類似的市場而言，基本工資的訂定對社會福利水準會有不利的影響，且基本工資水準愈高，失業人口數會愈多，從而勞資雙方的總剩餘會愈小，亦即社會的無謂損失會愈大。

換個角度來看，如果基本工資水準愈高對社會愈有利，那麼政府應將基本工資訂在圖 2–25 中 W_2 以上的水準；但此時的就業量會是零，從而社會福利水準反倒是最低的。

■ 3.「一例一休」新制的影響

我國立法院在 2016 年 12 月修改《勞動基準法》，通過「一例一休」的新制，明定勞工每七天中應有一天例假日和一天休息日，且這兩日的加班費將加成計算，希望透過「以價制量」抑制過長的工時[18]，落實周休二日的目標。

雖然雇主可事前與勞工協調議定例假日與休息日，但若要求勞工在休息日加班，則須負擔加成計算的加班費。以時薪 180 元的勞工阿國為例，若阿國在休息日加班，則其前兩小時內的工資額將以 $180 元 \times \frac{7}{3}$ 計算；從第三小時開始，工資額將以 $180 元 \times \frac{8}{3}$ 計算。

---

[18] 在 2018 年，臺灣就業者的全年平均工時為 2,033 小時，雖然比近十年中最高的 2010 年的 2,173 小時少了 140 小時，且比 1997 年製造業的 2,421 小時大幅減少了許多，但和 37 個 OECD 國家相較，排名仍高居第 4，僅次於新加坡（2,330 小時）、墨西哥和哥斯大黎加，與南韓（2,005 小時）相近，較日本（1,680 小時）每年多出 353 小時，更較工時最短的德國（1,363 小時）高出 670 小時（中華民國勞動部全球資訊網首頁 > 勞動統計專網 > 統計報告 > 國際勞動統計 > 工時 > 表 6–2）。

如果阿國在休息日加班 8 小時，則他當天的工資額為 3,720 元 ($180 \times 2 \times \frac{7}{3}$ $+ 180 \times 6 \times \frac{8}{3}$)，是修法前的 2,280 元 ($180 \times 2 \times \frac{4}{3} + 180 \times 6 \times \frac{5}{3}$) 的 1.63 倍[19]。

因此，「一例一休」就等同政府設下「加班時薪下限」，而使正職員工的加班時薪大幅提高。根據需求法則，這會讓廠商減少對正職員工加班的需求量。如果廠商其勞動需求的價格彈性高（大於 1），則正職員工的加班費收入會減少。相反地，如果其彈性低（小於 1），則正職員工的加班費收入會增加（即廠商的加班費支出會增加，如滿手訂單的廠商）；但如果廠商因正職員工加班的時薪提高而改雇用派遣或計時勞工，則正職員工的加班費收入會減少。從長期的角度來看，部分廠商可能加速其生產自動化的進程，甚至將生產基地外移，這會使我國勞工的整體收入因勞動市場需求減少而降低。

不少廠商反應其勞動成本會增加。表面上看來，這意味著勞工的收入會增加，但除了上述廠商可能加速其生產自動化的進程，甚至將生產基地外移，而使勞工的整體收入減少外，廠商也可能採取其他的因應措施來降低「一例一休」對它的不利影響。例如，部分企業宣稱未來的年終獎金會包括員工未休的特休假工資，亦即變相減少年終獎金；這也意味著，部分勞工的加班費收入即使能增加，其整體工資收入增加的幅度可能有限。

「一例一休」新制的目的是要透過減少工時與提高時薪來提升勞工的福祉。如上所述，它等同政府設下「加班時薪下限」，因此，對資方一定是不利的（國內生產自動化設備的廠商除外），對部分勞工可能有利（如果他加班時數的減少有限，或他是工作時數增加的派遣或計時勞工），但對加班時數減少幅度較大且需財孔急的勞工則肯定是不利的。另外，由於廠商會為了反映勞動成本增加而調高商品或服務的價格，或因勞動雇用量減少而減少商品或服務的供給量，所以對消費者來說，一定是不利的。

---

[19] 另外，例假日為強制休假日，雇主僅能在天災或突發事件發生時才能要求員工上班，且須給付員工加倍工資，同時，員工還可以補假。此外，新制還增加資淺員工的特休假天數，且明定特休假折算工資的規定。立法院曾於 2018 年元月通過「一例一休」的部分修正內容，如「7 休 2」鬆綁為「14 休 4」，但上述的時薪加成內容沒有變動。

　　綜上所述,「一例一休」在短期不會讓所有的勞工獲利,且在長期對絕大多數的勞工很可能是不利的,同時,不管在長短期,對廠商及消費者都是不利的,因此,在當時它引發不少民怨就不足為奇了。

⏱ **動動腦 2-6**

試舉出廠商會為了反映勞動成本增加而調高商品或服務的價格,或因勞動雇用量減少而減少商品或服務供給量的例子。

　　從本小節的分析可以得知,有限制效果的價格上限與價格下限均會使市場成交量減少,而造成交易利得的下降,從而整個社會會有無謂損失。如果市場沒有失靈,那麼,政府對市場的干預愈嚴重,社會福利的損失會愈大。

課後練習

一、單選題

( ) 1. 下列敘述何者正確？

(A)需求的變動是在其他條件不變下，因商品自身價格變化所引起的需求量改變

(B)需求的變動顯現在同一條需求曲線線上的移動

(C)需求量的變動顯現在需求曲線整條線的移動

(D)以上皆非

( ) 2. 下列敘述何者正確？

(A)若一項商品的需求隨所得的增加而增加，則該項商品為正常財

(B)若一項商品的需求與另一項商品的價格呈同向變動關係，則這兩項商品互為互補品

(C)若一項商品的需求與另一項商品的價格呈反向變動關係，則這兩項商品互為替代品

(D)以上皆是

( ) 3. 下列何者不會造成供給的變動？

(A)工資上漲　　　　　　　　(B)利率上升

(C)利率下跌　　　　　　　　(D)商品自身價格變動

( ) 4. 假設某一商品的價格 (P) 與市場需求量 (Q^D) 和市場供給量 (Q^S) 的關係分別為 $Q^D = 10 - 2P$ 與 $Q^S = -2 + P$。則均衡價格與均衡數量的組合為：

(A) (3, 2)　　　　(B) (4, 2)　　　　(C) (3, 3)　　　　(D) (4, 3)

( ) 5. 假設需求法則成立。如果 (P, Q) = (10, 5) 這個價量組合位在某一條需求曲線上，則下列哪一個價量組合可能位在同一條需求曲線上？

(A) (P, Q) = (15, 15)　　　　(B) (P, Q) = (15, 20)

(C) (P, Q) = (8, 8)　　　　(D)以上皆非

（　　）6.如果人們預期某一商品未來價格會下跌，則該商品：

　　　　(A)現在均衡價格會上漲　　　　　　(B)現在均衡價格會下跌

　　　　(C)現在均衡數量會增加　　　　　　(D)現在均衡數量會減少

（　　）7.假設商品 X 與 Y 為替代品。在其他條件不變下：

　　　　(A)商品 Y 發生技術進步會導致 X 價格上漲

　　　　(B)政府對 Y 課稅會導致 X 價格上漲

　　　　(C)商品 Y 的生產成本上漲會導致 X 價格下跌

　　　　(D)以上皆非

（　　）8.假設商品 X 與 Y 為互補品。在其他條件不變下：

　　　　(A)商品 Y 發生技術進步會導致 X 價格下跌

　　　　(B)政府對 Y 課稅會導致 X 價格上漲

　　　　(C)商品 Y 的生產成本上漲會導致 X 價格上漲

　　　　(D)以上皆非

（　　）9.假設某商品的價格等於 $100 時，某甲的需求量等於 10。若價格上漲
　　　　為 $101 時，某甲的需求量減為 9；在此情況下，某甲該商品的價格彈
　　　　性值：

　　　　(A)大於 1　　　　(B)小於 1　　　　(C)等於 1　　　　(D)無法確定

（　　）10.下列敘述何者正確？

　　　　(A)穀賤傷農是因為農產品的需求彈性小於 1

　　　　(B)廠商之所以願意薄利多銷，是因為其產品的需求彈性小於 1

　　　　(C)廠商之所以願意薄利多銷，是因為其產品的供給彈性大於 1

　　　　(D)以上(B)與(C)均正確

（　　）11.下列敘述何者正確？

　　　　(A)政府不論是對買者還是賣者課徵同樣的稅額，其所造成的買者的稅
　　　　　　的負擔一樣

　　　　(B)政府不論是對買者還是賣者課徵同樣的稅額，其所造成的賣者的稅
　　　　　　的負擔一樣

　　　　(C)若市場需求彈性相對於供給彈性來得大，則買者的稅的負擔較小

　　　　　　　(D)以上皆是

（　　）12.下列敘述何者正確？

　　　　　　　(A)某購買數量下的消費者剩餘，是消費者購買此數量所願意支付的最
　　　　　　　　　高價格，與實際支付價格之間的差

　　　　　　　(B)某購買數量下的消費者剩餘，是消費者購買此數量所願意支付的最
　　　　　　　　　高金額，與實際支付金額之間的差

　　　　　　　(C)某售出數量下的生產者剩餘，是生產者銷售此數量實際收到的價
　　　　　　　　　格，與其所要求的最低價格之間的差

　　　　　　　(D)以上(A)與(C)均正確

（　　）13.下列敘述何者正確？

　　　　　　　(A)當政府實施有效的價格上限時，市場成交量增加

　　　　　　　(B)當政府實施有效的價格下限時，市場成交量增加

　　　　　　　(C)就同一稅額而言，在其他條件不變下，若市場需求彈性愈大，則無
　　　　　　　　　謂損失愈大

　　　　　　　(D)就同一稅額而言，在其他條件不變下，若市場供給彈性愈大，則無
　　　　　　　　　謂損失愈小

（　　）14.假設政府提高勞方的薪資稅。此一措施，一般而言：

　　　　　　　(A)對整體資方有利　　　　　　　　(B)對整體勞方不利

　　　　　　　(C)勞方新增的稅負大於資方　　　　(D)以上(B)與(C)均正確

（　　）15.如果你對某商品的需求是有彈性的，則該商品的價格上漲時，你對該
　　　　　　　商品的支出金額會：

　　　　　　　(A)增加　　　　　　(B)減少　　　　　　(C)不變　　　　　　(D)以上皆有可能

二、問答題

1.假設某甲對商品 X 的需求函數為 $Q_X^d = 10 - 2P_X + 0.4P_Y - 0.3I$，其中 Q_X^d 為需求
　量，P_X 與 P_Y 分別是商品 X 與 Y 的價格，I 為某甲的所得。對某甲而言：

　⑴商品 X 是否合乎需求法則？為什麼？

　⑵商品 X 與 Y 是替代品還是互補品？為什麼？

　⑶商品 X 是正常財還是劣等財？為什麼？

2. 如果人們預期某檔股票其價格未來會上漲,那麼該股票現在的價格與成交股數會如何變動?試繪圖說明之。

3. 試繪圖說明下列敘述的真偽。

   (1) 當鋼鐵價格上漲時,在其他條件不變下,汽車市場的均衡價格會上升且均衡數量會增加。

   (2) 茶和咖啡為替代品。當咖啡豆豐收時,在其他條件不變下,茶的均衡價格下跌且均衡數量減少。

   (3) 假設商品 X 與 Y 是互補品。當 Y 的生產技術進步時,X 的均衡價格會上升。

   (4) 在其他條件不變下,任一商品市場的總收益會隨所得的增加而增加。

4. 假設政府原先對勞工課徵某一稅額的薪資稅。如果現在政府將該稅額改成由勞方與資方各負擔一半,那麼此一變動會不會改變勞資雙方原先的稅的負擔?試繪圖說明之。

5. 假設政府提高有限制效果的基本工資。在資方的勞動需求的價格彈性較大還是較小的情況下,政府此一做為所造成的無謂損失較大?試繪圖說明之。

筆記欄

3 → 生產成本與廠商決策

學習重點

1. 何謂生產函數？何謂邊際報酬遞減？
2. 何謂成本函數？
3. 在短期，邊際成本、平均變動成本與平均成本之間的關係為何？
4. 長短期平均成本曲線之間的關係為何？
5. 何謂規模經濟、規模不經濟與固定規模報酬？
6. 完全競爭廠商如何決定利潤極大的產量？
7. 在什麼樣的情況下，完全競爭廠商會選擇暫時停業？
8. 完全競爭廠商的短期供給曲線為何？
9. 何謂獨占市場？其形成的原因為何？
10. 何謂自然獨占？
11. 獨占廠商如何訂價？
12. 為何獨占會造成無謂損失？
13. 獨占廠商如何進行差別訂價？

課前引言

上一章的供需模型背後隱含的市場型態是所謂的完全競爭市場。一個完全競爭市場有下列三個特徵:

⑴有很多的買者與賣者。

⑵每個賣者所賣的產品是同質的 (homogenous)。

⑶每個市場參與者擁有相同的資訊 (perfect information)。

在這三個特徵下,每一個市場參與者都是所謂的價格接受者。在現實世界裡,完全競爭市場可説是絕無僅有的,大概只有普通米市場比較接近完全競爭市場。

市場型態的另一個極端是獨占 (monopoly) 市場,其為只有一家廠商且沒有近似替代品 (close substitutes) 的市場,像國內的自來水市場。

介於完全競爭與獨占之間的市場型態包括寡占 (oligopoly) 及獨占性競爭 (monopolistic competition) 市場;前者為只有少數幾家廠商的市場,而後者為有很多廠商,但產品是異質的市場。由於寡占及獨占性競爭市場其表現會介於完全競爭市場與獨占市場之間,且限於本書的篇幅,故我們只會介紹完全競爭廠商與獨占廠商如何做決策。

廠商最主要的一個決策是產量決策。可以想像的,廠商產量的多寡會受到成本的影響;經濟學利用成本函數 (cost function) 描述廠商的生產成本與其產量之間的關係,而廠商的生產成本為其雇用生產要素的支出,且廠商雇用生產要素是為了要生產產品以出售獲利,因此,我們如要瞭解成本與產量之間的關係,必須先瞭解生產要素雇用量與產品數量之間的關係。所以,我們先在 3.1 節介紹生產理論來説明生產要素雇用量與產量之間的關係。

由於某些生產要素數量在短期間不容易改變,如煉鋼廠的高爐,因此,我們接下來在 3.2 節介紹廠商的短期成本,然後在 3.3 節再介紹所有生產要素數量均可變動下的長期成本。有了成本概念後,我們在最後兩節分別説明完全競爭廠商與獨占廠商如何做決策。

3.1 生產理論

▶3.1.1 生產函數

如前所述，廠商的生產成本是其雇用生產要素的支出，而生產要素的種類包括勞動 (labor)、資本（capital，如機器、設備、廠房等）、土地以及企業才能。勞動的雇用量（以 L 表示）為勞工的總工時；勞工雖然有各自的技能水準，但為方便說明，我們假設每位勞工的技能水準都一樣。資本與土地的雇用量在短期間都不容易變動，為簡化說明，資本與土地這兩項生產要素我們合稱作資本，並以 K 表示。企業才能代表廠商結合勞動與資本生產出產品的能力，亦即它代表廠商各式各樣的技術水準，如生產、管理與行銷技術，我們以 A 表示。

廠商在生產過程中也可能會使用零組件或原物料等生產投入，如液晶電視機的生產須用到液晶螢幕，但為簡化說明，我們省略這一部分的生產投入。

根據以上的說明，我們可以用下列的生產函數 (production function) 來表示生產要素雇用量 (L, K) 與技術水準 (A)，和產品產量 (Q) 之間的關係：

$$Q = F(L, K, A)$$

▶3.1.2 短期與長期

在短期間，資本數量通常是固定的，而技術水準的提升更是需要時間。所以在短期，只有勞動的雇用量會變動。我們稱雇用量在短期可以變動的生產要素為變動生產要素 (variable factors)；如無法變動則稱為固定生產要素 (fixed factors)。在長期，由於所有生產要素的雇用量都可以變動，所以所有生產要素都是變動生產要素。至於技術也能變動的期間，我們就稱為超長期 (very long run)。

至於長期是多久？每個產業有不同的答案。像大煉鋼廠可能需要幾年才能增加一座高爐；而像連鎖便利商店，可能一個禮拜就可以有一家新店開幕。接下來，我們以表 3–1 為例來說明在短期，勞動雇用量與產量之間的關係。

▶3.1.3 短期勞動雇用量與產量

假設老王有一間電腦組裝廠，目前只有一條生產線。表 3–1 顯示其所雇用的勞動數量與產量，表中 1 單位的勞動數量可能代表 100 小時的工時，1 單位的產量可能表示每天 100 臺電腦。

如表 3–1 所示，當老王雇用第 1 單位的勞動時，由於每位勞工可能要負責生產線上好幾個組裝階段，所以產品的不良比率比較高，因此，總產量只有 8 單位。此時，勞動的邊際產量 （marginal product of labor，以 MP_L 表示） 與平均產量 （average product of labor，以 AP_L 表示）均為 8 單位。勞動的邊際產量指的是廠商多雇用 1 單位的勞動，其總產量的變動量；勞動的平均產量為平均下來每單位勞動的產量，等於總產量除以總勞動雇用量。

表 3–1　短期勞動雇用量與產量

勞　動	總產量	勞動邊際產量	勞動平均產量
0	0		
1	8	8	8.0
2	19	11	9.5
3	28	9	9.3
4	36	8	9.0
5	43	7	8.6
6	49	6	8.1
7	54	5	7.7
8	57	3	7.1
9	59	2	6.5
10	60	1	6.0
11	57	–3	5.1

當老王雇用第 2 單位勞動時，每位勞工所負責的組裝階段比之前少了一半，所以產品的不良率大為降低。此時的總產量為 19 單位，比之前增加了 11 單位，此一增量即為老王雇用第 2 單位勞動的邊際產量；此時勞動的平均產量為 9.5 單

位。當老王雇用第 3 單位勞動時，由於產品不良率降低的幅度比之前小，所以此時勞動的邊際產量為 9 單位，比之前的 11 單位來得小；此時的總產量為 28 單位，勞動的平均產量為 9.3 單位。表 3–1 還顯示其他數字，比較特別的是，若老王雇用第 11 單位的勞動，其總產量反而由原先的 60 降為 57 單位，亦即此時的勞動邊際產量為負值。一個可能的原因是，因為生產線只有一條（資本固定），所以勞工數量如果太多反而會「礙手礙腳」，而使產量減少。因此，在只有一條生產線的情況下，老王絕不會雇用第 11 單位的勞動。

如果我們以勞動雇用量為橫軸、產量為縱軸，那麼我們可以根據表 3–1 的數字畫出圖 3–1 中的總產量曲線 (TP)、勞動邊際產量 (MP_L) 與平均產量 (AP_L) 曲線。

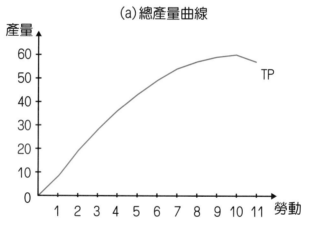

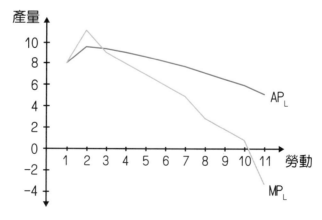

圖 3–1　總產量與勞動邊際產量及平均產量曲線

▶3.1.4　邊際報酬遞減

從圖 3-1 (b)中的 MP_L 曲線可以看出，雖然一開始是上升的，但後來是下降的，亦即勞動的邊際產量出現隨著勞動雇用量的增加而逐漸減少的現象，此一現象稱為邊際報酬遞減 (diminishing marginal returns)。之所以會有這樣的現象，是因為在資本固定的情況下，勞動雇用量愈多就愈「擁擠」，而使得勞動分工程度提升所造成的產出增量，隨著勞動雇用量增加而減少。

⏱ **動動腦 3-1**
試舉出日常生活中「邊際報酬遞減」的例子。

不單只有勞動會出現「邊際報酬遞減」的現象，其他生產要素也會有同樣的情形。比方說，如果勞工數量是固定的，那麼增添機器所能增加的產量（機器的邊際產量）會隨著機器數量的增加而減少。這是因為每一個勞工要負責的機器數量愈來愈多，所以機器的不當操作情況也會愈來愈多。

根據以上的說明，我們可以用下列的數學式來定義勞動的邊際產量與平均產量：

$$MP_L = \frac{\Delta TP}{\Delta L}; \quad AP_L = \frac{TP}{L}$$

▶3.1.5　總產量、勞動邊際產量與平均產量的關係

為充分說明三者之間的關係，我們讓勞動雇用量與產量都可以細分，而得出圖 3-2 中平滑的總產量、勞動邊際產量與平均產量曲線，這三條曲線的型態與三者之間的關係如下：

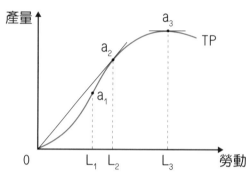

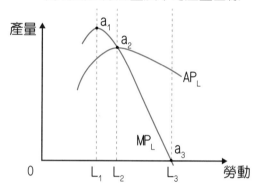

圖 3–2　平滑的總產量與勞動邊際產量及平均產量曲線

1. TP 線上任何一點其切線的斜率等於 MP_L，且任何一點與原點連線的斜率等於 AP_L。

2. 當勞動雇用量等於 L_3 時，TP 達到最大，此時 TP 上的點為 a_3，且其切線的斜率為零，亦即 MP_L 等於零，所以我們可以得到圖 3–2 (b)中對應的 a_3 點，其位於橫軸上。當 $L = L_1$ 時，此時圖(a)中的對應點為 a_1，其為 TP 線的轉折點 (inflection point)，表示其切線斜率最大，亦即 MP_L 達到最大，此對應到圖(b)中的 a_1 點。當 $L > L_1$ 時，MP_L 開始出現遞減現象。

3. 當 $L = L_2$ 時，其對應到 TP 線上的 a_2 點，且其切線正好通過原點；根據上述第 1. 點，此時 $AP_L = MP_L$，且如圖(b)所示，此時的 AP_L 達到最大。

4. 當 $L < L_2$ 時，由圖 3–2 (b)可以看出，$MP_L > AP_L$，也因此，AP_L 在 L 還未到達

L_2 之前，呈現上升狀態。這是因為廠商增加 1 單位勞動雇用量的 MP_L 只要比之前的 AP_L 來得大，就會使 AP_L 上升。例如，林書豪第 10 場比賽的投籃命中率為 0.400，且前面 10 場的平均命中率為 0.300，如果林書豪第 11 場的命中率為 0.333，那麼其前面 11 場的平均命中率就上升為 0.303（假設每場的投籃次數一樣）。這是因為其第 11 場的命中率高於前面 10 場的平均命中率，雖然其第 11 場的命中率比第 10 場差。相反地，當 $L > L_2$ 時，由於 $MP_L < AP_L$，所以 AP_L 是下降的。因此，勞動邊際產量曲線從勞動平均產量曲線的上方穿過勞動平均產量曲線的最高點。

5. 以上的說明是以資本數量與技術水準不變為前提。當廠商的技術水準提升時，勞動的生產力會跟著提升，所以，圖中的 MP_L 與 AP_L 線均會往上移；當 AP_L 線往上移時，表示圖中的 TP 線也往上移。同樣地，當勞動雇用量不變而機器數量增加時，由於每個勞工平均所能使用的機器數量增加，所以勞工的生產力也會提升，也因此，圖 3–2 中的三條線也都會往上移。此外，當勞工透過在職訓練或工作經驗的累積，而使其生產力提升時，也會使圖 3–2 中的三條線都往上移。

3.2　短期成本

有了上一節勞動雇用量與產量以及勞動邊際產量與平均產量之間關係的概念後，我們在本節就可以介紹各種短期的成本函數。

▶3.2.1　總成本

廠商在某一段期間（比方說一個月）對其所雇用的生產要素的支出總金額稱為總成本 (total cost, TC)。由於在短期，生產要素分為變動的以及固定的，所以總成本包括總變動成本 (total variable cost, TVC) 與總固定成本 (total fixed cost, TFC)；前者為廠商對變動生產要素的總支出，後者為對固定生產要素的總支出。由於變動生產要素的數量在短期是可以改變的，所以當它們變動時，不單產量會跟著變動，總變動成本也會跟著變。至於總固定成本，由於固定要素的數量在短

期不變，所以即使產量變動，總固定成本也不會改變。

因此，廠商在某一產量下的總成本，可以表示成：

$$TC = TVC + TFC$$

▶3.2.2　平均成本

我們可以把此一產量下的總成本、總變動成本與總固定成本除以此一產量，即可得到此產量下的平均總成本 （total average cost，簡稱為平均成本，並簡稱 AC）、 平均變動成本 (average variable cost, AVC) 與平均固定成本 (average fixed cost, AFC)。上式兩邊同除以產量 Q 可以得到：

$$AC = \frac{TC}{Q} = \frac{TVC}{Q} + \frac{TFC}{Q} = AVC + AFC$$

所以，平均成本為平均變動成本與平均固定成本之和。

▶3.2.3　邊際成本

由總成本我們也可以得出邊際成本 (marginal cost, MC)，其為廠商增加 1 單位的產量，其總成本的增加金額，亦即：

$$MC = \frac{\Delta TC}{\Delta Q} = \frac{\Delta(TVC + TFC)}{\Delta Q} = \frac{\Delta TVC}{\Delta Q} + \frac{\Delta TFC}{\Delta Q} = \frac{\Delta TVC}{\Delta Q} \tag{1}$$

由於總固定成本不隨產量變動，所以產量變動所造成的總成本變化就只來自於總變動成本的變化，因此，我們有上式的結果。

▶3.2.4　總成本、平均成本與邊際成本的關係

以上所述的各項成本之間的關係，我們可以利用表 3–2 來說明。表 3–2 是以表 3–1 為基礎加上要素價格而來的。我們假設老王的生產線設備與廠房全部是租來的，且假設每個月租金為 50 萬元；再假設每 1 單位的勞動雇用量（如 100 小時

的工時）其工資為 30 萬元。在這些假設下，我們可以根據表 3–1 的數字而得到表 3–2（金額的單位為萬元）。

根據表 3–2 的總成本與總固定成本的數字，我們可以得到圖 3–3 中的總成本線 (TC) 與總固定成本線 (TFC)。由於總固定成本不隨產量變動，所以 TFC 線為一條水平線，而任一產量下 TC 線與 TFC 線之間的垂直距離代表總變動成本 (TVC)。

表 3–2　產量與各項成本

產量 (1)	勞動 (2)	總變動成本 (3)	總固定成本 (4)	總成本 (5) = (3) + (4)	邊際成本 (6) = $\frac{\Delta(5)}{\Delta(1)}$	平均成本 (7) = $\frac{(5)}{(1)}$	平均變動成本 (8) = $\frac{(3)}{(1)}$	平均固定成本 (9) = $\frac{(4)}{(1)}$
0	0	\$ 0	\$50	\$ 50	–	–	–	–
8	1	30	50	80	\$ 3.75	\$10.00	\$3.75	\$6.25
19	2	60	50	110	2.72	5.78	3.15	2.63
28	3	90	50	140	3.33	5.00	3.21	1.79
36	4	120	50	170	3.75	4.72	3.33	1.39
43	5	150	50	200	4.28	4.65	3.49	1.17
49	6	180	50	230	5.00	4.69	3.67	1.02
54	7	210	50	260	6.00	4.81	3.89	0.93
57	8	240	50	290	10.00	5.08	4.21	0.87
59	9	270	50	320	15.00	5.42	4.57	0.85
60	10	300	50	350	30.00	5.83	5.00	0.83

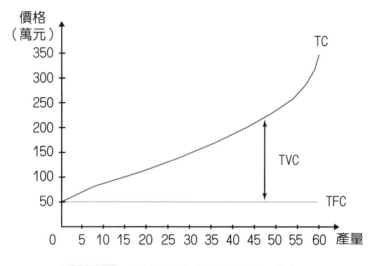

圖 3-3　短期總成本與總固定成本

　　另外，由表 3-2 也可以看出，邊際成本隨產量的增加而呈現先減少然後持續增加的結果，正好與勞動邊際產量隨勞動雇用量增加而呈現先增加然後持續減少的結果相反。此一邊際成本與勞動邊際產量之間的密切關係可以用以下的數學來說明。

　　我們以 W 代表市場工資率且假設勞動市場為完全競爭市場。由於有很多參與者，所以個別廠商勞動雇用量的變動並不會影響 W。另外，假設勞動成本 $(W \times L)$ 為唯一的變動成本。在這些假設下，由式(1)我們可以得到：

$$MC = \frac{\Delta TVC}{\Delta Q} = \frac{\Delta (W \times L)}{\Delta Q} = \frac{W \times \Delta L}{\Delta Q}$$
$$= W \times \frac{1}{\dfrac{\Delta Q}{\Delta L}} = \frac{W}{MP_L} \tag{2}$$

　　因此，在 W 固定下，MC 與 MP_L 呈反向變動，所以當勞動邊際產量呈現先增後減的型態時，我們會得到邊際成本呈現像表 3-2 那樣的先減後增型態。這是因為當廠商多雇用 1 單位勞動時，不管此時勞動邊際產量為何，廠商的總變動成本都會增加 W 這麼多，亦即 $\Delta TVC = W$ 且固定，所以當這 1 單位勞動的邊際產

量 (ΔQ) 愈大時，邊際成本 ($MC = \dfrac{\Delta TVC}{\Delta Q}$) 就愈小。直覺而言，當勞動的邊際產量愈大時，就表示勞動的生產力愈高；當勞動的生產力愈高時，廠商的邊際成本愈低就不足為奇了。

另外，平均變動成本與勞動平均產量也有類似的密切關係：

$$AVC = \frac{TVC}{Q} = \frac{W \times L}{Q} = W \times \frac{1}{\dfrac{Q}{L}} = \frac{W}{AP_L}$$

所以，當勞動的平均產量呈現如表 3–1 的先增後減型態時，表 3–2 中的平均變動成本也就呈現先減後增的型態。

為能更清楚地說明短期各項成本之間的關係，我們把圖 3–3 中的 TC 線予以平滑化，而得到圖 3–4 (a)中的 TC 線。TC 線上任一點的切線其斜率等於 $\dfrac{\Delta TC}{\Delta Q}$，亦即等於 MC。另外，TC 線上任一點與原點的連線其斜率等於 $\dfrac{TC}{Q}$，亦即等於 AC；此外，由於 TVC 等於 TC 減去 TFC，所以，TC 線上任一點與 F 點的連線其斜率等於 $\dfrac{TVC}{Q}$，也就是等於 AVC。根據以上的說明，我們可以得到圖 3–4 (b)中的 MC、AVC 與 AC 這三條線，其型態與彼此之間的關係如下：

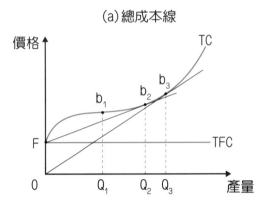

(a)總成本線

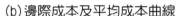

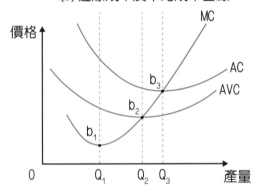

(b)邊際成本及平均成本曲線

圖 3-4　短期各項成本之間的關係

1. 當產量等於 Q_1 時，TC 線上的對應點為 b_1 點，其為轉折點，亦即其切線的斜率最小，此對應到圖 3-4 (b)中 MC 線的最低點 b_1。當 $Q < Q_1$ 時，MC 遞減；當 $Q > Q_1$ 時，MC 持續上升。

2. 當 $Q = Q_2$ 時，其所對應的 TC 線上的 b_2 點其切線正好通過 F 點，所以此時的 MC = AVC，且此時的 AVC 最小。因此，如圖 3-4 (b)所示，AVC 線上的 b_2 點為最低點，且 MC 線亦通過此點。

3. 當 $Q < Q_2$ 時，由圖 3-4 (b)可以看出，MC < AVC，也因此，AVC 呈現下降型態。此一結果可以用以下的例子來理解。假設陳偉殷第 10 場比賽的防禦率為 3.000，且其前面 10 場的平均防禦率為 3.500。如果陳偉殷第 11 場的防禦率為 3.250，雖然比第 10 場來得好，但仍會使平均防禦率由原先的 3.500 降為 3.377

（假設每場的投球局數一樣）。因此，當 MC < AVC 時，AVC 會呈現下降型態。相反地，當 Q > Q_2 時，由於 MC > AVC，因此 AVC 呈現上升型態。所以，邊際成本曲線由平均變動成本曲線的下方穿過平均變動成本曲線的最低點。

4. 當 Q = Q_3 時，其所對應的 TC 線上的點為 b_3，且其切線正好通過原點，所以此時 MC = AC，且此時的 AC 最小。因此，如圖 3–4 (b)所示，AC 線上的 b_3 點為最低點，且 MC 線亦可過此點。

5. 當 Q < Q_3 時，由於 MC < AC，所以 AC 遞減；相反地，當 Q > Q_3 時，由於 MC > AC，所以 AC 遞增。因此，邊際成本曲線由平均成本曲線的下方穿過平均成本曲線的最低點。

3.3 長期成本

▶3.3.1 長期成本的特性

在長期，由於廠商有足夠的時間變動所有生產要素的雇用量，所以在長期，所有的生產要素都是變動生產要素，而無固定生產要素，也因此沒有固定成本。長期的成本曲線形狀會與短期的有何不同？我們利用圖 3–5 與圖 3–6 來回答這個問題。

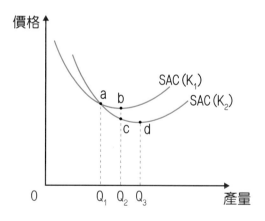

圖 3–5　不同規模下的短期平均成本曲線

　　圖 3–5 顯示兩種資本數量（K_1 與 K_2，且 $K_1 < K_2$）下的短期平均成本曲線，SAC(K_1) 與 SAC(K_2)，其中 "S" 代表短期 (short run)。我們稱 K_2 下的規模 (scale) 大於 K_1。由圖 3–5 我們可以得到下列三點結論：

■ 1.不同規模下的短期平均成本曲線會相交

　　由於平均固定成本隨著產量增加而下降，所以當產量很大時，K_1 與 K_2 下的平均固定成本相差就有限，但是當產量很小時，二者的差異可能會很大。比方說，在資本數量等於 K_1 時，廠商每個月付的租金為 50 萬元，在資本數量等於 K_2 時，租金為 100 萬元。在此情況下，產量為 1 時，平均固定成本分別為 50 萬元與 100 萬元，相差 50 萬元；但產量為 10 時，平均固定成本分別為 5 萬元與 10 萬元，相差只有 5 萬元。

　　另一方面，當資本數量增加時，由於變動生產要素的生產力提升，因此平均變動成本會下降，且下降幅度會隨著產量的增加而擴大。這是因為變動生產要素在雇用量大時的「擁擠」情況，會因資本數量增加或廠商規模擴大而獲得較大程度的紓解 （記不記得圖 3–1 中的總產量在勞動雇用量超過 10 單位時呈現減少的情況）。因此，在產量比較大時，規模大下的平均成本會因平均固定成本的高出程度變小，且平均變動成本的降低幅度擴大，而小於規模小下的平均成本。所以，如圖 3–5 所示 ，兩條不同規模下的短期平均成本曲線會相交 。 從另一個角度來看，如果不相交，那就表示廠商規模擴大後，任一產量下的平均成本都要比以前來得高，那就沒有廠商願意擴大規模了。

■ 2.某一規模下的最低平均成本，不一定是此一產量的長期最低平均成本

　　如圖 3–5 所示，SAC(K_1) 與 SAC(K_2) 交於 a 點，其對應的產量為 Q_1。當產量大於 Q_1 時，SAC(K_2) 小於 SAC(K_1)。所以，雖然在產量為 Q_2 時，SAC(K_1) 為最低（對應 b 點），但仍高於 SAC(K_2)。

■ 3.某一產量下的長期最低平均成本，不一定是該規模下的最低平均成本

假設在長期，廠商選擇 K_2 可以使其生產 Q_2 的平均成本達到最低，其為圖 3–5 中的 $\overline{cQ_2}$，但 $\overline{cQ_2}$ 並不是 $SAC(K_2)$ 中的最低平均成本（其為 $\overline{dQ_3}$）。以上第 2 點比較的是圖 3–5 中的 b 點與 c 點，而本點所比較的是 c 點與 d 點。

如果廠商只有 K_1 與 K_2 兩種規模可以選擇，那麼，就圖 3–5 而言，長期的平均成本曲線在產量小於 Q_1 時為 $SAC(K_1)$ 的部分，在產量大於 Q_1 時為 $SAC(K_2)$ 的部分。這樣一條長期平均成本曲線由下方「包絡」住 $SAC(K_1)$ 與 $SAC(K_2)$ 這兩條短期平均成本曲線。實際上，廠商有多種規模可以選擇，所以如果 K 可以細分，我們可以得到圖 3–6 中的長期平均成本曲線（LAC，L 代表 long run），其為眾多短期平均成本曲線的包絡曲線 (envelope curve)。

▶ 3.3.2　規模經濟

如圖 3–6 所示，長期平均成本曲線可能有三個階段。

1. 當產量小於 Q_1 時，長期平均成本隨著產量的增加而遞減，我們稱此一現象為規模經濟 (economies of scale)。

2. 當產量大於 Q_2 時，長期平均成本隨著產量的增加而遞增，我們稱為規模不經濟 (diseconomies of scale)。

3. 當產量介於 Q_1 與 Q_2 之間時，總成本與總產量呈同比例的變動，故長期平均成本不變，我們稱為規模報酬不變或固定規模報酬 (constant returns to scale)。

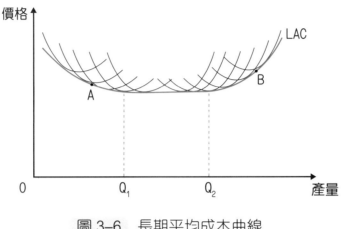

圖 3-6　長期平均成本曲線

　　規模經濟發生的主要原因為規模擴大後可以促進勞動的專業與分工，而使勞動生產力提升，進而使生產成本降低。例如，裝配線 (assembly line) 的生產方式就具有這樣的效果。另外，有些行業的設備支出相當高，亦即其主要的成本為資本成本，如高鐵、寬頻網路等。當其客戶數（可視同其產量）增加時，其所增加的營運成本相較其資本成本是有限的，但其平均資本成本可以比較快速地下降，從而造成其長期平均成本的降低。

　　當然，規模經濟不可能一直存在，如果可能一直存在的話，所有行業就會只剩下少數幾家的大企業，因為它們的平均成本最低，而把其他的小企業給「趕盡殺絕」（上述的高鐵、寬頻網路等行業因為市場規模有限且需大額的資本，所以廠商家數本來就少）。眾多中小企業之所以能在國內外大企業的環伺之下，仍能不斷上演「小蝦米對抗大鯨魚」的戲碼，就是因為當企業大到某種程度以後，組織會變得龐大，管理成本會因而大幅增加。另一方面，大企業的大腦（管理總部）與末梢神經（各營業據點或生產基地）之間也可能無法有效地傳遞訊息，而使其決策與行動變得很不靈活，就如同大象要轉個身會很費勁一樣。所以當企業規模大到某一程度之後，就會發生規模不經濟，這也給了靈活的中小企業生存空間。以圖 3-6 表示的話，小企業可能位在長期平均成本曲線上的 A 點，而大企業位於 B 點，兩者的長期平均成本相差有限。

　　至於固定規模報酬的現象之所以存在，可能是因為造成規模經濟的有利因素

與造成規模不經濟的不利因素相互抵銷，而使長期平均成本不因產量的變動而變動。另外，當廠商技術進步時，因為生產力提升，所以整條長期平均成本曲線會往下移。

3.4 完全競爭廠商的短期決策

有了前兩節的成本概念後，接下來我們就可以分析完全競爭廠商與獨占廠商的短期決策。在本節，我們分析一個追求利潤極大 (profit maximization) 的完全競爭廠商其短期的產量決策，包括要不要暫時停業，並據以得出個別廠商以及市場的供給曲線。

本章一開始提到，完全競爭市場的三個特徵使每一個參與者都是價格接受者。完全競爭市場的另一個特徵是，在長期，廠商可以自由進出市場。在現實生活中，並不是你想要進入哪一個產業就可以進入，例如，你不能跟郵局一樣經營信函郵遞業務，因為這是郵局的「郵政專營權」；另外，不少行業需要相當的資本額才能成立一家公司。不過，你若是想當農夫，只要夠努力，基本上不會有太大的問題。

▶3.4.1 利潤極大化下的廠商行為

在本書，我們假設廠商經營的目的為追求利潤極大，如果不是這樣，它遲早會因成本過高、不堪虧損而退出市場。

廠商的利潤（以 π 表示）等於總收益 (total revenue, TR) 減去總成本（以 TC 表示），即：

$$\pi = TR - TC$$

而總收益等於價格 (P) 乘以產量 (Q)。由總收益我們可以得出平均收益 (average revenue, AR)，以及邊際收益 (marginal revenue, MR)。平均收益為廠商產量的平均銷售金額，其為總收益除以產量 ($\frac{TR}{Q}$)。就任一廠商而言，不管其所處

的市場之型態為何，平均收益都等於產品價格：

$$AR = \frac{TR}{Q} = \frac{P \times Q}{Q} = P$$

廠商的邊際收益為廠商增加 1 單位產量，其總收益的增加金額，即：

$$MR = \frac{\Delta TR}{\Delta Q} = \frac{\Delta(P \times Q)}{\Delta Q} = \frac{P \times \Delta Q}{\Delta Q} = P$$

由於完全競爭廠商是價格接受者，所以會有上式的結果。

因此，就完全競爭廠商而言，其平均收益與邊際收益都等於市場價格，即：

$$P = AR = MR$$

根據以上的結果，我們可以得到圖 3–7 中的總收益、平均收益與邊際收益線。由於完全競爭廠商是價格接受者，所以圖 3–7 (a)中的總收益線為一條通過原點且斜率為 P 的直線，同時，圖 3–7 (b)中的平均收益線與邊際收益線為對應 P 的同一條水平線。

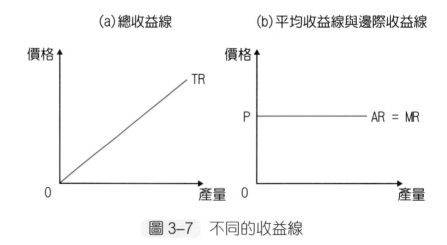

圖 3–7　不同的收益線

就完全競爭廠商而言，在面對 P 的市場價格下，需要生產多少產量才能使利潤達到最大？這決定於它的邊際成本。這一點我們可以利用表 3–3 與圖 3–8 來說明。表 3–3 假設 P 等於 \$5，且各項成本數字來自於表 3–2（表 3–2 的金額單位為

萬元,不過,我們在表 3–3 忽略「萬」。

當產量增加時,廠商利潤的變動可以表示成:

$$\Delta\pi = \Delta TR - \Delta TC = \Delta(P \times Q) - \frac{\Delta TC}{\Delta Q} \times \Delta Q$$

$$= P \times \Delta Q - MC \times \Delta Q = (P - MC)\Delta Q$$

因此,廠商利潤的變動金額除了決定於產出的增量 (ΔQ) 外,還決定於市場價格與其邊際成本之間的差額 (P – MC)。當市場價格大於邊際成本時,廠商增加產量會使其增加的收益 (ΔTR) 大於增加的成本 (ΔTC),因而其利潤會增加。在此情況下,廠商會增加產量,直到市場價格不再大於其邊際成本為止。如表 3–3 第 9 至第 11 欄所示,當完全競爭廠商的邊際收益(等於市場價格)大於邊際成本時,廠商增加產量可以使其利潤增加。

表 3–3　各種收益與成本關係

產量 (1)	價格 (2)	總收益(3)	總成本(4)	利潤 (5) = (3) – (4)	平均收益 (6) = (3)/(1)	平均成本 (7) = (4)/(1)	平均利潤 (8) = (5)/(1)	邊際收益 (9) = Δ(3)/Δ(1)	邊際成本 (10) = Δ(4)/Δ(1)	利潤變動 (11) = Δ(5)
0	$5	$ 0	$ 50	$–50	–	–	–	–	–	–
8	5	40	80	–40	$5	$10.00	$–5.00	$5	$ 3.75	$ 10
19	5	95	110	–15	5	5.78	–0.78	5	2.72	25
28	5	140	140	0	5	5.00	0.00	5	3.33	15
36	5	180	170	10	5	4.72	0.27	5	3.75	10
43	5	215	200	15	5	4.65	0.34	5	4.28	5
49	5	245	230	15	5	4.69	0.30	5	5.00	0
54	5	270	260	10	5	4.81	0.18	5	6.00	–5
57	5	285	290	–5	5	5.08	–0.08	5	10.00	–15
59	5	295	320	–25	5	5.42	–0.42	5	15.00	–20
60	5	300	350	–50	5	5.83	–0.83	5	30.00	–25

當表 3–3 第 11 欄的數字為正值時,廠商會繼續增產,直到利潤不再增加為止。當廠商生產第 44 到第 49 單位的產量時,由於此時的邊際收益與邊際成本均為 $5,因此廠商的利潤不再增加,廠商此時的利潤達到最大,為 $15 (見第 5

欄）。所以，在本例中，廠商生產 44 到 49 單位的產量都可使其利潤極大（其實廠商生產 43 單位，其利潤也是極大的）。當廠商的產量超過 49 單位時，由於邊際成本已大過邊際收益，所以產量增加反而會造成利潤的減少。

廠商的利潤也可以表示成：

$$\pi = TR - TC = P \times Q - AC \times Q$$
$$= (P - AC)Q$$

亦即利潤等於每 1 單位產量的平均利潤 (P − AC) 乘以產量。所以，表 3–3 第 5 欄的數字也可以由第 6 欄的平均收益減去第 7 欄平均成本後再乘以產量而得到。

(a)由總收益與總成本曲線找出利潤極大產量

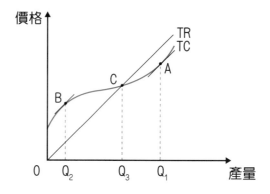

(b)由邊際收益與邊際成本曲線找出利潤極大產量

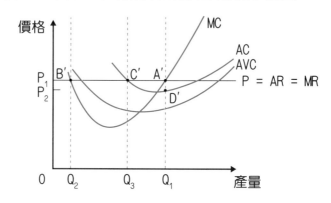

圖 3–8　利潤極大產量

　　為了能更清楚說明以上的結果以及其他的結論，我們在圖 3–8 中畫出產量可以細分下的各條成本曲線。在此情況下，使廠商利潤達到最大的產量是唯一的。

　　假設市場價格為 P_1，因此，圖 3–8⒜中的 TR 線其斜率等於 P_1。另外，圖 3–8⒜中 TC 線上的 A 點其切線與 TR 線平行，亦即這兩條線的斜率是一樣的。由於 TC 線切線的斜率等於邊際成本，因此，A 點所對應的產量 (Q_1) 讓邊際收益 (P_1) 等於邊際成本，從而 Q_1 為使廠商利潤極大的產量。當產量不等於 Q_1 時，由於 TR 線與 TC 線之間的垂直距離（代表利潤）變小，所以我們可以確定 Q_1 為廠商利潤極大產量。

　　由圖 3–8⒝可以看出，邊際收益曲線與邊際成本曲線交於 A′ 點，因此，A′ 點與圖 3–8⒜中的 A 點是相互對應的，也因此，A′ 點所對應的產量為利潤極大產量 Q_1。

　　另外，若廠商的產量為 Q_3，則由圖 3–8⒜ TR = TC 或圖 3–8⒝ P = AC 可以知道，此時廠商利潤等於零。此外，由圖 3–8⒝可以看出，當產量為 Q_1 時，AC 線上的對應點為 D′；此時 $\overline{A'D'}$ 代表 P – AC，所以利潤等於 $\overline{A'D'} \times Q_1$，即等於長方形 $P_1A'D'P_2$。

▶3.4.2　完全競爭廠商的短期供給曲線

　　由以上的分析可以得知，我們可以根據水平的邊際收益曲線與上升的邊際成本曲線的交點，找出廠商利潤極大的產量。如圖 3–9 所示，當市場價格由 P_1 上升至 P_2 時，此時新的邊際收益曲線與邊際成本曲線交於 A_2 點，因而利潤極大產量由原先的 Q_1 增加為 Q_2。當市場價格由 P_1 上升為 P_2 時，由於廠商由 Q_1 增產時，其邊際收益 (P_2) 大於邊際成本，因此廠商增產可以使其利潤增加，所以廠商會增產到 Q_2。

　　如果市場價格由 P_1 降為 P_3，由於此時邊際收益與邊際成本曲線的交點 A_3，為平均成本曲線的最低點，所以廠商生產 Q_3 的利潤為零。若市場價格進一步下降為 P_4 且廠商生產 Q_4，則廠商會有虧損，不過此產量下的虧損是最小的。在此情況下，廠商是否應暫時停業？答案是不應該。為瞭解為什麼，讓我們先看下面這個例子。

假設你開了一家快餐店,你每天原先必須支付的變動成本,包括工資、食材、水電費等共 6,000 元;每天攤下來的固定成本,包括廚房設備、裝潢、你自有資本的內隱成本等共 3,000 元,還有你不做其他工作的內隱成本 1,000 元,所以,每天的固定成本共 4,000 元。本來你一份快餐賣 100 元,每天賣 120 份,但後來由於不景氣,變成每天賣 100 份(變動成本降為 5,000 元),且一份變 80 元,因而你每天的總收益 8,000 元比你的總成本 9,000 元(5,000 元 + 4,000 元)還要少,因此,你每天虧損 1,000 元。不過,由於你的總收益仍比變動成本多 3,000 元,從而可以回收部分的固定成本,因此,即使虧損了,你還是應該繼續營業。

不過,如果景氣進一步惡化,讓快餐的市場價格再進一步下降為每份 50 元(圖中的 P_5),且你變成每天只賣 60 份;同時,變動成本降為 3,600 元,亦即此時的價格(50 元)小於平均變動成本(60 元)。在此情況下,你還應該繼續營業嗎?答案是不應該。這是因為此時你的總收益(3,000 元)還不足以涵蓋你的變動成本(3,600 元),遑論回收固定成本。如果你暫時歇業的話,你每天可以省下這 600 元的虧損,所以你應該要暫時停業。當然,如果情況持續沒有好轉,則你應該把店收起來,另謀發展。

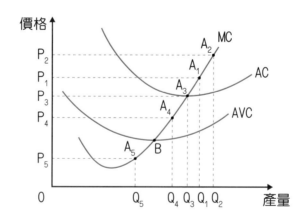

圖 3–9　完全競爭廠商短期供給曲線

⏱️ **動動腦 3-2**

試舉出廠商暫時停業的例子。

　　從以上的例子可以瞭解，當 P < AVC 時，廠商會選擇暫時停業；當 P ≥ AVC 時，廠商會根據 P = MC 決定它的產量，因此，AVC 曲線最低點（圖 3-9 中的 B 點）以上的 MC 線部分，反映了廠商面對不同價格下的供給量，也因此，這一段的 MC 線就是完全競爭廠商的短期供給曲線。把各個廠商的短期供給曲線予以水平加總，就可以得出整個市場的短期供給曲線。由於 MC 線之所以呈現正斜率是因為變動生產因素（主要是勞動）的邊際產量遞減，所以，市場的短期供給曲線之所以呈現正斜率，是因為邊際報酬遞減的緣故。

　　根據以上的說明，廠商的短期產量只決定於市場價格與邊際成本和平均變動成本，而不會受到不管產量多寡都必須支付的固定成本的影響。如果廠商因為短期利潤為負值就不生產，那麼那些高資本支出的產業就不會存在。比方說像台灣高鐵公司，由於營運初期班次少，且因為狀況多而造成載客率不高，所以在初期是虧損的。台灣高鐵寄望的是長期因班次增加且載客率提高而能有利潤，且利潤高到足以涵蓋短期的虧損❶。

　　另外，當固定成本改變時（如店租上漲），由於任一產量下的利潤會呈同幅度的變動，所以原先利潤極大下的產量依然可使利潤極大，所以完全競爭廠商的短期供給曲線不受固定成本改變的影響。

　　在長期，所有的生產要素其數量都是可以變動的，因此就沒有固定成本，或所有的成本都是變動成本。不過，廠商利潤極大化的原則——邊際收益大於邊際成本就應該要增產——還是適用的。本書限於篇幅，要請對完全競爭廠商其長期決策有興趣的讀者參考其他經濟學教科書。

3.5　獨占下的廠商決策

　　在獨占市場，由於只有一家廠商，所以市場價格是由它訂的，從而它是所謂的「價格制定者」(price maker)。在此情況下，獨占下的市場表現會與完全競爭有所不同，本節將說明其中的差異。

---

❶　台灣高鐵在 2011 年上半年已開始獲利，淨利為 19 億 8,000 多萬元。獲利主因為旅運人次增加，利息支出減少與其他成本降低。

▶3.5.1 獨占市場的成因

為何一個市場會只有一家廠商？簡單地說，是因為市場存在高度進入障礙 (entry barriers)。市場之所以會有進入障礙，一個原因是政府透過立法禁止其他廠商加入，如《郵政法》禁止人民從事信函郵遞業務，所以只有「中華郵政」一間公司可以開郵局；又如臺灣早期禁止國外菸酒的進口且禁止人民製造，所以菸酒是由「臺灣省菸酒公賣局」專賣的。

另外，市場也會因「自然形成」的進入障礙而只有一家廠商，我們稱此一類型的獨占為自然獨占 (natural monopoly)。當一項產品的生產一開始須投入巨額資本且市場需求相對有限時，第二家廠商若進入這個市場一定會發生虧損，因此不會有第二家廠商加入，也因此，「很自然地」只會有一家廠商。我們可以利用圖 3–10 來說明自然獨占的現象。

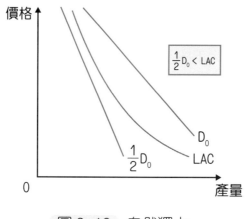

圖 3–10 自然獨占

如果一項產品的生產一開始須投入巨額資本，如自來水管或輸電線路的埋設，那麼隨著產量的增加，其平均資本成本，進而其長期平均成本會下降，因此會有我們之前所提到的規模經濟現象，如圖 3–10 所示，廠商的長期平均成本 (LAC) 呈現隨著產量增加而持續下降的現象。另外，假設市場需求曲線為圖中的 D_0。如果有另一家廠商加入，且假設此一廠商跟原先的廠商有相同的長期平均成本，且加入之後會平分市場，亦即兩家廠商面對的需求曲線均為 $\frac{1}{2}D_0$，那麼，從

圖可以看出，不管這兩家所訂的價格為何，都小於長期平均成本；換言之，不管如何，這兩家廠商都會發生長期虧損。在此情況下，「自然」不會有第二家廠商加入市場，因而形成自然獨占。

不過，規模經濟並不保證一定會形成自然獨占，因為市場需求有可能增加。假設市場需求增加為原先的兩倍，因而第二家廠商若加入且平分市場，其所面對的市場需求與原先的獨占廠商一樣均為 D_0。在此情況下，因為存在獲利的空間，所以會有第二家廠商加入市場。以此類推，當市場需求不斷增加時，就陸續會有其他廠商進入市場，像手機通訊、寬頻網路、無線上網等都是很好的例子。

▶3.5.2 獨占廠商如何訂價？

像台灣自來水公司這樣的獨占廠商，由於屬於公營企業，因此往往負有「照顧民生」的責任，因此其訂價行為不是假設廠商追求利潤極大的經濟理論所能分析的。

在現實生活中，大概只有作業系統市場的美國微軟公司，可以稱得上比較接近獨占廠商。就一個追求利潤極大的獨占廠商而言，它是如何訂價的？當價格高於其短期的平均變動成本或高於其長期的平均成本時，那麼只要產量增加所造成的邊際收益 (MR) 大於邊際成本 (MC)，其利潤就會增加。在產量可以細分的情況下，追求利潤極大的廠商會一直增加產量，直到邊際收益等於邊際成本為止，亦即：

$$MR = MC$$

此一條件適用於長短期，所以我們在以下的分析中並沒有區分長短期。

不過，獨占廠商所面對的需求就是整個市場需求，且是負斜率的，所以獨占廠商如要使其增加的產量能夠完全售出，必須要先降價使市場需求量增加，才辦得到。當獨占廠商降價時，其總收益的變動除了來自於因降價使銷售量增加而增加的部分外，還包括因銷售價格下降而使收益減少的部分。關於這兩個部分，我們可以用下列的數學來說明。

獨占廠商的收益等於價格 (P) 乘上銷售量 (Q)。由於獨占廠商為市場的唯一賣

者，所以其銷售量也就等於市場的需求量，所以 Q 會隨 P 的下降（上升）而增加（減少）。當 Q 增加時，其邊際收益為：

$$
\begin{aligned}
MR &= \frac{\Delta TR}{\Delta Q} = \frac{\Delta(P \times Q)}{\Delta Q} \\[2mm]
&= P \times \frac{\Delta Q}{\Delta Q} + \frac{\Delta P}{\Delta Q} \times Q = P + \frac{P \times \frac{\Delta P}{P}}{\frac{\Delta Q}{Q}} \\[2mm]
&= P + \frac{P}{\frac{\frac{\Delta Q}{Q}}{\frac{\Delta P}{P}}} = P - \frac{P}{\eta^D} \\[2mm]
&= P(1 - \frac{1}{\eta^D})
\end{aligned}
\tag{3}
$$

其中 η^D 為市場需求的價格彈性，我們取正值。

由以上倒數第二行的等式可以知道，當獨占廠商降價使其銷售量增加 1 單位時，其邊際收益包括上面所提的兩個部分：一為銷售量增加使收益增加的部分 (P)，另一為降價使其收益減少的部分 $-\frac{P}{\eta^D}$。比方說，原先 P 為 100，Q 為 10，當廠商降價 1 元而使 P 為 99 時，Q 增加為 11，所以當廠商降價使其銷售量增加 1 單位時，其邊際收益為 89 (= 99 × 11 – 100 × 10)；這 89 來自於，增加 1 單位銷售量依原先價格 (100) 計算所增加的收益 100，以及降價 1 元使原先的銷售量 (10) 的銷售值減少 10，這兩部分合起來使總收益增加 90 (= 100 – 10)。之所以與 89 差 1，是因為我們在上面第二行第一個等式右邊忽略了 ΔP（等於 –1）這項。

在以上的數值例中，η^D 等於 10，所以依上面最後一個等式計算，也可以得出邊際收益等於 90。

由式(3)也可以知道，當 η^D 小於 1 時，MR 小於零，所以獨占廠商不會將價格訂在需求無彈性 ($\eta^D < 1$) 的範圍。

由於廠商的平均收益 (AR) 等於價格 (AR = $\dfrac{\text{TR}}{\text{Q}}$ = $\dfrac{\text{P} \times \text{Q}}{\text{Q}}$ = P)，所以由式⑶可以得出：

$$MR = AR(1 - \frac{1}{\eta^{D}})$$

由於 η^{D} 是正數，所以 MR 一定小於 AR。這是因為 MR 除了 P（亦即 AR）之外，還要扣掉因降價使總收益減少的部分。

由於 AR 等於 P，且因為任一銷售量對應到市場需求曲線的高度為 P，所以獨占廠商所面對的市場需求曲線也就是它的平均收益曲線。根據我們剛剛所得到的 MR 小於 AR 的結論，如圖 3–11 所示，獨占廠商的邊際收益曲線，一定位在平均收益或市場需求曲線之下。

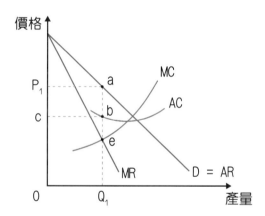

圖 3–11　追求利潤極大的獨占廠商訂價行為

有了以上獨占廠商邊際收益的概念後，接下來我們就可以結合本章的成本分析，說明追求利潤極大的獨占廠商如何訂價。

如圖 3–11 所示，邊際收益線 MR 與正斜率的邊際成本線 MC 交於 e 點，其所對應的產量為 Q_1。由於 Q_1 滿足 MR = MC 的條件，所以 Q_1 就是獨占廠商利潤極大的產量。獨占廠商為使 Q_1 全部銷售出去，會將價格訂在 P_1，亦即會將價格訂在 Q_1 所對應的市場需求線的點（a 點）其所對應的價格水準。另外，如圖所示，此時 Q_1 對應到平均成本曲線 AC 上的 b 點，因此，其利潤為長方形 P_1abc；

此時獨占廠商有正的經濟利潤，亦即有超額利潤。

不過，獨占廠商不一定享有超額利潤，特別是在短期平均固定成本較高的情況下。讀者可自行利用圖 3–11 畫出此一結果。

▶3.5.3 獨占的社會成本

在利潤極大的產量下，獨占廠商的邊際收益等於邊際成本；但由於其邊際收益一定小於平均收益（等於價格），所以獨占廠商在 P > MC 下進行生產，而不像完全競爭廠商是在 P = MC 下進行生產。由於價格代表買者所願意支付的價格，因此價格亦反映這項產品對買者的價值，也因此當 P > MC 時，社會若生產這 1 單位的產量，表示其對社會的貢獻 (P) 大於社會所需花費的成本 (MC)，所以社會應生產這 1 單位的產量，且應持續增加生產，直到 P = MC 為止，此時社會的福利水準達到最大。

如圖 3–12 所示，獨占廠商利潤極大的產量為 Q_1，小於 P = MC 下使社會福利達到最大的產量 Q_2，所以，獨占會造成圖 3–12 中面積 abc 的無謂損失。換言之，獨占會有生產過少以及價格過高的問題。

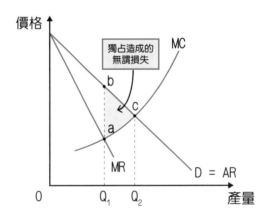

圖 3–12　獨占的社會成本

⏱️ **動動腦 3-3**

如上所述，獨占會有生產過少以及價格過高的問題。如果政府將獨占廠商收歸公營，你認為政府這樣做的利弊得失為何？

▶3.5.4 差別訂價

就同一套作業系統軟體而言，在同一時點微軟在不同國家的訂價（同樣以美元表示）通常不會一樣；換言之，微軟有所謂的差別訂價 (price discrimination) 的情形。通常在所得較低的國家或盜版比較猖獗的國家其售價較低。我們可以利用圖 3–13 來說明這樣的差別訂價現象。

假設獨占廠商面對兩個可以完全區隔的市場（A 市場與 B 市場），亦即沒有人可以在低價市場進行收購，然後在高價市場出售進行套利 (arbitrage)。又假設這兩個市場的需求只決定於所得，且 A 市場顧客的所得高於 B 市場，同時，獨占廠商只有一個生產據點。

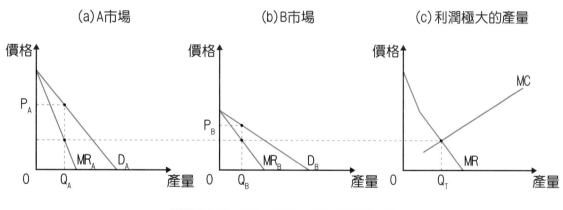

圖 3–13 不同所得下的差別訂價

如圖 3–13 所示，A 市場其市場需求高於 B 市場。將兩個市場的邊際收益曲線 (MR_A, MR_B) 進行水平加總，即可得到圖 3–13 (c)中獨占廠商的邊際收益曲線 MR。如果獨占廠商的邊際成本曲線為圖 3–13 (c)中的 MC，那麼，其利潤極大的產量為 MR 與 MC 交點所對應的 Q_T。獨占廠商會將其中 Q_A 數量賣在 A 市場，且

訂價為 P_A，並將其中 Q_B 數量賣在 B 市場，且訂價為 P_B。

從圖可以看出，在獨占廠商這樣決定之下，

$$MR_A = MR_B = MC \qquad (4)$$

為何獨占廠商做這樣的銷售與訂價，其利潤可以達到最大？這是因為不管賣在 A 市場或 B 市場，其邊際成本都一樣，如果賣在某一市場的邊際收益大過賣在另一市場，例如 $MR_A > MR_B$，那麼獨占廠商會調降 A 市場的價格以增加 A 市場的銷售量，並調高 B 市場的價格以減少 B 市場的銷售量。當獨占廠商這樣做時，由於 $MR_A > MR_B$，所以其利潤會增加，且 MR_A 與 MR_B 之間的差距會縮小。當獨占廠商持續這樣做時，其利潤會持續增加，直到 $MR_A = MR_B$ 時，利潤就無法再增加，此時利潤達到最大。所以，追求利潤極大的廠商會根據式(4)來決定這兩個市場的銷售量，並根據這兩個市場的需求曲線訂定各自的售價。

如圖所示，雖然 $MR_A = MR_B$，但由於 A 市場的需求大於 B 市場，所以 A 市場的價格 (P_A) 高於 B 市場 (P_B)。如果獨占廠商將 B 市場的價格訂得和 A 市場一樣高，那麼 B 市場的銷售量可能為零，從而無法從 B 市場賺取任何利潤。所以，追求利潤極大的獨占廠商會根據各個市場的需求情況進行差別訂價。

最後，值得一提的是，上述的差別訂價是在同一時點發生的，因此，像飛機票價與旅行團費有淡旺季之分，餐點費有中、晚餐或假日與非例假日之別，都不算是差別訂價。另外，百貨公司的週年慶特價若對所有顧客一體適用，則也不算差別訂價。

⏱ **動動腦 3-4**
試舉出差別訂價的其他例子。

✓ 課後練習

一、單選題

( ) 1. 下列哪個市場較接近完全競爭市場？
(A)筆記型電腦 　　　　　　(B)泡麵
(C)普通稻米 　　　　　　　(D)以上(B)與(C)均正確

( ) 2. 假設勞動是唯一的變動生產要素，下列敘述何者正確？
(A)勞動邊際產量隨產出的增加而增加
(B)勞動邊際產量隨產出的增加而減少
(C)當勞動邊際產量隨產出增加而增加時，勞動邊際產量大於勞動平均
　　產量
(D)當勞動邊際產量隨產出增加而增加時，勞動邊際產量小於勞動平均
　　產量

( ) 3. 下列敘述何者正確？
(A)當邊際成本隨產量增加而增加時，邊際成本大於平均變動成本
(B)當邊際成本隨產量增加而增加時，邊際成本小於平均變動成本
(C)邊際成本曲線從平均變動成本曲線的下方穿過其最低點
(D)以上(A)與(C)均正確

( ) 4. 下列敘述何者正確？
(A)不同規模下的短期平均成本曲線會相交
(B)某一規模下的最低平均成本是此一產量下的長期最低平均成本
(C)就每一產量而言，廠商的規模愈大，其平均成本愈低
(D)以上皆是

( ) 5. 若某廠商的生產具固定規模報酬性質，當其產量增加 1 倍，則其長期
總成本：
(A)增加小於 1 倍 　　　　　(B)增加 1 倍
(C)增加大於 1 倍 　　　　　(D)以上皆有可能

( ) 6.就完全競爭廠商而言：

(A)其總收益與產量成同比例變動

(B)其平均收益與產量成同比例變動

(C)其邊際收益與產量成同比例變動

(D)以上(B)與(C)均正確

( ) 7.在下列何種情況下，完全競爭廠商會選擇暫時停業？

(A)市場價格＜平均成本 　　　　(B)市場價格＜平均變動成本

(C)市場價格＜邊際成本 　　　　(D)以上皆非

( ) 8.下列何者不會影響完全競爭廠商的短期利潤極大產量？

(A)市場價格變動 　　　　　　　(B)平均變動成本改變

(C)固定成本變動 　　　　　　　(D)以上每項都會影響

9.下表顯示某一完全競爭廠商的產量與總收益。請回答：

產　量	總收益
0	$ 0
1	4
2	8
3	12
4	16

( ) (1)市場價格為何？

(A) $3 　　　　　(B) $4 　　　　　(C) $6 　　　　　(D) $8

( ) (2)邊際收益為何？

(A) $3 　　　　　(B) $4 　　　　　(C) $6 　　　　　(D)以上皆非

( ) 10.下列關於獨占廠商的敘述何者正確？

(A)就任一銷售量而言，其邊際收益大於平均收益

(B)就任一銷售量而言，其邊際收益小於平均收益

(C)獨占廠商所面對的市場需求曲線就是其邊際收益曲線

(D)以上(A)與(C)均正確

( ) 11.獨占之所以會造成無謂損失，是因為獨占廠商在下列何種情況下進行生產？

    (A) $P > MC$　　　　　　　　　　(B) $MR < MC$

    (C) $P > AC$　　　　　　　　　　(D)以上(A)與(B)均正確

( ) 12.假設某一獨占市場需求線的方程式為 $P = 12 - Q$，且獨占廠商的總成本函數為 $TC = 6 + 4Q$。則獨占廠商利潤極大下的（價格，產量）組合為

    (A) (8, 4)　　　　(B) (7, 5)　　　　(C) (6, 6)　　　　(D) (4, 8)

13.假設某一獨占廠商為 A 與 B 兩個市場的唯一供給者，且這兩個市場可以完全分割，同時，其市場需求分別為 $P = 9 - 2Q_A$ 與 $P = 3 - Q_B$。又，此一獨占廠商的總成本函數為 $TC = 1 + Q$，$Q = Q_A + Q_B$。

( ) (1)在利潤極大下，下列何者正確？

    (A) $P_A = 3$ 且 $P_B = 1$　　　　　(B) $P_A = 4$ 且 $P_B = 2$

    (C) $P_A = 5$ 且 $P_B = 2$　　　　　(D) $P_A = 2$ 且 $P_B = 4$

( ) (2)承上題。此一獨占廠商的利潤為何？

    (A) 5　　　　　　(B) 6　　　　　　(C) 7　　　　　　(D) 8

二、問答題

1.填滿下表的空格。

K	L	TP	MP_L	AP_L	TFC	TVC	TC	MC	AVC	AC
10	0	0	…	…	$50	…	$＿	…	…	…
10	1	7	＿	＿	＿	$10	＿	$＿	$＿	$＿
10	2	17	＿	＿	＿	＿	＿	＿	＿	＿
10	3	＿	9	＿	＿	＿	＿	＿	＿	＿
10	4	＿	＿	8	＿	＿	＿	＿	＿	＿
10	5	36	＿	＿	＿	＿	＿	＿	＿	＿

2.根據下表的長期總成本資料回答下列問題：

產　量	1	2	4	8
廠商 A	$30	$50	$100	$220
廠商 B	$20	$30	$ 60	$120

　⑴這兩個廠商的生產是不是都有規模經濟現象？

　⑵這兩個廠商的生產是不是都有固定規模報酬以及規模不經濟現象？

3.試繪圖說明下列敘述的真偽。

　⑴假設當 $Q = Q_1$ 時，平均變動成本最小，且當 $Q = Q_2$ 時，平均總成本最小。那麼，$Q_1 > Q_2$。

　⑵假設勞動為唯一的變動生產要素。平均總成本增加意味著勞動邊際產量遞減。

　⑶在短期，當完全競爭廠商發生虧損時，應暫時歇業。

　⑷當獨占廠商的固定成本上升時，其銷售量與利潤均會減少。

4.假設某一完全競爭市場只有 A 與 B 兩類廠商，且在任一產量水準下，A 類廠商的短期邊際成本均低於 B 類廠商。

　⑴在什麼樣的情況下，A 與 B 兩類廠商均會進行生產？此時，A 類廠商的短期利潤是否一定大於 B 類廠商？

　⑵在什麼樣的情況下，只有 A 類廠商會進行生產？

5.假設某一獨占市場需求線的方程式為 $P = 10 - Q$，且獨占廠商的總成本函數為 $TC = 5 + 4Q$。此一獨占廠商利潤極大化下的產量為何？它所訂的價格又為何？

筆記欄

4 → 外部性

學習重點

1. 何謂外部性？
2. 為何當外部性存在時，讓市場自由運作，社會福利水準無法達到最大？
3. 當外部性存在時，政府可以採取什麼措施來矯正市場失靈問題？
4. 為何「可交易的污染排放權」與污染稅可以比管制更有效率地降低污染？
5. 何謂寇斯定理？
6. 為何私人解決外部性問題的方法不一定行得通？

課前引言

你可曾看過《看見台灣》這部紀錄片？它榮獲 2013 年第 50 屆金馬獎「最佳紀錄片獎」。它呈現臺灣的美麗，但也同時呈現臺灣的哀愁——環境污染。

當然，全世界不會只有臺灣有環境污染問題，像中國就有嚴重的空氣污染問題，且全世界也有因碳排量不斷增加所造成的全球暖化問題。

我們曾在第 1 章提到，如果政府不對污染加以管制或設法讓廠商自行減少污染，而放任市場自由運作，則就整個社會而言，這些會產生污染的商品會有生產過多的問題，從而整個社會的資源並未能有效率地配置，亦即會有市場失靈問題。

污染問題是典型的外部性 (externality) 問題。本章首先將詳細說明何謂外部性與它所造成的市場失靈問題，接著再說明政府與私人的解決之道。

4.1 外部性存在下的市場失靈問題

所謂外部性是指人們行為造成不相干的人損失或受益，且行為人不用為此付出代價或因此而得到報酬。這些損失稱為外部成本或負外部性 (external costs or negative externalities)；這些利益則稱為外部效益或正外部性 (external benefits or positive externalities)。

外部成本的例子包括各式各樣的環境污染與破壞對社會造成的傷害，這些例子屢見不鮮：工廠摸黑排放廢氣與廢水；交通工具、施工與選舉期間的高分貝噪音；濫墾濫伐造成土石流；超抽地下水造成地層下陷，導致大雨來時釀成水災等。

外部效益的例子除了未享有專利權利益的知識創造外❶，令人賞心悅目或有振奮人心效果卻又無法收費的人事物都屬之。如帥哥與美女、國人在國際重要賽事中締造佳績，或映出藍天白雲的玻璃帷幕大樓。經濟學另外一個常舉的例子是，養蜂人家不必付費給鄰近果園的主人，其蜜蜂就可以採到花蜜。另外，像教育的普及有助於知識的創造與傳遞，且受教者可以比較知書達禮而有助於社會的和諧。

外部性的重點在於不相干的人。比方說，你想要買房子，可是現在一大堆人也跟你一樣要買房子，結果造成房價的上漲，而使你必須花更多錢來買房子。這一部分增加的購屋支出不能算是外部成本，因為你自己本身是房地產市場的參與者之一，不算是不相干的人❷。又比方說，你在路邊攤挑到便宜貨，你所節省下來的支出不能算是外部效益，因為你自己本身是購買者，不算是不相干的人。但對那些只是經過的路人而言，路邊攤造成他們行的不便，這些不便就是外部成本。

當外部性存在時，讓市場自由運作會產生產量太多或太少的市場失靈現象，因而價格機能無法引導社會資源做最有效率的配置，從而讓政府有介入市場的正

---

❶ 很多東西的發明都以微積分為基礎，可是從沒有人付費給牛頓或萊布尼茲 (Leibniz) 的後代。

❷ 如果房價飆漲造成財富分配大幅惡化，而引發社會動盪，則房價飆漲製造了外部成本，只是這部分的外部成本很難估算。

當性。關於這一點，我們可以用下面的圖 4-1 與圖 4-2 來說明。

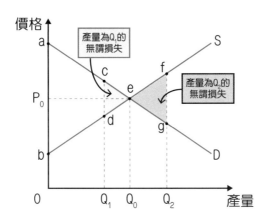

圖 4-1　完全競爭市場與社會福利

　　圖 4-1 顯示完全競爭市場的供給與需求，均衡價格為 P_0，均衡產量為 Q_0。由於完全競爭廠商的供給曲線即其邊際成本曲線，所以生產 Q_0 這 1 單位產量的完全競爭廠商其邊際成本（圖中的 $\overline{Q_0e}$）等於 P_0。由於產品價格代表產品帶給買者的效益，所以需求曲線亦為買者的邊際效益曲線。因此，在均衡時，且沒有外部性的情況下，社會生產 Q_0 這 1 單位產量的成本等於它帶給社會的效益。此時，消費者總剩餘為 $\triangle P_0ae$，生產者總剩餘為 $\triangle P_0be$，二者合計的社會總剩餘 abe 達到最大。

　　之所以會有這個結果是因為在產量為 Q_0 時，邊際社會成本 (marginal social costs, MSC) 等於邊際社會效益 (marginal social benifits, MSB)。若產量不為 Q_0，則由於邊際社會成本不等於邊際社會效益，社會會有無謂損失。例如，如果產量為 Q_1，那麼由於 Q_1 與 Q_0 之間的每 1 單位產量其邊際社會效益大於邊際社會成本，所以如果這些單位沒有被生產，社會總剩餘就會少了 $\triangle cde$，或社會有 $\triangle cde$ 這麼多的無謂損失；若產量為 Q_2，則由於 Q_0 與 Q_2 之間每 1 單位產量其邊際社會成本大於邊際社會效益，所以社會會有 $\triangle efg$ 的無謂損失。

　　因此，在沒有外部性的情況下，若市場為完全競爭且讓市場自由運作，則社會福利水準可以達到最大，亦即社會資源的配置是最有效率的；不過，如果外部性存在，則此一結論就不成立。這是因為當外部性存在時，邊際社會效益不再等

於圖 4-1 中 D 線所代表的邊際私人效益 (marginal private benefits)，或邊際社會成本不再等於圖 4-1 中 S 線所代表的邊際私人成本 (marginal private costs)，因此在市場均衡數量下，邊際社會效益不等於邊際社會成本，從而社會福利水準不是最大。我們用圖 4-2 (a)與(b)分別說明在外部成本與外部效益存在下的情況。

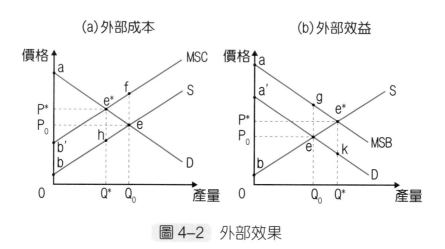

圖 4-2 外部效果

當外部性存在時，廠商進行生產的社會成本除了私人成本外，還包括外部成本；而消費的社會效益除了私人效益外，還包括外部效益。因此，

邊際社會成本 = 邊際私人成本 + 邊際外部成本

邊際社會效益 = 邊際私人效益 + 邊際外部效益

如圖 4-2 (a)所示，當外部成本存在時，由於邊際社會成本大於邊際私人成本，所以邊際社會成本曲線 MSC 高於邊際私人成本曲線 S，兩線之間的垂直差距就代表邊際外部成本。像空氣污染之類的污染，雖然不管廠商生產數量多大，其每 1 單位產量所排放的廢氣可能相同，但當產量很大而造成嚴重的空氣污染時，會有更多人有呼吸器官的問題，而使社會的醫療支出增加。因此，隨著產量增加，邊際外部成本（如醫療支出）會愈大，從而圖 4-2 (a)中的 MSC 與 S 這兩條線的差距會擴大。不過，圖 4-2 (a)並沒有考慮這種情況。

如圖 4-2 (a)所示，MSC 線與市場需求曲線 D 交於 e* 點，其所對應的產量為 Q*。由於此時沒有外部效益，所以邊際私人效益即為邊際社會效益，從而在 Q*

下，邊際社會效益等於邊際社會成本，亦即：

$$MSB = MSC$$

此時社會總剩餘 $\triangle ab'e^*$ 達到最大。若讓市場自由運作，則產量為 Q_0，社會總剩餘除了 $\triangle abe$ 的消費者剩餘與生產者剩餘之和外，還需扣掉 $bb'fe$ 面積的外部總成本，因而比 Q^* 下的社會總剩餘少了 $\triangle fee^*$，此一部分即為外部成本存在且讓市場自由運作下的無謂損失。

如果消費會產生外部效益（如受教育），那麼如圖 4-2(b)所示，邊際社會效益曲線 MSB 會高於邊際私人效益曲線 D，兩線之間的垂直差距代表邊際外部效益。由於此時沒有外部成本，所以在 Q^* 下，邊際社會效益等於邊際社會成本，因而此時的社會福利水準 $\triangle abe^*$ 是最大的。如果產量為自由市場下的 Q_0，那麼社會福利水準會少了 $\triangle ege^*$，或社會會有這一部分的無謂損失。

因此，在外部性存在的情況下，相較於社會福利最大的產量，讓市場自由運作，會有產量過多（有外部成本的情況）或過少（有外部效益的情況）的問題，也就是會有市場失靈的現象，也因此，政府有介入市場的正當性。

4.2 | 解決外部性問題的政府政策

▶4.2.1 對商品課稅或補貼

政府要如何做才能使商品產量達到使社會福利最大的水準？

■ 1.對產生外部成本的商品課稅

由於外部成本存在時，自由市場下的產量過多，所以政府應採課稅的方式使產量減少，且如果邊際外部成本固定為 t（即任一產量下，圖 4-2(a)中 MSC 與 S 兩線的垂直距離為 t），那麼政府可以對廠商課徵單位稅額為 t 的稅。在此情況下，廠商每單位產量的邊際成本均會增加 t，從而圖 4-2(a)中的邊際私人成本曲線 S 就會上移至 MSC，市場的成交量也會因此從原先的 Q_0 減少為 Q^*，消費者支付的

價格則由原先的 P_0 上升為 P^*。此時的消費者剩餘為 $\triangle aP^*e^*$，生產者剩餘為 $\triangle P^*b'e^*$，且政府稅收為 $bb'e^*h$ 面積，外部總成本亦為 $bb'e^*h$。換言之，政府透過課稅可以讓廠商負擔其所製造的外部成本，或是說，政府透過課稅可以讓廠商將外部成本內部化 (internalizing the external costs)。

由於此時廠商須負擔其所製造的外部成本，所以這部分成本變成廠商在做產量決策時需考慮的成本，因而其產量會減少。經濟學稱此一矯正外部成本的稅為皮古稅 (Pigovian tax ❸)。在政府課徵上述的稅收之後，由於政府稅收可用於補貼外部成本受害者的相關支出（如醫療支出），或用於其他支出使某些人獲益，且這些人的獲益總和可用稅收總額代表，同時由於政府稅收等於外部總成本，所以社會總剩餘在政府稅收與外部總成本相互抵銷之後，等於圖 4–2 (a) 中的 $\triangle ab'e^*$。在此情況下，如前所述，此時的社會總剩餘達到最大。因此，政府可以透過課稅來矯正外部成本所引發的市場失靈問題。

政府這樣做雖然可以矯正市場失靈問題，不過在實務上，由於各產業的污染情況不同，且同一產業不同廠商的污染情況也不同，同時污染所造成的外部成本很難準確衡量，因此政府無法訂定出像剛才所提的最適皮古稅。所以，除了菸品健康福利捐（部分用於補助經濟困難民眾的健保費）外，並未有其他的皮古稅。

另外，政府曾於 2006 年提出《能源稅條例草案》，希望透過開徵能源稅，以提升能源使用效率和達成溫室氣體減量目標。不過，由於課能源稅會導致廠商生產成本的增加，而造成物價上漲或生產萎縮，所以截至 2019 年仍尚未立法通過。

■ 2.補貼產生外部效益的商品

相反地，當外部效益存在時，自由市場下的產量會比社會福利最大的產量來得小，所以政府應採補貼的方式使產量增加，且如果邊際外部效益固定為 v，那麼政府可以進行單位補貼額為 v 的補貼。在此情況下，圖 4–2 (b) 中的邊際私人效益曲線 D 會往上移至 MSB，市場的成交量也會因此從原先的 Q_0 增加為 Q^*，生產者收到的價格也從原先的 P_0 上升為 P^*。此時的消費者剩餘為 $\triangle P^*ae^*$，生產者剩餘為 $\triangle P^*be^*$，外部總效益為 $aa'ke^*$ 面積，政府的補貼金額也是 $aa'ke^*$。

---

❸　經濟學家 Arthur Pigou (1877～1959) 最早倡議此稅，故以其名命之。

由於政府補貼經費可能來自於增稅或減少其他支出，因此，政府進行補貼時會有等額的社會福利損失，從而社會總剩餘在政府補貼與外部總效益互相抵銷後，等於 △abe*，達到最大。所以，在外部效益存在時，政府可以透過補貼矯正市場失靈。以我們所舉的教育會產生外部效益為例，政府在 107 學年度補貼約 47 萬名申辦就學貸款的大專院校與高中生共約 23.3 億元的利息❹。

政府也可以透過對生產者補貼，使圖 4–2⒝中的供給線 S 往下移且通過 k 點，而使產量增加為 Q*，從而使社會福利水準達到最大。例如，教育部對大專院校的經費補貼使大專院校的學費得以降低，而使更多的學生能夠就學。

▶4.2.2　管制污染量

如上所述，在實務上，政府並無法訂定出各種產品的最適皮古稅，所以大部分的政府藉由規定某些行為或禁止某些行為來糾正外部性。例如，將有毒廢棄物傾倒在給水系統，社會的外部成本遠大於有毒廢棄物傾倒者的效益，因此政府透過法律來全面禁止這種行為。

不過，在大部分的污染案件中，情況並不是這麼單純。儘管環保者大聲疾呼，但要禁止所有污染活動是不可能的。例如，幾乎所有交通工具都會製造污染，但政府禁止所有交通工具是不合情理的。因此，政府必須衡量效益和成本來決定污染的種類和數量，而不是設法完全根絕污染。在我國，是由行政院環境保護署（環保署）負責制定並施行控管政策。

環保署會訂定各類污染物的排放標準、污染防治設備的技術標準，以及未達標準時的罰則，所以其控管政策通常可以有效降低污染。以空氣污染為例，政府制定《空氣污染防制法》，明訂各項空氣污染物的排放標準與罰款金額，並隨車徵收燃料費（汽缸 cc 數愈大，燃料費愈高）。不過，這些做法仍有問題，例如，有些大車開車的里程數少，其製造的空氣污染外部成本也比較低，但繳的稅卻比一些開車里程數較高的小車要來得多；又例如，全國的工廠那麼多家，而環保稽查人員又相對有限，因而外部成本內部化的程度也就可能有限。

---

❹　教育部網站：首頁 > 教育資料 > 教育統計 > 主要教育統計圖表 > 重要教育統計資訊 > 教育經費 > 就學貸款統計。

▶4.2.3　可交易的污染排放權

■ 1.什麼是污染排放權？

當污染這樣的外部成本存在時，政府的污染減量辦法除了課皮古稅與透過法令管制污染量之外，還可以施行「可交易的污染排放權」(tradable pollution permits) 交易制度。在此制度下，廠商如要排放 1 單位（如 1 公噸）的污染物，則必須先取得 1 單位的排放權，且廠商之間可以交易排放權，就如同有一個排放權交易市場一樣，排放權數量的多寡則由主管機關訂定。此一交易制度的好處之一是，主管機關可以藉由減少排放權數量來降低污染；另一項好處是，就相同的污染排放量而言，社會可以用比較有效率的方式，亦即成本較低的方式來達成目標。何以如此？讓我們用圖 4–3 來說明。

為簡化分析，假設只有 A 與 B 兩家廠商排放污染物 Y。圖 4–3 (a)的兩條曲線分別為 A 與 B 兩家廠商的污染減量邊際成本曲線。任一污染排放量下所對應的曲線高度，代表廠商在此排放量下，如要減少 1 單位的排放量所需花費的污染減量成本。例如，如果兩家廠商原先的排放量均為 q_0，則它們要減少 1 單位的排放量所需花費的污染減量成本分別為 $\overline{q_0a}$ 與 $\overline{q_0b}$。由這兩條曲線可以看出，A 廠商的污染減量成本低於 B 廠商（可能是因為 A 廠商的污染減量設備或技術比較好），而且這兩家廠商的污染減量成本都是遞增的，亦即隨著排放量的減少（即污染減量的增加），污染減量的邊際成本愈來愈高（你可以想像，要達成零污染，最後那 1 單位的污染減量的成本會是相當高的）。

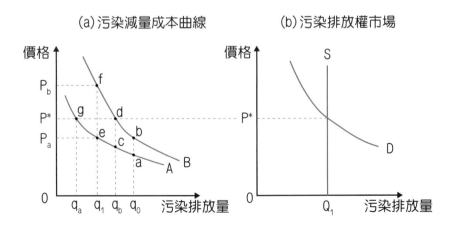

圖 4–3　污染排放權

假設現在政府要將污染物 Y 的總排放量降為圖 4–3 (b)中的 Q_1 ($< 2q_0$)。其中一種做法是管制，亦即規定這兩家廠商的排放量均為圖 4–3 (a)中的 q_1 ($= \frac{Q_1}{2}$)。在此情況下，這兩家廠商的污染減量成本之和為 $q_0aeq_1 + q_0bfq_1$ 之面積。另一種做法是各發給這兩家廠商 $\overline{0q_1}$ 這麼多數量的污染排放權，且允許它們進行交易。由圖 4–3 (a)可知，只要交易價格介在 P_a 與 P_b 之間，則對雙方都是有利的，這是因為在 $\overline{0q_1}$ 的排放量下，這兩家廠商的污染減量邊際成本分別為 $\overline{q_1e}$ ($= P_a$) 與 $\overline{q_1f}$ ($= P_b$)，從而污染減量邊際成本較低的 A 廠商會賣排放權給污染減量邊際成本較高的 B 廠商。

舉例來說，假設在 $\overline{0q_1}$ 的排放量下，A 廠商減少 1 單位的排放量需花費 50 萬元，而 B 廠商需花費 100 萬元。如果 A 廠商以 60 萬元賣 1 單位的排放權給 B 廠商，亦即 A 廠商需減排 1 單位，而 B 廠商可以增排 1 單位的污染，則 A 廠商會有 10 萬元（60 萬 – 50 萬）的利得，且 B 廠商會有 40 萬元（100 萬 – 60 萬）的利得。此一交易過程會一直持續下去，直到交易價格為 P^* 為止。此時，A 廠商總共賣了 $\overline{q_aq_1}$ ($= \overline{q_1q_b}$) 的排放權給 B 廠商。與一開始的排放量 q_0 相較，A 廠商總共減排 $\overline{q_0q_a}$ 這麼多的污染量，大於 B 廠商所減排的 $\overline{q_0q_b}$ 的污染量。在此情況下，這兩家廠商的污染減量成本之和為 $q_0agq_a + q_0bdq_b$ 之面積。

為何最後的交易價格會是 P^*？廠商的污染減量邊際成本曲線即是它們對污染排放權的需求曲線，這是因為在任一排放量下，該曲線的高度反映廠商所願意支付的排放權的最高價格。舉例來說，如果在 $\overline{0q_1}$ 的排放量下，A 廠商減少 1 單位的排放量需花費 50 萬元，那麼當排放權的價格為 40 萬元時，它會購買排放權，因為它這樣做等於花 40 萬元但省下 50 萬元的污染減量成本；但它最多只願意花 50 萬元購買 1 單位的排放權。圖 4–3 (b)中的 D 曲線由這兩家廠商的污染減量邊際成本曲線水平加總而來，因此構成了排放權的市場需求曲線。它與垂直的排放權供給曲線的交點即排放權市場的均衡點，所對應的價格即排放權的市場均衡價格，也是這兩家廠商最後的交易價格。

■ 2.排放權交易的優點

由以上的分析可以得知，管制下的這兩家廠商的污染減量總成本要比排放權下的高出 $q_b dfq_1 - q_1 egq_a$。因此，就相同的污染減量目標而言，排放權要比管制來得有效率，這是因為污染減量主要是由污染減量成本較低的廠商在進行。

從經濟效率的觀點來看，允許污染排放權交易的一個好處是，污染排放權最初如何分配並不重要。污染減量成本較低的廠商會將它們得到的污染排放權販售出去，而污染減量成本較高的廠商則會去購買它們所需的排放權。只要污染排放權有一個自由交易市場，則無論排放權最初的分配為何，其最終的分配一定是有效率的。

污染排放權交易制度的另一個好處是，廠商比在管制制度下更有誘因去追求更好的污染減量技術。在管制制度下，當廠商達成政府的管制標準時，就沒有誘因再進行污染減量工作；但在污染排放權交易制度下，廠商若有更好的污染減量技術或設備，則可以降低其污染減量的邊際成本，從而減少污染排放權的需求，進而可以減少污染排放權的支出或增加污染排放權的出售收入。只要這些效益大過取得更好的污染減量技術或設備的成本，則整個社會的污染減量成本會再降低。

■ 3.污染排放權的例子

實務上，污染排放權交易制度的一個著名成功實例，就是美國在 1990 年《空氣清淨法》的修正案，要求發電廠大量降低二氧化硫（酸雨的主要成因）的排放量；同時，修正案建立起一個讓發電廠可以交易二氧化硫排放權的制度。雖然一開始產業代表與環保者都對這個計畫深感懷疑，但經過一段時間之後，這個制度證明它可以有效降低污染。

可以想像的，要施行污染排放權交易制度，牽涉到污染物的種類、應參與的廠商，以及龐大的稽查成本，所以我國尚未施行。

▶4.2.4　污染稅

　　政府減少污染量的另一種做法是針對污染物課稅。例如，政府可能對每噸的排碳量課 τ 金額的稅；只要廠商願意付 τ 這麼多金額，即可取得 1 單位的排放權。在此情況下，政府課污染稅，如圖 4–4 所示，如同在 τ 之下，無限量地供應污染權給願意且付得起的廠商，亦即污染權的供給曲線是一條水平線。整個社會最後的污染水準，就決定於負斜率的污染權市場需求曲線與此一水平線交點所對應的數量（如 Q_1）。

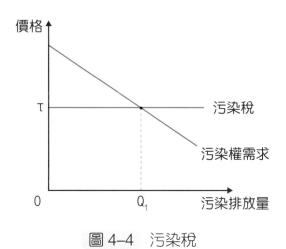

圖 4–4　污染稅

　　何以如此？我們可以借助圖 4–3 來說明。假設 A 廠商與 B 廠商原先的排放量均為 q_0，後來政府決定課 τ 這麼多金額的單位污染稅，且 τ 等於圖 4–3 中的 P^*。在此情況下，A 廠商減排 1 單位需花費 $\overline{q_0a}$ 的成本，但可省下 τ 這麼多的污染稅，所以 A 廠商願意減排，直到排放量降為 $\overline{0q_a}$ 為止。此時，如果 A 廠商再繼續減排，則其花費的成本會大於 τ，因此，A 廠商不會再減排；同理，B 廠商也願意減排，直到排放量降為 $\overline{0q_b}$ 為止。所以，A 廠商與 B 廠商最後的排放量為在該排放量下的污染減量邊際成本正好都等於 τ。如果我們以 MC_P^A 與 MC_P^B 分別代表 A 廠商與 B 廠商的污染減量邊際成本，那麼根據以上的說明，在均衡時，

$$\tau = MC_P^A = MC_P^B$$

很顯然地,當政府提高單位污染稅時,亦即圖 4–4 中的水平線往上移時,社會的污染總量會減少。因此,政府可以藉由改變單位污染稅來改變社會的污染總量。

結合圖 4–3 與圖 4–4 可以得知,污染排放權交易與污染稅兩者之間存在著對等性:如果污染稅的單位稅額等於污染排放權的單位價格,則會有相同的總污染量。且就相同的污染減量目標而言,污染稅跟排放權一樣,要比管制來得有效率,這是因為污染減量主要還是由污染減量成本較低的廠商在進行。同時,由於廠商減排可以少繳污染稅,所以只要這些效益大過取得更好的污染減量技術的成本,則廠商也會比在管制制度下更有誘因去追求更好的污染減量技術。

不過,政府要課污染稅,同樣也會牽涉到污染物的種類,以及龐大的稽查成本,所以我國也尚未施行。

▶4.2.5 碳 費

政府為因應全球氣候變遷,減少溫室氣體排放,以達成「2050 淨零碳排」的目標,由環保署於 2021 年 10 月公布《氣候變遷因應法》草案。「淨零碳排」又稱「碳中和」,亦即「碳清除量」等於「碳排放量」。

根據草案內容,初期將對碳排大戶徵收碳費;這些大戶主要包括電力、鋼鐵、煉油、水泥、光電、半導體等產業,二氧化碳年排放量超過 2.5 萬噸的大廠(費率尚未公布),預估全臺會有 288 家排碳大戶將被徵收碳費❺。這些被徵收的對象,未來不單要就其直接排放的排放量,也要就其使用電力而間接排放的排放量,繳納碳費。

碳費與碳稅相似之處在於,碳費與污染排放權交易兩者之間也存在著對等性。相異之處在於,碳費的中央主管機關是環保署,碳稅的中央主管機關則會是財政部。另外,政府的碳費收入會專款專用,成立溫室氣體管理基金,專供溫室氣體減量及氣候變遷調適之用(如補助及獎勵事業投資溫室氣體減量技術);碳稅收入則可以支應政府的財政需求。

碳費與碳稅的主要問題在於,如果費率訂得太低,則無法達成減量目標;如

---

❺ 《工商時報》,2021 年 10 月 22 日。

果費率訂得太高,則會讓被徵收的對象其成本大幅增加,而不利於其國際競爭力,也有可能造成一般物價的上漲。

4.3 私人解決外部性問題的方法

▶ 4.3.1 寇斯定理

雖然外部性的存在會造成市場無效率的結果,但並不是每一次都需要政府介入來解決問題。在某些情況下,人們會有私人的解決方法,且這些方法可以有效地解決外部性問題。經濟學一個依著名經濟學家羅納德・寇斯 (Ronald Coase) 命名的定理——寇斯定理,說明此一結果。寇斯定理主張,如果交易成本夠低,則私人可以自行解決外部性問題,從而可以使資源有效率地配置。接下來,我們以下面的例子來說明寇斯定理。

假設你的室友喜歡在房間內抽菸,但你討厭吸二手菸,所以你室友抽菸對你來說具負外部性。你的室友是否該在房間內禁菸?還是你必須忍受吸二手菸?

首先,我們要考慮什麼樣的結果對社會而言是有效率的。如果你室友抽菸對他的效益大於你忍受吸二手菸的成本,那麼你室友抽菸就是有效率的;反之,若成本大於效益,則你室友就應該在房間內禁菸。

根據寇斯定理,私人可以自行達成有效率的結果。如何達成?假設你室友有在房間內抽菸的合法權利。你可以開價請你室友禁菸;如果開出的金額比你室友抽菸的效益還來得大,則你室友將會接受這提議。

在討價還價當中,你室友跟你通常可以達成一個有效率的結果。例如,假設你室友抽一包菸的效益值 300 元,且你忍受吸二手菸的成本是 600 元。在此情況下,你可以開價 400 元給你室友請他禁菸,你室友會欣然接受,從而對雙方都有利,且結果是有效率的。

也有可能你不願意付任何你室友願意接受的金額。假設你室友抽一包菸的效益是 1,000 元,而你的忍受成本是 800 元。在此情況下,你室友不會接受比 1,000 元還低的金額,而你不會開比 800 元還高的金額,雙方也就無法達成協議,你室

友還會繼續抽菸。給定上述的成本與效益，這個結果也是有效率的，因為你室友抽菸的效益大於你的忍受成本。

如果你有法定權利可以不吸二手菸，則結果會不會不同？

根據寇斯定理，最初權利如何分配與雙方能否達成有效率的結果無關。例如，假設你可以要求你室友禁菸，雖然擁有這個權利可以讓你占上風，但不至於影響到結果。在此情況下，你室友可以開價給你，希望你同意讓他繼續抽菸；如果你室友抽菸的效益大於你的忍受成本，那麼雙方會達成讓你室友繼續抽菸的協議。

雖然無論一開始權利是如何分配的，你室友跟你都能夠自行達成有效率的結果，但權利的分配會決定經濟福祉的分配。到底是你室友有抽菸的權利還是你有不吸二手菸的權利，會影響最後是誰要付錢給另一方；但無論如何，雙方可以透過協商來解決這個外部性問題。你室友只有在抽菸的效益大於你的忍受成本的情況下才能繼續抽菸。

總結來說：寇斯定理說明了人們可能可以自行解決外部性問題。不管一開始的權利是如何分配的，涉及外部性問題的當事人永遠可以達成一個對他們都有利，且結果是有效率的協議。

▶4.3.2 為何私人解決方法不一定行得通

在現實生活中，就算是對雙方都有利，協議仍不一定會成立。有時候私人無法解決外部性問題是因為協議磋商與執行過程中產生的交易成本。以我們的例子來說，想像你室友跟你講不同的語言，所以如要達成協議，你們必須要請一個翻譯。如果解決二手菸問題的淨效益低於請一個翻譯的成本，則你室友跟你或許會選擇不去解決這個問題。以更實際一點的例子來說，交易成本不是請翻譯的錢，而是請律師的費用。

有些時候，協商就是會失敗。由戰爭與勞工罷工可以看得出來達成協議有時是很困難的。問題通常在於各方堅持一個對自己更有利的交易。舉例來說，假設你室友抽菸的效益為 500 元，且你的忍受成本為 800 元。但你室友可能要求你付他 750 元才不抽菸，而你只願意開價 550 元。只要你們繼續討價還價，問題還是會持續存在。

在當事人很多時，要達成一個有效率的結果會更困難。舉例來說，假設你修了一門有 100 位同學修的必修課，但有一位臉皮相當厚的同學喜歡亂發問（他這樣做對他的效益為 2 萬元），而嚴重拖緩上課進度，從而帶給修課同學外部成本（其值為 10 萬元）。根據寇斯定理，那位同學與其他同學會達成一個有效率的協議，也就是其他同學合起來會付出一個讓那位同學不再亂發問的價錢（如 3 萬元），但這似乎是不可能的。

⏱ 動動腦 4-1

試舉出解決此一問題的辦法。

一個實際的例子是，在 2010 年 4 月 20 日，英國石油公司 (BP) 在墨西哥灣的一個深海鑽油平臺發生爆炸，導致嚴重漏油事故，不單嚴重影響當地的生態環境，也嚴重影響美國附近數州的漁業和旅遊業。

可以想像的，受害人數相當多，所以，不太可能像你跟你室友就抽菸問題達成協議，而須由美國政府代表受害者與英國石油公司進行談判。在 2015 年 10 月 6 日，美國司法部宣布英國石油公司將以 208 億美元代價與美國政府和解，徹底解決此次漏油事故的所有求償。該款項包括總共幾百個地方政府的求償、美國政府罰款，以及天然資源損害賠償在內的所有政府相關求償內容。而 208 億美元的和解代價刷新了美國司法當局有史以來最大的單一個案和解金額❻。

---

❻　《維基百科》。

課後練習

一、單選題

(　) 1.若商品具有外部性，則商品的最適數量

(A)是邊際社會效益曲線與邊際社會成本曲線交點所對應的數量

(B)是市場需求曲線與市場供給曲線交點所對應的數量

(C)大於市場均衡數量

(D)小於市場均衡數量

2.請根據下圖，回答以下問題：

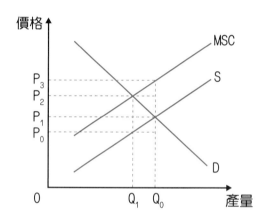

(　) (1)每單位產量所產生的外部成本為：

(A) $P_3 - P_2$ 　　　　(B) $P_3 - P_1$ 　　　　(C) $P_3 - P_0$ 　　　　(D) $P_2 - P_1$

(　) (2)如果讓市場自由運作，則市場均衡數量下的總外部成本約為：

(A) $(P_3 - P_2)Q_1$ 　(B) $(P_3 - P_2)Q_0$ 　(C) $(P_3 - P_1)Q_1$ 　(D) $(P_3 - P_1)Q_0$

(　) (3)如果政府課徵皮古稅，則最適的單位稅額為：

(A) $P_3 - P_2$ 　　　　(B) $P_3 - P_1$ 　　　　(C) $P_3 - P_0$ 　　　　(D) $P_2 - P_1$

(　) (4)如果政府課徵皮古稅，則此時的總外部成本為：

(A) $(P_3 - P_2)Q_1$ 　(B) $(P_3 - P_2)Q_0$ 　(C) $(P_2 - P_0)Q_1$ 　(D) $(P_2 - P_0)Q_0$

3.請根據下圖,回答以下問題:

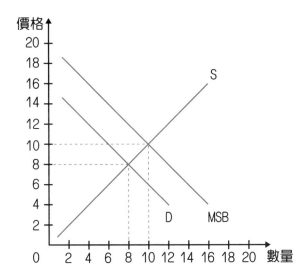

( ) (1)市場的均衡價格為:

    (A) $6   (B) $8   (C) $10   (D) $12

( ) (2)社會的最適數量為:

    (A) 8 單位   (B) 10 單位   (C) 12 單位   (D) 14 單位

( ) (3)如果政府進行皮古補貼,則最適的單位補貼金額為:

    (A) $4   (B) $6   (C) $8   (D) $10

4.下表顯示若干廠商在不同的污染減量單位下的污染減量邊際成本,請根據下表
回答以下問題。

污染減量邊際成本	廠　商			
	A	B	C	D
1 單位	54	57	54	62
2 單位	67	68	66	73
3 單位	82	86	82	91
4 單位	107	108	107	111

( ) (1)如果政府將污染稅定為每單位 $69,則這四個廠商合起來的污染總減
量為:

    (A) 7 單位   (B) 8 單位   (C) 9 單位   (D) 10 單位

（　）⑵如果政府要讓這四個廠商合起來的污染總減量正好為 11 單位，則政府
　　　將污染稅定為每單位多少時可以達成這個目標？

　　　(A) \$75　　　　(B) \$87　　　　(C) \$94　　　　(D) \$101

（　）5.在污染排放權制度下，污染排放權供給曲線是

　　　(A)完全有彈性的　(B)有彈性的　　(C)無彈性的　　(D)完全無彈性的

（　）6.在污染排放權制度下，如果政府要減少污染量，則

　　　(A)污染排放權數量會增加且其價格會上漲

　　　(B)污染排放權數量會增加且其價格會下跌

　　　(C)污染排放權數量會減少且其價格會上漲

　　　(D)污染排放權數量會減少且其價格會下跌

（　）7.下列何者主張，涉及外部性問題的雙方可以達成一個對雙方都有利，
　　　且結果是有效率的協議？

　　　(A)皮古定理　　　(B)外部性定理　　(C)寇斯定理　　　(D)以上皆非

（　）8.有時候，涉及外部性問題的當事者無法解決外部性問題，其原因為何？

　　　(A)外部成本太高　(B)外部效益太低　(C)交易成本太高　(D)以上皆是

（　）9.下列敘述何者正確？

　　　(A)根據寇斯定理，市場能否達成有效率的結果決定於最初權利如何分
　　　　配

　　　(B)根據寇斯定理，最初權利如何分配與市場能否達成有效率的結果無
　　　　關

　　　(C)市場能否達成有效率的結果跟當事者的人數多寡無關

　　　(D)以上(B)與(C)均正確

二、問答題

1.吸食海洛因與抽菸都會產生外部成本。為何政府對販賣海洛因與吸食者處以重
刑，但對香菸僅課徵稅捐？試繪圖說明之。

2.假設有 A 與 B 兩家廠商，且其清除污染的邊際成本函數分別為 $MC_P^A = 2Q_P^A$ 與
$MC_P^B = 4Q_P^B$，其中 Q_P^A 與 Q_P^B 分別為 A 與 B 兩家廠商的污染清除量。

　⑴如果政府要這兩家廠商總共清除 12 單位的污染，那麼這兩家廠商各清除 6 單

位是不是最有效率的做法？為什麼？如果不是，那麼最有效率的做法是什麼？

⑵如果政府對每單位的污染課徵單位稅額為 t 的稅，那麼 t 等於多少時，兩家廠商合起來的污染總清除量為 12 單位？

⑶如果政府要讓污染總清除量提高為 24 單位，則 t 應為多少？

3. 試繪圖說明下列敘述的真偽。

⑴由於污染對健康有害，所以政府應設法完全根絕污染。

⑵最適的皮古補貼會使社會總剩餘增加。

⑶在其他條件不變下，當政府增加污染排放權的供給時，污染量會減少。

⑷在其他條件不變下，污染減量技術的進步會使污染排放權的價格下降。

4. 假設某一完全競爭市場的需求曲線為 $P = 12 - Q$，且市場的供給曲線為 $P = 2Q$；同時，邊際外部成本函數為 $MEC = Q$，例如，第 1 單位的市場供給量產生 1 單位的外部成本，第 5 單位的市場供給量產生 5 單位的外部成本。

⑴市場均衡數量為何？社會最適的產量 (Q^*) 為何？讓市場自由運作下的無謂損失為何？

⑵如果政府要透過對產品課稅使市場交易量為 Q^*，則單位稅額為何？

5. 你討厭大蒜味，但你的室友喜歡吃大蒜。根據寇斯定理，你的室友會不會在房間裡吃大蒜的決定因素為何？這個結果是否是有效率的？你跟你室友如何達成這個結果？

5 → 國際貿易

學習重點

1. 何謂亞當・史密斯的絕對利益說？
2. 何謂李嘉圖的比較利益說？
3. 何謂補償原則？
4. 政府課徵進口關稅的效果為何？
5. 美中貿易戰爭對臺灣的影響為何？

課前引言

臺灣可說是一個天然資源相當貧瘠的經濟體；如果我們沒有從事國際貿易，而維持在自足自給 (autarky) 的狀態，那麼我們就不會有今天的生活水準。舉例來說，如果我們沒有進口石油，那麼我們所有需用燃油的交通工具都動不了，因為我們沒有油田；我們也吃不到饅頭、喝不到豆漿，因為我們不生產小麥、大豆；我們也不會有「台積電」這樣的世界級企業，因為它的機器大都是進口來的。因此我們可以說，我們能有今天的生活水準主要是拜國際貿易之賜，或是說，愈開放我們的生活水準會愈高。

既然如此，那為什麼又會於 2014 年爆發反對與中國簽署《服務貿易協議》的「太陽花學運」呢？本章會從經濟的角度來說明。

國際貿易理論又稱為國際個體經濟學 (international microeconomics)，它利用個體經濟學的分析方法，探討一國的貿易型態 (pattern of trade)，亦即一國會出口哪些產品並進口哪些產品，以及貿易對一國福利水準的影響等議題。

本章首先介紹亞當・史密斯的絕對利益 (absolute advantage) 說與大衛・李嘉圖 (David Ricardo, 1772～1823) 的比較利益 (comparative advantage) 說，來說明一國的貿易型態，以及整體而言，一國可以從國際貿易中獲利。但可以想見的，在開放貿易後，一國的進口競爭產業，亦即跟進口品競爭的產業，會因面臨更激烈的競爭而受損，從而若沒有完全的補償，這些產業會反對開放貿易或反對自由貿易協議，這也是「太陽花學運」爆發的經濟因素。

自 2018 年起，美國與中國就爆發對來自對方的進口品提高關稅的貿易戰爭，我們會介紹進口關稅此一貿易政策的影響，且會說明此一貿易戰爭與其他因素所造成的臺商回流現象。

5.1 貿易型態

我們在第 1 章曾說明，交易可以讓雙方都獲利，從而可以促進專業與分工。亞當‧史密斯因此主張政府應採取自由放任 (laissez faire) 的政策，讓市場自由運作。亞當‧史密斯進一步將他的理念應用在國際貿易上：既然自由交易可以促進專業與分工而使每個人獲利，那麼國與國之間的自由貿易同樣也可以促進專業與分工，而使每個國家都能從貿易中獲利。他認為在自由貿易下，每個國家會專業化生產並出口其具有絕對利益的產品，亦即其絕對生產力較高的產品。這樣分工的結果，可以使全世界每項產品的生產效率提升，從而每項產品的產量與消費量得以增加，因此，每個國家的福利水準得以提升。

李嘉圖進一步將亞當‧史密斯的自由貿易理念加以發揚光大。他主張即使一國不擁有具絕對利益的產品，仍然會擁有具比較利益的產品，亦即一國一定會有相對生產力比較高的產品。在開放貿易後，一國會專業化生產並出口其具有比較利益的產品，從而全世界每項產品的生產效率，進而每個國家的福利水準，會因分工而提升。

這道理就如同一家公司的總經理各方面的能力都優於其秘書，亦即他（她）的秘書不具有任何的絕對利益；但秘書可以幫總經理做一些瑣碎費時的工作，讓總經理可以將省下的時間用在公司的管理與思考公司未來的發展，而提升公司的利潤，秘書也因此可以有更多的薪資所得。我們稱總經理對管理具有比較利益，而秘書則對秘書工作具有比較利益，雙方「交易」之後（總經理雇用秘書），彼此會專業化於其具有比較利益的工作，從而生產效率、公司利潤與雙方的福利水準都會提升。

接下來我們就以非常簡單的例子來說明絕對利益說與比較利益說。

▶5.1.1 絕對利益說

我們假設只有 A 與 B 兩個國家，且只有 X（如成衣）與 Y（如牛肉）兩種商品。同時，為簡化分析，我們假設：

(1)勞動是唯一的生產要素，且一國的勞動可以在境內各個產業間自由移動，但無法跨國移動。

(2)生產具有固定規模報酬 (constant returns to scale) 的性質。

(3)所有的市場均為完全競爭市場。

(4)沒有任何的貿易障礙且不考慮運輸成本。

在假設(1)與(2)之下，生產函數可以寫成

$$Q = hL \qquad\qquad (1)$$

其中 Q 為產量，L 為勞動雇用量，h 為一固定數。

由式(1)可以得到勞動的邊際產量為

$$MP_L = \frac{\Delta Q}{\Delta L} = h$$

所以，在式(1)的生產函數下，勞動的邊際產量是固定的。另外，從式(1)也可以得到單位勞動投入 (unit labor input)，亦即每單位產量所需的勞動雇用量，為

$$\frac{L}{Q} = \frac{1}{h}$$

所以，單位勞動投入也是固定的。由於單位勞動投入是勞動邊際產量的倒數，因此，勞動生產力愈高（h 愈大），單位勞動投入就愈少。

令 a_X、a_Y、b_X 與 b_Y 分別代表 A 國與 B 國其生產 X 與 Y 所需的單位勞動投入。表 5–1 列出這幾個單位勞動投入的假設值。

表 5–1　X 與 Y 產品的單位勞動投入

	X	Y
A 國	$a_X = 1$	$a_Y = 3$
B 國	$b_X = 6$	$b_Y = 2$

　　由於單位勞動投入愈小表示生產力愈高，所以根據表 5–1，A 國生產 X 的生產力高於 B 國，且 B 國生產 Y 的生產力高於 A 國。我們稱 A 國對 X 的生產具有絕對利益，且 B 國對 Y 的生產具有絕對利益。

■ 1. 生產可能曲線

　　要瞭解國際貿易（以下簡稱貿易）對一國福利水準的影響，我們要先瞭解一國在貿易前自給自足狀態下的情形。假設 A 國與 B 國各有 5 單位與 10 單位的勞動稟賦 (labor endowment)，我們表示成 $L^A = 5$ 且 $L^B = 10$。因為 A 國生產 1 單位 X 需要投入 1 單位的勞動（因為 $a_X = 1$），所以，如果 A 國將所有的勞動通通用來生產 X，她總共可以生產 5 單位的 X；如果她少生產 1 單位的 X 而將 1 單位的勞動從 X 產業釋放出來，而用來生產 Y，她可以生產 $\frac{1}{3}$ 單位的 Y（因為 $a_Y = 3$，亦即生產 1 單位的 Y 需投入 3 單位的勞動）。以此類推，當 A 國將所有的勞動全部用來生產 Y，她總共可以生產 $\frac{5}{3}$ 單位 ($\frac{L^A}{a_Y} = \frac{5}{3}$)。由於 X 產業每釋放出 1 單位的勞動，其產量會固定減少 1 單位，且 Y 產業的產量會固定增加 $\frac{1}{3}$ 單位，所以我們可以得到圖 5–1 中代表 A 國生產可能曲線 (production possibilities frontier) 的 CD 線段。

　　生產可能曲線線上的任何一點都是生產在最有效率下的產量組合，因為線內的任何一點都意味著 X 與 Y 的產量可以同時增加，所以是無效率的；而線外的任何一點都是在目前技術水準與生產要素數量下所達不到的產量組合。由於 C 點所對應的 X 產量為 $\frac{L^A}{a_X}$，且 D 點所對應的 Y 產量為 $\frac{L^A}{a_Y}$，所以 CD 線段的斜率為 $\frac{a_X}{a_Y}$。同理可證，B 國生產可能曲線（圖 5–1 中的 EF 線段）其斜率為 $\frac{b_X}{b_Y}$。

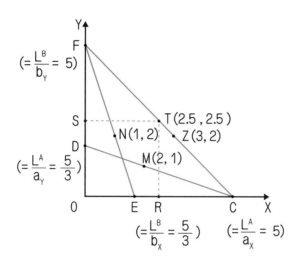

圖 5–1　絕對利益說

我們在第 3 章曾得到以下的結果：

$$MC = \frac{W}{MP_L}$$

所以，就 A 國的 X 產業而言，在 A 國的市場工資率為 W^A 的情況下，其邊際成本為：

$$MC_X^A = \frac{W^A}{MP_{LX}^A} = \frac{W^A}{\dfrac{1}{a_X}}$$

$$= a_X \times W^A$$

(2)

同理，

$$MC_Y^A = a_Y \times W^A$$

由於我們假設所有的市場均為完全競爭市場，所以

$$MC_X^A = P_X^A，且\ MC_Y^A = P_Y^A$$

因此，在自給自足下，A 國 X 產品相對於 Y 產品的價格為：

$$\frac{P_X^A}{P_Y^A} = \frac{MC_X^A}{MC_Y^A} = \frac{a_X \times W^A}{a_Y \times W^A}$$

$$= \frac{a_X}{a_Y}$$

所以，A 國生產可能曲線的斜率 $(\frac{a_X}{a_Y})$ 也是 A 國在自給自足下 X 之於 Y 的相對價格。同理，B 國在自給自足下的相對價格與生產可能曲線的斜率為

$$\frac{P_X^B}{P_Y^B} = \frac{b_X}{b_Y}$$

以表 5–1 中的數字為例，A 國在自給自足下，其 X 之於 Y 的相對價格等於 $\frac{1}{3}$，表示 1 單位 X 可以換 $\frac{1}{3}$ 單位的 Y。例如，W^A 等於 100，那麼 P_X^A 等於 $a_X \times W^A$，也就等於 100；而 P_Y^A 等於 $a_Y \times W^A$，也就等於 300。所以 1 單位 X 可以換 $\frac{1}{3}$ 單位的 Y。

就 B 國而言，在自給自足下，其 X 之於 Y 的相對價格等於 3 $(\frac{b_X}{b_Y} = \frac{6}{2})$，表示 1 單位的 X 可以換 3 單位的 Y，或 1 單位的 Y 可以換 $\frac{1}{3}$ 單位的 X。

在自給自足下，一國能消費多少完全決定於她能生產多少，因此，一國的生產點也是她的消費點，也因此一國的生產可能曲線也是她的消費可能曲線 (consumption possibilities frontier)。以圖 5–1 為例，我們假設 A 國與 B 國在自給自足下的消費點（與生產點）分別為 M 點與 N 點，亦即我們假設 A 國在自給自足下，生產並消費 2 單位的 X 與 1 單位的 Y，B 國則為 1 單位的 X 與 2 單位的 Y。

■ 2.貿易條件

假設兩國現在同意自由貿易，她們各會出口哪一項產品呢？假設開放貿易後

的貿易條件 (terms of trade) 為 1 單位 X 換 1 單位 Y，那麼由於 A 國原先在自給自足下，生產 X 的廠商其 1 單位 X 只能換 $\frac{1}{3}$ 單位的 Y，所以她會接受這樣的貿易條件。同樣地，B 國生產 Y 的廠商原先在自給自足下，其 1 單位的 Y 只能換 $\frac{1}{3}$ 單位的 X，所以她也會接受這樣的貿易條件。因此，A 國會出口 X 且進口 Y，且 B 國會出口 Y 且進口 X，直到 A 國完全專業化生產並出口 X，且 B 國完全專業化生產並出口 Y 為止。此時，A 國與 B 國的生產點會分別落在圖 5–1 中的 C 點與 F 點。

由於貿易條件為 1 單位 X 換 1 單位的 Y，所以，A 國貿易後的消費可能曲線為由 C 點開始往左上方延伸且斜率為 –1 的 CF 線。例如，Z 點就位在這條線上，Z 點表示 A 國可以出口 2 單位的 X 換取從 B 國進口 2 單位的 Y。由於 A 國完全專業化生產 X 共可生產 5 單位，在出口 2 單位後，還剩 3 單位可以消費，所以 Z(3, 2) 這一點位在 A 國貿易後的消費可能曲線上。

同樣地，B 國貿易後的消費可能曲線為由其完全專業化生產點 F 往右下方延伸且斜率等於 –1 的 FC 線上。在圖 5–1 中，兩國貿易後的消費可能曲線剛好相同，這是極端簡化下的情形，只是為了讓圖形更簡單。在圖 5–1 中，只要貿易條件不為 1 單位 X 換 1 單位 Y，兩國貿易後的消費可能曲線就不會相同。

■ 3. 貿易利得

比較兩國貿易後的共同消費點 T（這是極端簡化下的結果）與原先各自的消費點 M 與 N 可以知道，兩國在貿易後，X 與 Y 的消費量都比原先要來得多。因此，兩國都有所謂的貿易利得，亦即貿易使兩國的福利水準都同時提升。

為什麼可以有這樣有利的結果？這是因為在貿易後，兩國都專業化生產各自具有絕對利益的產品，因此兩種產品的產量，與兩國的消費量，都可以因生產效率的提升而增加。在原先自給自足下，兩國兩種商品合起來的總產量均為 3 單位 (M + N)，但貿易後，A 國與 B 國進行完全專業化生產，X 與 Y 的總產量同樣增加為 5 單位 (C + F)。因此，兩國的消費量可以同時增加，從而兩國的福利水準可

以同時提升。此點結論也可以由兩國貿易後的消費可能曲線均位於原先的消費可能曲線之外來理解。

由於在自給自足且要素稟賦不變之下，一國的生產與消費可能曲線要往外擴張必須靠技術進步，因此，自由貿易的效果就如同一國發生技術進步。臺灣利用出口手機到美國所賺取的外匯來進口美國的飛機，不就如同臺灣可以自己生產飛機一樣嗎？如果臺灣不開放貿易，那麼，我們要能自行生產飛機要等到何年何月？臺灣與美國這樣的貿易結果，就如同臺灣「創造」了以手機為「投入」就可以生產出飛機的技術一樣。

另外，從圖 5–1 可以看出貿易後的消費可能曲線比 A 國的生產可能曲線來得陡，且比 B 國的來得平坦。由於貿易後的消費可能曲線其斜率等於 X 之於 Y 的貿易條件，亦即 X 之於 Y 的國際相對價格（如果 X 之於 Y 的貿易條件為 1 單位 X 換 2 單位的 Y，那就表示 X 的國際價格是 Y 的二倍），且由於兩國生產可能曲線的斜率等於各自在自給自足下的相對價格，因此，兩國發生貿易的必要條件為：國際的相對價格（表示成 $(\frac{P_X}{P_Y})^t$）介於兩國自給自足下的相對價格之間，亦即介在兩國的生產可能曲線的斜率（絕對值）之間。根據我們上面所用的符號與所舉的例子，A 與 B 兩國發生貿易的必要條件為：

$$\frac{P_X^A}{P_Y^A} < (\frac{P_X}{P_Y})^t < \frac{P_X^B}{P_Y^B}$$

以上面的數值為例，此式為 $\frac{1}{3} < 1 < 3$。如果此一條件不成立，那就表示在 $(\frac{P_X}{P_Y})^t$ 之下，其中一國貿易後的消費可能曲線會位於原先的生產可能曲線之內。在此情況下，這個國家不會願意貿易（如果 $(\frac{P_X}{P_Y})^t$ 等於 4，那麼哪一國不會願意貿易？）。

因此，絕對利益說告訴我們，在自由貿易下，如果國際的相對價格介於兩國自給自足下的相對價格之間，那麼，兩國會完全專業化生產並出口其具有絕對利

益的產品，且兩國都可以從貿易中獲利。

▶5.1.2 比較利益說

絕對利益說的問題在於，在現實世界中，落後國家由於生產力低，可能不具有任何的絕對利益，但先進國家還是有跟落後國家貿易。

如式(2)所示，一項產品的邊際成本不單決定於單位勞動投入（亦即生產力），也決定於工資水準。因此，落後國家只要其工資低廉的優勢能蓋過生產力低的劣勢，她還是會有產品出口的。李嘉圖就提出比較利益說來說明，一國即使不具有任何的絕對利益，在自由貿易下，該國及其貿易對手國還是都可以從貿易獲利。以下我們就利用表 5–2 與圖 5–2 來說明比較利益說。

我們將表 5–1 中 a_Y 與 b_Y 的數字對調就可以得到表 5–2。

表 5–2　X 與 Y 產品新的單位勞動投入

	X	Y
A 國	$a_X = 1$	$a_Y = 2$
B 國	$b_X = 6$	$b_Y = 3$

由表 5–2 可以知道，B 國現在對 X 與 Y 均不具有絕對利益。那麼，根據絕對利益說，兩國不會發生貿易。但實際上，兩國還是有可能會發生貿易且均能從貿易中獲利。

■ 1.生產的機會成本決定比較利益

在開放貿易後，兩國會各自出口哪一項產品呢？要回答這個問題，我們首先要知道兩國各自對哪一項產品具有比較利益。

就 A 國而言，如果她從 Y 產業移出 1 單位勞動到 X 產業，那麼 X 的產量會增加 1 單位且 Y 的產量會減少 $\frac{1}{2}$ 單位，因此 A 國生產 1 單位 X 的機會成本為 $\frac{1}{2}$ 單位的 Y。就 B 國而言，如果她從 Y 產業移出 6 單位勞動到 X 產業，其 X 的

產量會增加 1 單位且 Y 的產量會減少 2 單位，因此 B 國生產 1 單位 X 的機會成本為 2 單位的 Y。所以，A 國生產 X 的機會成本（$\frac{1}{2}$ 單位 Y）小於 B 國（2 單位 Y），我們稱 A 國對生產 X 具有比較利益。相反地，B 國生產 1 單位 Y 的機會成本是 $\frac{1}{2}$ 單位的 X，且 A 國生產 1 單位的 Y 的機會成本是 2 單位的 X，因此，B 國生產 Y 的機會成本小於 A 國，我們稱 B 國對生產 Y 具有比較利益。所以，比較利益是由兩國生產同一項產品的機會成本大小來決定。

我們也可以從相對生產力的角度來決定比較利益。由於 A 國生產 1 單位 X 只需 1 單位勞動，而 B 國需要 6 單位勞動，所以 A 國生產 X 的生產力是 B 國的 6 倍；而 A 國生產 Y 的生產力只有 B 國的 $\frac{3}{2}$ 倍。因此，A 國生產 X 的相對生產力要高於生產 Y，我們稱 A 國對 X 的生產具有比較利益。相反地，B 國雖然生產 Y 的生產力只有 A 國的 $\frac{2}{3}$，但比生產 X 的 $\frac{1}{6}$ 要來得高，所以 B 國對生產 Y 具有比較利益。因此，在只有兩個國家及兩種產品的情況下，一國若生產某一項產品的相對生產力比另一項產品高，則該國對該產品具有比較利益，且另一國對另一項產品具有比較利益。

為讓圖形更為簡單，我們假設兩國的勞動稟賦現在分別為 $L^A = 4$ 與 $L^B = 12$。如圖 5–2 所示，CD 與 EF 線段分別為 AB 兩國的生產可能曲線，且其斜率分別為 $\frac{a_X}{a_Y} = \frac{1}{2}$ 與 $\frac{b_X}{b_Y} = 2$。假設在自給自足下，AB 兩國原先的消費點分別為 M(2, 1) 與 N(1, 2)。

假設在開放貿易後，貿易條件為 1 單位 X 換 1 單位 Y。同樣地，由於 A 國原先 1 單位 X 只能換 $\frac{1}{2}$ 單位的 Y，且 B 國原先 1 單位 Y 只能換 $\frac{1}{2}$ 單位的 X，所以在上述的貿易條件下兩國會進行貿易，且 A 國出口 X，B 國出口 Y；同時，兩國最後會進行完全專業化生產。因此，在開放貿易後，兩國會完全專業化生產並出口其具有比較利益的產品。

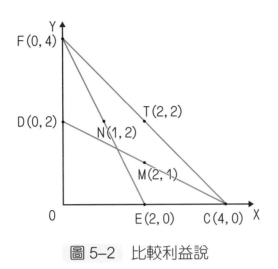

圖 5-2　比較利益說

　　假設兩國在貿易後，CF 為共同的消費可能曲線，且 T 點為共同的消費點。由於 T 點消費組合的福利水準均優於 M 點與 N 點，所以兩國都可以從貿易中獲利。之所以會有這樣的結果，是因為貿易後兩國各自專業化生產其具有比較利益的產品，亦即其相對生產力較高的產品，因此，貿易後兩國合起來的生產效率提升。此點可由原先兩國合起來 (X, Y) 的總產量為 (3, 3)，在貿易後提高為 (4, 4) 來理解。因此，透過生產效率的提升，兩國可以消費比原先多的數量，從而兩國都可以從貿易中獲利。

■ 2.貿易條件

　　同樣地，兩國發生貿易的必要條件為：

$$\frac{P_X^A}{P_Y^A} < (\frac{P_X}{P_Y})^t < \frac{P_X^B}{P_Y^B}$$

　　由於在貿易發生後，X 與 Y 分別只由 A 與 B 國生產，且產品的價格等於邊際成本，而邊際成本又等於單位勞動投入乘以工資率，所以上式可改寫成：

$$\frac{a_X W^A}{a_Y W^A} < \frac{a_X W^A}{b_Y W^B} < \frac{b_X W^B}{b_Y W^B}$$

$$\frac{a_X}{a_Y} < \frac{a_X W^A}{b_Y W^B} < \frac{b_X}{b_Y}$$

$$\frac{b_Y}{a_Y} < \frac{W^A}{W^B} < \frac{b_X}{a_X}$$

或

$$\frac{a_Y}{b_Y} > \frac{W^B}{W^A} > \frac{a_X}{b_X}$$

所以，兩國發生貿易的條件要求兩國的相對工資介在這兩項商品的兩國相對生產力之間。以上面的例子為例，上式為：

$$\frac{2}{3} > \frac{W^B}{W^A} > \frac{1}{6}$$

因此，B 國的工資率只要不超過 A 國的 $\frac{2}{3}$ 倍，B 國 Y 產品的生產成本就會小於 A 國，從而在開放貿易後，B 國會出口 Y。例如，如果 $W^A = 300$ 且 $W^B = 150$，那麼 B 國 Y 產品的生產成本為 450，小於 A 國的 600。簡單地說，1960 年代的臺灣與現在的中國及越南之所以能出口成衣到美國，靠的就是低廉的工資。

雖然我們得到：不管一國是否對某些產品具有絕對利益，在自由貿易下，一國都可以從貿易中獲利的結果；但是，此結果背後重要的假設為勞動可以在產業間自由移動。以 A 國為例，在開放貿易後她進口 Y 產品，且最後完全專業化生產 X 產品，這表示 Y 產業原先的勞動可以順利地移往 X 產業。但實際上每個產業有它要求的特定技能 (specific skill)，部分勞工可能需要一段期間的職業訓練才能在其他產業找到工作，也因此開放貿易後，部分進口競爭產業（如 A 國的 Y 產業）的勞工可能會有失業的問題。在此情況下，就這些失業勞工而言，起碼在他的失業期間，他是自由貿易下的受害者。

■ 3.補償原則

　　既然有人受害，那麼我們如何能說一國會有貿易利得？國際貿易理論提出補償原則 (compensation principle) 來回答這個問題。如果那些因貿易而獲利者（如生產要素用於出口產業的要素所有者）對那些因貿易而受損者的損失進行全額補償後，仍然能夠獲利，那麼就沒有人會因貿易而遭受損失，且會有一部分的人獲利。在此情況下，我們就可以說一國有真實的 (actual) 貿易利得，否則，在補償不足的情況下，我們只能說一國有潛在的 (potential) 貿易利得。我們可以利用圖 5–3 來說明補償原則，圖 5–3 是圖 5–2 的延伸。

　　假設 A 國原先在自給自足下的生產點與消費點位於圖 5–3 中的 M(2, 1) 點，且生產要素用於 X 產業與 Y 產業的要素所有者（分別以甲跟乙代表）其消費組合 (X, Y) 均為 (1, 0.5)。再假設開放貿易後有部分 Y 產業的勞工失業了，在有失業的情況下，生產點就不會位在生產可能曲線 CD 上，而會在其下方，如 G(3.25, 0) 點。又假設貿易條件仍然是 1 單位 X 換 1 單位的 Y，則此時 A 國的消費可能曲線為 GH；且 A 國貿易後的消費點為 V(2, 1.25) 點，同時甲的消費組合變成 (1, 1.25)，乙則變成 (1, 0)。此時如果政府對甲課 0.5Y 的稅，且將 0.5Y 全數移轉給乙，那麼甲跟乙的消費組合就變成 (1, 0.75) 與 (1, 0.5)。在此情況下，乙並沒有因貿易而變差，但甲變得較好，所以 A 國有真實的貿易利得。

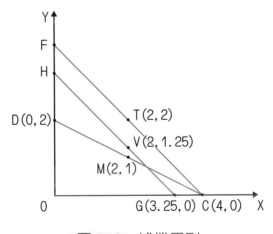

圖 5–3　補償原則

近幾年來臺灣最重要的貿易協議是跟中國簽署的《海峽兩岸經濟合作架構協議》(Economic Cooperation Framework Agreement, ECFA)。雙方於 2010 年 6 月 29 日在重慶簽訂第一次協議文本與早期收穫清單（雙方所提出的提早降關稅的項目清單）內容❶。該協議於 2010 年 8 月經立法院通過，後來，雙方不斷進行後續協商並簽署多項協議，包括 2013 年 6 月 21 日簽署完成的《服貿協議》，我方開放出版、美容美髮、金融、醫療、電信等 64 項服務業，中國則開放經營電子商務、文創、運輸、金融、醫療、電信及觀光旅遊等 80 項服務業。

雖然，簽署 ECFA 後，行政院於 2010 年核定《因應貿易自由化產業調整支援方案》，為期 10 年匡列 952 億元，且在 2013 年《服貿協議》簽署後，行政院加碼 30.1 億元，但服務業占比極低❷，再加上國民黨籍內政委員會召集人於 30 秒將服貿案送出委員會，直接進院會存查（相當於一讀通過），未能進行實質審查（此舉被稱為「服貿黑箱」），而引爆「太陽花學運」。

如果你是《服貿協議》中臺灣對中國開放的服務業的業者與員工，在政府補償金額相當低的情況下，你會不會支持「太陽花學運」？相反地，如果你是《服貿協議》裡中國對臺灣開放的服務業的業者與員工，你會不會支持《服貿協議》？

在全球化（即商品與服務的國際貿易及資本跨國移動更加開放）的過程中，一些國家曾發生類似「太陽花學運」的抗爭事件❸。從經濟學的角度來看，會有這樣的抗爭是因為受損產業未獲得足夠的補償。

■ 4.技術與貿易型態

根據以上的分析，一國的貿易型態決定於一國與他國的勞動相對生產力與相對工資水準。根據我們在第 3 章的說明，勞動生產力決定於技術水準與資本存量，其實也決定於勞工本身的素質。

---

❶ 臺灣爭取到的貨品貿易早期收穫商品共 539 項，預定分 2 年 3 期降為零關稅，其中立即降稅項目達 108 項；而中國爭取到的共 267 項。

❷ 《中時電子報》，2014 年 4 月 1 日。

❸ 例如，2005 年亞太經合峰會在釜山舉行期間，南韓農民策動一場又一場的暴力示威，引致多人受傷甚至有農婦服毒自殺身亡。有南韓農民表示，世貿協議會令南韓農民收入減少三成以上，生活陷入困境，為爭取民族和農民自身利益，他們不得不採取激烈行動（《太陽報》，2005 年 11 月 20 日）。

以我國為例，我國之所以能出口像半導體與手機鏡頭之類的產品，主要是我國這些產品的技術水準和勞工素質與先進國家差距有限，但工資比先進國家來得低，所以我們可以出口這些產品到先進國家。而且，由於我國這些產品的技術水準仍遙遙領先中國等企圖迎頭趕上的國家，所以雖然這些國家的工資比我國低廉，但仍不足以撼動我國這些產業在國際市場的地位。另外，像蓮霧等高價水果以及蝴蝶蘭等花卉，也主要是因為技術水準高，所以能成為我國出口產品。

就進口產品而言，像成衣或中低階資訊電子產品，由於技術水準不高，所以我國會從東南亞與中國等工資較低的國家進口。至於飛機、高級轎車、部分藥品（如威而鋼與愛滋病用藥）、核磁共振等醫療機器與半導體機器等產品，則由於外國技術水準是我們所望塵莫及的（可以理解成我們如要生產這些產品，我們的單位勞動投入會遠高於生產國），所以我們進口這些產品。

5.2 貿易政策

一國可能為了保護其進口競爭產業或壯大其出口產業，而採取課徵進口關稅或對其出口進行補貼等貿易政策。由於補貼會違反 WTO 的規範，故本節僅探討進口關稅政策對國內產量、消費量、市場價格與福利水準的影響。為簡化分析，我們假設本國是小國，進口量的變動不會影響國際價格，亦即本國是進口品的價格接受者。

■ 1.進口關稅的經濟分析

進口關稅 (import tariffs) 是最常見的進口貿易政策工具。假設某商品的國內供需曲線分別為圖 5–4 中的 S 與 D。這兩條線的交點 e 即貿易前國內市場均衡點，其所對應的價格 P_0 即貿易前該商品的國內均衡價格。在開放貿易後且在沒有關稅的情況下，如果國際價格為 P^* 低於 P_0，則本國會進口該商品，且由於本國是小國，所以本國會面對一條對應 P^* 的水平國際供給線 S^*，表示本國可以依 P^* 進口任何的數量，也因此本國的國內市場價格也是 P^*。如圖 5–4 所示，此時本國的消費量為 Q_0^d，產量為 Q_0^s，兩者之間的差距即為進口量 $\overline{Q_0^s Q_0^d}$❹。

❹　如果 P^* 高於 P_0，則本國會出口該商品。有興趣的讀者可以自行畫出此時國內的價格、

如果現在政府課徵單位稅額為 t 的進口關稅，則該商品的國內銷售價格上漲為 $P^* + t$，這也是課徵關稅後的國內價格。由於國內價格上漲，所以消費量減為 Q_t^d，產量增加為 Q_t^s，因此課徵進口關稅具有保護或扶植國內進口競爭產業的效果。此時進口量減為 $\overline{Q_t^s Q_t^d}$，關稅收入則為圖中的 F 面積。

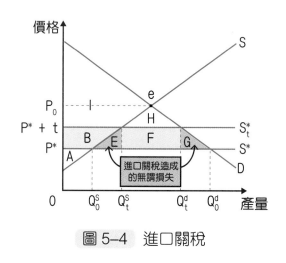

圖 5–4　進口關稅

由於國內消費量減少，所以消費者剩餘由原先無稅下的 B＋E＋F＋G＋H＋I 之面積減少為 I＋H，故消費者剩餘減少 B＋E＋F＋G，因此，課徵進口關稅因會造成國內價格上漲，故對消費者不利。生產者剩餘則從原先的 A 面積增加為 A＋B，故增加 B，因此，課徵進口關稅也是因會造成國內價格上漲而對生產者有利❺。

雖然生產者剩餘增加 B 且政府關稅收入增加 F，但它們不足以完全彌補 B＋E＋F＋G 的消費者剩餘的減少。因此，社會福利會有 E 與 G 的淨損失，此即課徵進口關稅所造成的無謂損失。為什麼會有這樣的結果？這是因為消費量減少 $\overline{Q_t^d Q_0^d}$，從而原先消費者消費這些數量所享有的消費者剩餘 (G) 就消失了。另外，由於供給曲線 S 的高度代表生產者的機會成本，因此，$\overline{Q_0^s Q_t^s}$ 這一部分因為課徵關稅而增加的國內產量其生產成本高於進口成本，總共多出了 E，這是一種無效率的結果。我們稱 E 與 G 分別為課徵關稅所造成的生產扭曲 (production distortion)

消費量、產量與出口量。

❺　相反地，如果原先有課徵進口關稅，但後來調降了，則會造成生產者剩餘的減少。由此可以理解，在政府與中國簽訂 ECFA 之後，由於對部分來自中國的進口品調降關稅，所以會對國內的相關進口競爭產業產生不利的影響。

與消費扭曲 (consumption distortion)。$\overline{Q_t^d Q_0^d}$ 與 $\overline{Q_0^s Q_t^s}$ 合起來即進口的減少量。

由於關稅也是一種稅，所以也會跟其他稅一樣，會使交易量（進口量）減少，從而使貿易利得減少。因此，政府課徵進口關稅雖具有保護或扶植國內進口競爭產業的效果，但對整體的社會福利水準是不利的。

⏱ 動動腦 5-1

根據圖 5-4，當關稅單位稅額 t 的水準為何時，本國不會有任何的進口？此時本國的無謂損失又為何？

■ 2. 美中貿易戰的影響

自 2018 年起，美國總統川普就主要以中國進行不公平競爭（中國政府對其國營企業進行不當的補貼）、盜版與仿冒等行為，而偷了美國人的工作為由，對來自中國的進口品加徵 10% 或 25% 的關稅；而中國也提高對美國進口品的關稅做為報復。根據以上的分析，雖然美國與中國相互提高關稅有利於各自的進口競爭產業，但不利於其消費者與出口產業，且對兩國的整體社會福利水準是不利的。

不少大陸臺商的總成本（包括關稅成本），因美國的高關稅而增加，且因中國的環保標準提高，使其污染防治支出增加，同時又有因限電❻與因疫情嚴峻而封城，所導致的生產線停擺等問題，而增加，再加上政府於 2019 年 7 月推出「歡迎臺商回臺投資行動方案」，提供土地租金優惠與專案貸款等協助措施，遂吸引不少大陸臺商回臺投資。截至 2022 年 2 月 17 日，有 257 家廠商通過審核，總投資金額約新臺幣 10,413 億元，預估創造本國就業約 80,924 人❼。大陸臺商回臺投資增加，是臺灣經濟在 2020 年全球經濟因疫情爆發而陷入衰退之際，而仍維持正成長的重要原因之一。不過，如果美中貿易爭端無法順利解決而影響全球景氣，則對臺灣的淨影響並無法確定。

---

❻ 中國曾於 2021 年 9 月嚴格執行「能耗雙控」政策，江蘇、廣東與浙江等十多省分陸續傳出大規模限電措施，包含重工業、輕工業及太陽能等產業都備受波及，進而衝擊當地企業與臺商企業。（《Yahoo! 新聞》，2021 年 9 月 28 日）

❼ InvesTaiwan > 首頁 > 關於我們 > 投資臺灣事務所 > 投資臺灣三大方案。

✔ 課後練習

一、單選題

( ) 1. 假設只有甲與乙兩國，且只有 X 與 Y 兩種商品。下列敘述何者正確？

(A) 若甲對 X 不具有絕對利益，則甲對 X 也一定不具有比較利益

(B) 若甲對 X 不具有比較利益，則甲對 X 也一定不具有絕對利益

(C) 若甲對 X 不具有比較利益，則乙對 Y 也不具有比較利益

(D) 以上皆非

( ) 2. 兩國進行貿易後：

(A) 雙方都可以在貿易前的消費可能曲線之外消費

(B) 雙方都可以在貿易前的生產可能曲線之外消費

(C) 雙方並無法改變其消費可能曲線

(D) 以上 (A) 與 (B) 均正確

( ) 3. 下表為 A 與 B 兩國生產商品 X 與 Y 的單位勞動投入。根據亞當·史密斯的絕對利益說，下列敘述何者正確？

	X	Y
A 國	1	3
B 國	4	2

(A) A 國出口 X (B) A 國出口 Y

(C) B 國出口 X (D) 以上 (B) 與 (C) 均正確

( ) 4. 下表為 A 與 B 兩國生產商品 X 與 Y 的單位勞動投入。根據李嘉圖的比較利益說，下列敘述何者正確？

	X	Y
A 國	1	2
B 國	4	2

　　　　　(A) A 國出口 X　　　　　　　　(B) B 國出口 X

　　　　　(C)兩國不會進行 Y 的國際貿易　　(D)以上(A)與(C)均正確

（　　）5.承上題。下列敘述何者正確？

　　　　　(A) A 國生產 1 單位 X 的機會成本為 $\frac{1}{2}$ 單位的 Y

　　　　　(B) B 國生產 1 單位 X 的機會成本為 2 單位的 Y

　　　　　(C) B 國生產 1 單位 X 的機會成本為 $\frac{1}{2}$ 單位的 Y

　　　　　(D)以上(A)與(B)均正確

6.下表為 A 與 B 兩國每 1 單位勞動每天所能生產的商品 X 與 Y 的數量。請根據此表回答以下問題。

	X	Y
A 國	1	2
B 國	3	4

（　　）(1)假設兩國都有 10 單位的勞動。在貿易前，下列哪一個每天消費量組合是可能達成的？

　　　　　(A) A 國：(X, Y) = (10, 5)　　　　(B) A 國：(X, Y) = (5, 10)

　　　　　(C) B 國：(X, Y) = (20, 20)　　　(D) B 國：(X, Y) = (15, 25)

（　　）(2)下列敘述何者正確？

　　　　　(A) A 國對 X 具絕對利益，但不具比較利益

　　　　　(B) A 國對 X 具絕對利益與比較利益

　　　　　(C) B 國對 X 具絕對利益與比較利益

　　　　　(D) B 國對 X 具比較利益，但不具絕對利益

（　　）(3)下列敘述何者正確？

　　　　　(A) A 國出口 X　　　　　　　　(B) B 國出口 X

　　　　　(C)兩國不會進行 Y 的國際貿易　　(D)以上(A)與(C)均正確

（　　）(4)在貿易後，下列兩國合起來的每天消費量組合，哪一個是可能達成的？

　　　　　(A) (X, Y) = (25, 25)　　　　　(B) (X, Y) = (30, 20)

　　　　　(C) (X, Y) = (20, 30)　　　　　(D) (X, Y) = (20, 25)

( ) (5)若貿易後兩國均獲利,則 X 之於 Y 的國際相對價格可能為何?

(A) 0.5   (B) 1.5   (C) 2.5   (D) 4

( ) 7.若政府調降某項進口品的進口關稅,則在其他條件不變下:

(A)該商品的國內產量會增加   (B)該商品的國內消費量會增加

(C)該商品的政府關稅收入會增加   (D)該商品的政府關稅收入會減少

( ) 8.假設某商品的國際價格為 P*,且本國課徵單位稅額為 t 的從量關稅。根據下圖,下列何項是課徵關稅所造成的無謂損失?

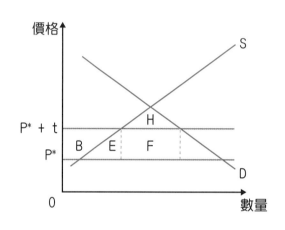

(A) B   (B) E   (C) F   (D) H

( ) 9.當政府課進口關稅時:

(A)國內的產量會增加   (B)國內的產量會減少

(C)國內的消費量會減少   (D)以上(A)與(C)均正確

( ) 10.當政府課進口關稅時:

(A)國內的生產者剩餘會增加   (B)國內的生產者剩餘會減少

(C)國內的消費者剩餘會增加   (D)以上(B)與(C)均正確

( ) 11.下列敘述何者正確?

(A)亞當·史密斯主張自由貿易,但大衛·李嘉圖反對

(B)大衛·李嘉圖主張自由貿易,但亞當·史密斯反對

(C)兩人都主張自由貿易

(D)兩人都反對自由貿易

二、問答題

1. 假設 A 與 B 兩國其產品 X 與 Y 的單位勞動投入如下表所示：

	X	Y
A 國	4	6
B 國	2	1

另外，假設兩國的勞動稟賦分別為 $L^A = 20$ 且 $L^B = 5$。

(1) 畫出兩國的生產可能曲線。

(2) 如果兩國發生貿易，則國際的相對價格 $(\frac{P_X}{P_Y})^t$ 以及兩國的相對工資 $(\frac{W^A}{W^B})$ 之範圍為何？

(3) 根據李嘉圖模型，B 國貿易後的產量組合為何？

(4) 假設 $(\frac{P_X}{P_Y})^t = 1$，且 B 國貿易後的消費組合為 (3, 2)，則 B 國的進出口量各是多少？

2. 假設商品 X 與 Y 有相同的國內供給曲線，且貿易前的均衡價格一樣，同時，商品 X 的國內需求曲線其價格彈性大於商品 Y 的，且商品 X 與 Y 有相同的世界價格。如果開放貿易後，商品 X 與 Y 都是本國的進口品。在此情況下，本國商品 X 的貿易利得會大於還是小於商品 Y 的？試繪圖說明之。

3. 試繪圖說明下列敘述的真偽。

(1) 假設在開放貿易後，本國進口某商品。如果世界價格愈偏離本國貿易前的價格，則本國的貿易利得愈大。

(2) 進口關稅單位稅額愈高，無謂損失愈大。

(3) 進口關稅單位稅額愈高，政府關稅收入愈大。

4. 假設本國是小國且開放貿易後，本國進口商品 X 且對它每單位課關稅 t。後來，政府取消關稅，但對國內生產 X 的廠商進行生產補貼，且每單位的補貼金額等於 t。試繪圖說明：

(1) 兩種情況下的國內產量相同。

⑵生產補貼下的國內總剩餘大於進口關稅下的（需說明經濟理由），亦即政府如要扶植國內進口競爭產業，生產補貼優於進口關稅。

5. 假設就咖啡而言，某國是小國。咖啡的世界價格每包 1 美元，且該國國內的咖啡需求與供給方程式如下：

$$需求：Q^D = 8 - P$$
$$供給：Q^S = P$$

⑴畫出該國貿易前的咖啡市場，並計算該國國內消費者剩餘、生產者剩餘與總剩餘。

⑵假設該國現在開放咖啡的貿易。算出其國內消費量、產量、進口量、消費者剩餘、生產者剩餘與總剩餘。

⑶假設該國後來對咖啡的進口課徵每包 1 美元的關稅。畫圖顯示此一政策的影響。算出其國內消費量、產量、進口量、消費者剩餘、生產者剩餘與總剩餘。

⑷先計算開放貿易的利得，再計算課徵關稅的無謂損失。

筆記欄

6 總體經濟變數的衡量

學習重點

1. 何謂國內生產毛額 (GDP)？
2. 如何從支出面與所得面計算 GDP？
3. 何謂實質國內生產毛額？
4. 以國民所得做為生活水準的指標會有哪些問題？
5. 消費者物價指數如何計算？
6. 何謂實質利率與實質薪資？
7. 為何臺灣的實質薪資會倒退回到十幾年前的水準？
8. 失業率與勞動力參與率如何計算？
9. 失業的成因為何？
10. 所得不均度的指標有哪些？如何計算？

課前引言

你可曾看過這樣的報導:「臺灣的實質薪資倒退回到十幾年前的水準」?實質薪資反映你的薪水的購買力,臺灣的實質薪資在過去十餘年間不漲,意味著臺灣的勞工,平均而言,其物質生活水準在過去十餘年間並沒有提升。此一現象為總體經濟現象,是總體經濟學家研究的議題。

總體經濟學 (macroeconomics) 主要在探討一國總體經濟變數,如國民所得、一般物價、失業率、利率與匯率等,其水準的決定因素,以及政府的經濟政策對這些變數的影響。簡單地說,總體經濟學旨在探討一國經濟表現好壞的原因以及政府的政策效果。

為了判斷一國經濟表現的好壞,並做為政府施行經濟政策的依據,我們必須要先能衡量出一國總體經濟變數的水準。這就如同醫生要有各式各樣的檢查數據,如白血球、血糖、尿酸、血脂肪、肝功能、腫瘤等數據,才能判斷一個人的身體狀況;如有問題,才能根據相關數據對症下藥並決定藥量的輕重。

所以在本章,我們會先介紹如何衡量一些重要的總體經濟變數或指標,分別為國民所得、物價指數、失業率與所得分配。在以後的章節,我們再介紹相關的總體經濟理論。

6.1 由生產面計算國內生產毛額

國民所得為一國整體的所得水準。就如同我們要判斷一個人過去一年經濟方面表現的好壞，通常會看他的年所得一樣；我們如要判斷一國過去一年經濟表現的好壞，也希望知道該國過去一年整體的所得水準。也如同個人的所得來自於將他所擁有的生產要素，如勞動、資本或土地，投入生產一樣，一國的國民所得水準要能反映一國的生產水準。因此，我們通常以國內生產毛額 (gross domestic product, GDP) 來代表一國整體的所得水準。

國內生產毛額是指一國在一段期間內 (通常是一年或一季)，其境內所生產出來的最終商品與服務 (final goods and services) 的市場總價值。以下就根據這個定義，進一步說明國內生產毛額的內涵。

■ 1.國內生產毛額是一個流量 (flow) 概念

流量為一段期間的量。相對於流量的概念是存量 (stock)，其為某一時點的量；二個不同時點的存量的差反映出這兩個時點之間的流量。例如，你上個月月底的存款餘額為 2 萬元 (存量)，這個月一共存了 8,000 元 (流量)，但共領了 5,000 元 (流量)，那麼你這個月月底的存款餘額為 23,000 元 (存量)。又例如，某一家營造商去年年底有 100 輛挖土機，若年折舊率為 10%，則這 100 輛挖土機在今年年底實質上只剩 90 輛；如果該廠商今年共再買進 20 輛新的挖土機，那麼，其在今年年底的挖土機存量為 110 輛 $(100 - 100 \times 10\% + 20)$。由於國內生產毛額計算過去一段期間內的國內整體產值，所以是一個流量概念。

■ 2.國內生產毛額考量的是一國境內的產值

不管生產者或要素所有者的國籍為何，其在一國境內所貢獻的產值，都計入該國的 GDP。例如，外勞在臺灣所提供的勞務價值與外商公司在臺灣的產值，都是臺灣 GDP 的一部分；同理，臺商在中國工廠的產值則計入中國的 GDP。

■ 3.國內生產毛額考量的是市場價值

　　由於一國生產的商品與服務有成千上萬種，因此，我們要有一個共同的衡量標準，才能將許許多多種商品與服務的價值轉換成單一的國內生產毛額水準。我們所用的衡量標準就是市場價格，這是因為絕大多數的商品與服務都有它的市場價格，且市場價格反映買者的支付意願，亦即商品與服務對買者的價值。因此，如果一包有機米是 100 元，而一包普通米是 50 元，那麼，一包有機米對 GDP 的貢獻應為一包普通米的兩倍。

　　有些商品或服務並沒有直接的市場價格，例如，自用住宅所提供的住的服務。就此項服務而言，在計算 GDP 的時候，會根據同地段出租房屋的租金，設算出自用住宅的「租金」。但有一些重要的商品或服務，如家務或志工服務，因設算困難所以就沒有納入 GDP。

■ 4.國內生產毛額僅考量最終商品與服務的價值

　　所謂的最終商品與服務，是指那些不在一國境內做為中間財 (intermediate goods) 的商品與服務。廠商在生產過程中會使用各式各樣的生產要素，其中，人力、機器設備、建築物與土地以外的投入就稱為中間財。如臺灣境內生產的液晶面板如組裝成液晶電視機，那麼這一部分的面板就是中間財（或稱中間投入）。我們在計算 GDP 時，為避免重複計算，只會計算液晶電視機這項最終商品的價值，而不會將面板的市場價值也計入。但如果臺灣的面板廠商直接出口面板，由於這些面板不在臺灣做為液晶電視機的中間投入，此時它們是最終商品，所以其出口值就計入臺灣的 GDP。因此，一國的所有出口品，不管它在製造過程中是屬於原物料、零組件或成品，都計入一國的 GDP。換個角度來想，如果沙烏地阿拉伯的原油出口值都不計入其 GDP，你認為合理嗎？

　　另外，如果面板廠商今年所生產出來的面板沒有銷售出去而變成存貨，那麼，由於這一部分的面板並未做為液晶電視機的中間投入，且因為它們是今年生產出來的，所以它們是最終商品，其價值也會計入今年的 GDP。因此，一國存貨價值的增加列為 GDP 的加項，而存貨價值的減少則列為 GDP 的減項。我們可以用下

面的例子來瞭解 GDP 關於存貨的處理。

　　假設臺灣去年只生產兩塊面板，其單價為 15,000 元；其中一塊組裝成電視機，其售價為 40,000 元，另一塊並未組裝成電視機，而成為存貨。在此情況下，臺灣這部分的 GDP 為 55,000 元，包括 40,000 元的電視機與 15,000 元的存貨增加。再假設臺灣今年沒有生產面板，但利用去年那一塊存貨組裝成一臺電視機，售價仍為 40,000 元。在此情況下，臺灣今年這部分的 GDP 為 25,000 元，等於 40,000 元減 15,000 元（存貨減少）。雖然臺灣這兩年各賣出一臺液晶電視機，但並不是各生產一塊面板，所以上述的 GDP 計算方式可以正確反映出實際的生產情況，亦即去年因比今年多生產了兩塊面板，所以去年的 GDP 比今年的多了 30,000 元。

■ 5.國內生產毛額僅考量當期生產

　　交易成功的商品可能是二手商品，且已計入以前或當期的 GDP，此時的交易值不應再計入當期的 GDP，不然就會重複計算。例如，你以 10 萬元把你的中古車賣給你的朋友，這 10 萬元就不應計入今年的 GDP。

> **⏱ 動動腦 6-1**
>
> 假設今年你以 10 萬元把車子賣給中古車車行，中古車車行在今年再以 15 萬元將車賣出。那麼，是否由於交易的是中古車，所以這些交易對 GDP 沒有影響？

　　每一項最終商品或服務，可能會經歷很多階段的生產過程；每一階段都會產生附加價值 (value-added)，其為廠商的收益減去中間投入的成本。一國生產一項最終商品或服務的價值，就是該國各個生產階段的廠商其所創造的附加價值的總和。

　　舉例來說，假設液晶電視機在本國的生產包括兩個階段：面板與組裝，且假設面板的唯一中間投入為進口的玻璃基板，單價為 5,000 元；組裝的唯一中間投

入為面板，單價為 15,000 元，且電視機的單價為 40,000 元。根據這些假設，面板這一生產階段的附加價值為 10,000 元（= 15,000 元 – 5,000 元），組裝這一生產階段的附加價值為 25,000 元（= 40,000 元 – 15,000 元）。所以本國生產一臺液晶電視機所創造的總價值為 35,000 元，其為兩個生產階段的附加價值的和（= 10,000 元 + 25,000 元）。雖然一臺液晶電視機的售價為 40,000 元，但由於 5,000 元的玻璃基板不是本國所生產的，因此不應計入本國的 GDP，也因此本國生產一臺液晶電視機所創造的 GDP 只有 35,000 元。

以上所說明的是一國整體的 GDP 如何計算。一國的 GDP 為各產業 GDP 的加總。一國的產業分為農業、工業與服務業等三級產業，各產業中包含的行業如下表：

表 6–1　產業的分類

農　業	農、林、漁、牧業等
工　業	製造業、營造業與水電燃氣業等
服務業	批發及零售業、政府服務、不動產及租賃業、金融及保險業、與運輸、倉儲及通信業等

我國農業 GDP 占整體 GDP 的比重在 1951 年曾高達 32.4%，然後逐漸下滑，在 2021 年只剩下 1.48%；工業的比重則自 1951 年的 19.8% 上升至 1986 年的 46.06%，然後再逐漸下滑，2019 年的比重為 35.46%，之後，因疫情造成宅經濟昌盛，其比重主要因製造業的產值增加，而上升至 2021 年的 37.95%；服務業的比重基本上呈上升趨勢，特別是 1980 年代末期以後，2021 年的比重高達 60.57%❶。

---

❶　行政院主計總處網站：首頁 > 政府統計 > 主計總處統計專區 > 國民所得與經濟成長 > 統計表 > 歷年各季國內生產毛額依行業分。

6.2　由支出面與所得面計算國內生產毛額

由第 1 章循環流程圖中的商品市場可以看出，廠商從銷售中獲取收益，其金額也等於家戶的支出，且由生產要素市場可以看出，廠商的收益變成家戶的所得，所以我們也可以從支出面與所得面來計算一國的 GDP。

▶6.2.1　由支出面計算 GDP

對一國所生產的最終商品與服務的支出不單來自於其家戶部門，也來自於其政府部門與國外部門；另外，我們也可以將支出區分為消費支出與投資支出。因此，從支出面計算 GDP 包括四大項：民間消費 (private consumption, C)、投資 (investment, I)、政府消費 (government consumption, G) 與出口淨額 (net exports, NX)。其中出口淨額為出口 (exports, EX) 減進口 (imports, IM)。亦即：

$$GDP = C + I + G + NX$$
$$= C + I + G + EX - IM$$

如前所述，一國的所有出口都計入 GDP，而一國的民間消費、投資與政府消費都包括對進口品的支出，且出口品的生產可能使用國外進口的中間投入。由於進口品非本國生產，故所有的進口須從一國的 GDP 中扣掉，因此由支出面計算 GDP 有包括 IM 這一減項。這四大項目分別介紹如下：

■ 1.民間消費

民間消費為一國家戶對商品與服務的支出，但不包括新建家庭自用住宅的支出（這項計入「投資」項下）。商品的支出分為對汽車、電器等耐久性消費財（使用壽命在 3 年以上）的支出，與對衣食水電燃料等非耐久性消費財的支出。服務的支出則包括醫療、娛樂、教育與租金等項目的支出，自用住宅的設算租金也包括在裡面。

■ 2. 投　資

投資包括固定資本形成毛額 (gross fixed capital formation) 與存貨變動。固定資本形成毛額依資本財型態包括營建工程（住宅、非住宅用房屋與其他營建工程）、機器設備、運輸工具與智慧財產（如研究發展支出）。以 2021 年為例，這幾項支出占固定資本形成毛額的比率分別為 37.9%、36.8%、4.8% 與 20.5%。固定資本形成毛額若依購買主體來區分，則可分為民間、公營企業與政府。以 2021 年為例，這幾個主體的支出占固定資本形成毛額的比率分別為 84.3%、5.2% 與 10.5%❷。民間投資支出占 GDP 比率的波動程度通常較大，因而通常是一國經濟波動的主要成因。以 2009 年為例，民間投資支出金額為 1 兆 9,359 億元，占 GDP 的比率為 14.9%，而 2008 年的這兩項數字分別為 2 兆 2,843 億元與 17.3%。2009 年民間投資支出大幅減少，是 2009 年臺灣經濟衰退的主要原因。再以 2020 年為例，當全球經濟因疫情爆發而陷入衰退之際，臺灣經濟仍正成長，主要是因為民間投資（特別是資訊電子業）支出金額由 2019 年的 3 兆 7,403 億元，增為 2020 年的 3 兆 8,976 億元的緣故。

投資還包括存貨變動（如為負值，則計為 GDP 的減項）。如前所述，存貨的變動應計入 GDP，而存貨因可在下一期使用，與資本財的性質較為接近，故存貨變動列在投資這一項。另外，投資毛額減去折舊 (depreciation) 即為投資淨額 (net investment)。以我們之前所舉的挖土機為例，投資毛額為廠商對 20 輛新的挖土機的支出，此一支出扣掉折舊費用後，即為投資淨額。

■ 3. 政府消費

政府消費包括政府用於購買消費性商品的支出與雇用軍公教人員的人事費用。比較有趣的一點是，根據行政院主計總處的「國民所得編算方法」，軍隊的食品消費支出（以政府所撥的主副食費計算）列在民間消費項下。政府利用它所購買的商品與所雇用的軍公教人員，提供國防、治安、教育、司法等公共服務。由

❷　行政院主計總處網站：首頁 > 政府統計 > 主計總處統計專區 > 國民所得與經濟成長 > 統計表 > 歷年各季國內生產毛額依支出分。

於這些服務沒有所謂的市場價格，故依「自產自買」的假設，以實際支出計算其價值，納入 GDP 中。

■ 4.出口淨額

本國出口值為外國對本國所生產的最終商品與服務的支出。如前所述，本國的進口支出必須從本國的 GDP 中扣掉，故只有出口與進口的差額，即出口淨額，才是國外部門對本國 GDP 的貢獻。出口淨額又稱為商品與服務的貿易餘額 (trade balance)，如為正值，則本國有貿易順差 (trade surplus)；如為負值，則本國有貿易逆差 (trade deficit)。臺灣在 1950 年代，每年都有貿易逆差；1960 年代，只有在 1964 與 1966 兩年有小幅貿易順差；1970 年代，在兩次石油危機期間，都還會有貿易逆差；但自 1981 年起，每年就都會有貿易順差。1986 年的貿易順差占 GDP 的比率還曾高達 19.4%；貿易順差絕對金額最高是 2021 年的 3 兆 2,437 億元，但占 GDP 的比重僅有 14.9%。

> ### ⏱ 動動腦 6-2
> 假設在 2024 年，臺灣的進出口值都為 15 兆元新臺幣，亦即貿易是平衡的或出口淨額等於零。如果在 2025 年，臺灣突然宣布禁止國際貿易，亦即進出口金額均為零（出口淨額也就等於零），那麼，這項措施對臺灣 2025 年的 GDP 可能會有什麼樣的影響？還是沒有影響？

在 1950 年代初期，臺灣的民間消費占 GDP 的比重均在七成以上，這是由於當時所得水準低，因此所得用在一些必要消費以後所剩不多。臺灣經濟自 1960 年代開始起飛；所得快速增加後，民間消費的比重就開始明顯下降，取而代之的是投資與出口淨額。自 1980 年代末期起，民間消費的比重開始回升，被取代的主要是出口淨額；這或許一方面與 1980 年代下半期臺灣的金錢遊戲盛行，國人變得比較重視享樂，另一方面與自 1980 年代下半期起，臺灣部分出口產業將生產基地外移至東南亞與中國有關。

▶ 6.2.2　由所得面計算 GDP

在上一節我們曾提到，國內生產毛額考量的是一國境內的產值。如果我們關心的是本國國民創造所得的能力，則我們一方面要從本國 GDP 中扣掉外國生產要素參與本國生產所賺取的所得，另一方面還要加上本國生產要素參與外國生產所賺取的所得。這樣計算後的結果為本國國民在某一段期間內，不管其生產要素用在哪一國的生產，所創造的所得的總和，我們稱為國民所得毛額 (gross national income, GNI)（以前稱為國民生產毛額 (gross national product, GNP)）。因此，GDP 與 GNI 之間的關係為：

$$\text{GNI} = \text{GDP} + \text{本國生產要素參與外國生產所賺取的所得}$$
$$- \text{外國生產要素參與本國生產所賺取的所得}$$
$$= \text{GDP} + \text{國外要素所得淨額}$$

在 2021 年，臺灣的 GNI 為新臺幣 22 兆 1,696 億元，GDP 則為新臺幣 21 兆 7,106 億元，亦即國外要素所得淨額約為新臺幣 4,590 億元。臺灣自 1983 年起，國外要素所得淨額即一直保持正值，且呈現逐漸擴大的趨勢。在各國對生產要素的跨國移動日益放寬之際，大部分國家都已從過去強調 GNI 轉為重視 GDP。在相當程度上，如果一國的 GDP 持續小於 GNI 且差距日益擴大，則表示該國的生產環境在國際上的相對吸引力愈來愈差。

另外，由於一國的 GDP 水準會受到人口數的影響，為使國際間的比較有意義，各國都會有平均每人 GDP 的資料，且換算成美元。將一國某一年的 GDP 除以該年的期中人口數，即得到以該國貨幣表示的平均每人 GDP，此一數值再除以那一年美元對該國貨幣的平均匯率，即得到該國以美元表示的平均每人 GDP 水準。臺灣 2021 年的 GDP 為新臺幣 21 兆 7,106 億元，期中人口數約為 2,346 萬人，相除可得平均每人 GDP 為新臺幣 924,796 元；當年美元兌新臺幣的平均匯率為 28.02 元 / 美元，因此，臺灣 2021 年平均每人 GDP 以美元表示為 33,011 美元。此一數值在 1961 年只有 154 美元，當年的美元兌新臺幣的匯率為 40 元 / 美元。

在 2021 年，美國、新加坡、香港、日本、南韓與中國大陸的平均每人 GDP 分別為 69,375、66,263、49,485、40,704、35,196 與 11,891 美元❸。

6.3 實質國內生產毛額

我們在第 1 節所介紹的一國某一年的 GDP 金額，是由該年所有的最終商品與服務的銷售金額相加而來的；而每一項最終商品或服務在該年的銷售金額是其市場價格與數量的乘積。此一 GDP 金額稱為名目 GDP (nominal gross domestic product, NGDP)，又稱為以當年價格計算之 GDP (GDP at current price)。名目 GDP 可以用下式表示：

$$NGDP_t = \sum_i P_{ti} Q_{ti}$$

其中，P_{ti} 與 Q_{ti} 分別代表第 i 種最終商品或服務其第 t 期的價格與產量。因此，不同期間的名目 GDP 之所以會不同，可能是因為市場價格、產量變動，或兩者同時發生變動。

名目 GDP 是否是衡量一國生活水準的良好指標？辛巴威曾在 2009 年發行面額高達百兆辛巴威幣的鈔票。可以想見的，其名目 GDP 是天文般的金額，但其失業率卻超過九成。因此，在惡性物價膨脹 (hyperinflation) 期間，名目 GDP 不是衡量一國生活水準的良好指標。為避免此一問題，且由於人們的生活水準主要決定於所能購買的商品與服務的數量，因此，一國的 GDP 如要能真正反映出一國民眾生活水準的變化，則它的變動應要能反映出一國最終商品與服務其數量的變動，此即為實質國內生產毛額的概念。

我們如要算出只反映數量變動的實質 GDP (real gross domestic product, RGDP)，需要能剔除物價的變動。一個直覺且簡單的做法，就是將最終商品與服務的價格固定在某一年的水準，此年我們稱為基期年 (base year)。這樣計算出來的不同期間的 GDP 水準如有不同，那就純粹是因為這兩個期間的最終商品與服務

---

❸ 資料來源：List of countries by GDP (nominal) per capita, *Wikipedia, the free encyclopedia.*。

的數量不同所造成的。依這種方式得出的 GDP 稱為以基期年價格計算之 GDP (GDP at base year price)，或簡稱為實質 GDP。實質 GDP 可以用下式表示：

$$RGDP_t = \sum_i P_{bi} Q_{ti}$$

其中，P_{bi} 代表第 i 種最終商品或服務其基期年的價格。

我們常聽到或看到的一國經濟成長率 (economic growth rate)，就是根據實質 GDP 計算出來的，其公式為：

$$經濟成長率 = \frac{RGDP_t - RGDP_{t-1}}{RGDP_{t-1}} \times 100\%$$

換言之，一國的經濟成長率為一國實質 GDP 的變動率。因此，一國經濟成長率愈高，代表其最終商品與服務產量的增加率愈高❹。

表 6–2 列出臺灣自 1961 至 2021 年的一些重要經濟指標，包括名目 GDP、實質 GDP 與經濟成長率，也包括我們在本章後面將介紹的物價指數及失業率。

表 6–2　1961～2021 年臺灣的重要經濟指標

單位：新臺幣百萬元，%

年　份	名目 GDP	實質 GDP	年經濟成長率	CPI	CPI 年增率	失業率
1961	71,122	349,761	7.05	14.10	7.88	–
1962	78,405	380,985	8.93	14.43	2.34	–
1963	88,732	421,901	10.74	14.74	2.15	–
1964	103,665	475,186	12.63	14.72	−0.14	–
1965	114,762	531,668	11.89	14.71	−0.07	–
1966	128,272	582,865	9.63	15.00	1.97	–
1967	148,348	647,873	11.15	15.51	3.40	–
1968	173,008	710,795	9.71	16.73	7.87	–
1969	200,688	778,966	9.59	17.58	5.08	–
1970	231,397	868,614	11.51	18.21	3.58	–

❹ 以上關於實質 GDP 的計算方式是根據所謂的定基法 (fixed-based)，主計總處於 2014 年 11 月將實質 GDP 的計算方式改成連鎖法 (chain-linked)。不管是連鎖法還是定基法，其所計算出來的實質 GDP 都能剔除物價的變動。

表 6-2（續） 1961～2021 年臺灣的重要經濟指標

單位：新臺幣百萬元，%

年　份	名目 GDP	實質 GDP	年經濟成長率	CPI	CPI 年增率	失業率
1971	269,084	985,232	13.43	18.72	2.80	–
1972	322,504	1,121,911	13.87	19.28	2.99	–
1973	418,460	1,265,873	12.83	20.86	8.20	–
1974	560,085	1,299,622	2.67	30.75	47.41	–
1975	601,778	1,380,025	6.19	32.36	5.24	–
1976	721,529	1,577,126	14.28	33.17	2.50	–
1977	845,592	1,757,037	11.41	35.50	7.02	–
1978	1,011,422	1,995,218	13.56	37.56	5.80	1.67
1979	1,219,496	2,171,468	8.83	41.22	9.74	1.27
1980	1,522,495	2,346,027	8.04	49.05	19.00	1.23
1981	1,804,431	2,512,595	7.10	57.07	16.35	1.36
1982	1,938,023	2,633,455	4.81	58.75	2.94	2.14
1983	2,169,446	2,871,079	9.02	59.55	1.36	2.71
1984	2,418,240	3,159,591	10.05	59.54	−0.02	2.45
1985	2,535,056	3,311,483	4.81	59.44	−0.17	2.91
1986	2,965,448	3,692,701	11.51	59.85	0.69	2.66
1987	3,344,935	4,163,551	12.75	60.16	0.52	1.97
1988	3,615,662	4,497,627	8.02	60.94	1.30	1.69
1989	4,032,464	4,889,907	8.72	63.63	4.41	1.57
1990	4,474,288	5,160,859	5.54	66.25	4.12	1.67
1991	5,018,019	5,592,915	8.37	68.65	3.62	1.51
1992	5,609,357	6,057,698	8.31	71.72	4.47	1.51
1993	6,200,154	6,470,467	6.81	73.83	2.94	1.45
1994	6,779,396	6,955,940	7.50	76.86	4.10	1.56
1995	7,391,062	7,407,974	6.50	79.67	3.66	1.79
1996	8,031,305	7,865,538	6.18	82.12	3.08	2.6
1997	8,705,149	8,341,508	6.05	82.87	0.91	2.72
1998	9,366,337	8,692,254	4.20	84.26	1.68	2.69
1999	9,804,503	9,277,419	6.73	84.41	0.18	2.92
2000	10,328,549	9,863,229	6.31	85.47	1.26	2.99
2001	10,119,429	9,724,993	−1.40	85.46	−0.01	4.57

表 6-2（續） 1961～2021 年臺灣的重要經濟指標

單位：新臺幣百萬元，%

年　份	名目 GDP	實質 GDP	年經濟成長率	CPI	CPI 年增率	失業率
2002	10,630,911	10,258,057	5.48	85.29	−0.20	5.17
2003	10,924,029	10,691,422	4.22	85.05	−0.28	4.99
2004	11,596,241	11,434,651	6.95	86.42	1.61	4.44
2005	12,036,675	12,050,225	5.38	88.42	2.31	4.13
2006	12,572,587	12,745,595	5.77	88.95	0.60	3.91
2007	13,363,917	13,618,739	6.85	90.55	1.80	3.91
2008	13,115,096	13,727,568	0.80	93.74	3.52	4.14
2009	12,919,445	13,506,148	−1.61	92.92	−0.87	5.85
2010	14,060,345	14,889,912	10.25	93.82	0.97	5.21
2011	14,262,201	15,436,975	3.67	95.15	1.42	4.39
2012	14,677,765	15,779,909	2.22	96.99	1.93	4.24
2013	15,270,728	16,171,821	2.48	97.76	0.79	4.18
2014	16,258,047	16,935,007	4.72	98.93	1.20	3.96
2015	17,055,080	17,183,235	1.47	98.63	−0.30	3.78
2016	17,555,268	17,555,268	2.17	100.00	1.39	3.92
2017	17,983,347	18,136,589	3.31	100.62	0.62	3.76
2018	18,375,022	18,642,014	2.79	101.98	1.35	3.71
2019	18,908,632	19,213,196	3.06	102.55	0.56	3.73
2020	19,798,597	19,858,578	3.36	102.31	−0.23	3.85
2021	21,706,461	21,138,762	6.45	104.32	1.96	3.95

說明：2016 年為基期年（參考年）。
資料來源：行政院主計總處網站：首頁 > 政府統計 > 主計總處統計專區。

6.4 國民所得做為生活水準指標的問題

　　人類從事生產和消費活動是為了要提升生活水準，因此，一國的平均每人實質 GDP 水準愈高，通常表示她的人民所能消費的商品與服務的數量愈多，因而其生活水準愈高。不過，要以平均每人實質 GDP 做為經濟福祉的指標仍存在不少問題。以下逐一說明。

■ 1. 未考慮污染

污染是生產與消費活動不可避免的副產品，如工廠與汽機車排放廢氣，因此，在污染防治技術未改善下，平均每人實質 GDP 水準愈高，就表示污染愈嚴重；但污染對人們生活水準的負面影響並未反映在國民所得中。

經濟學家對此一問題的反省，就是提出綠色 GDP (green GDP) 的衡量，將自然資源折耗與環境品質質損列為綠色 GDP 的減項。主計總處所估算的 2018 年自然資源折耗與環境品質質損的金額分別為新臺幣 147.0 與 439.3 億元，合起來占國內生產毛額的比率為 0.28%❺。如果高所得國家其污染嚴重，環境品質差，那麼其國民所得就有高估生活水準之虞。

■ 2. 未考慮休閒價值

當人們的工作時間愈長時，其所得水準也愈高，但其休閒時間也會變得愈少，健康狀況也可能變得愈差，甚至發生「過勞死」的情況。當人們健康狀況出問題時，醫療支出（包括在民間消費 C 中）也會隨著增加。另外，休閒時間變少，也意味著花在與家人相聚及親子教育的時間變少。所以，當一個社會其平均工時增加時，雖然平均每人實質 GDP 水準會提高，但工作者的健康狀況可能會變差，而使醫療支出增加，從而排擠其他的消費支出；同時因休閒時間變少，透過休閒活動所創造的滿足水準也會降低。這些都是國民所得統計所無法反映的。如果高所得的國家其平均工時高，那麼其國民所得也有高估生活水準之虞。

■ 3. 未考慮沒有市場價格的生產活動

根據 GDP 的定義，只有那些有市場價格或容易設算的產出其產值才納入 GDP；但有很多產出是沒有市場價格或設算困難的，如家務與家人對老人及幼兒的照護等。經濟發展程度較低的國家，這些「生產」活動的比率要比發展程度較高的國家來得大，但這些活動的「產值」並未計入她們的國民所得中。上述這些

---

❺ 行政院主計總處網站：首頁 > 政府統計 > 主計總處統計專區 > 綠色國民所得 > 電子書 > 109 年綠色國民所得帳編製報告。

活動以及像志工服務，都可以提升個人或整個社會的福利水準，但都未反映在國民所得統計中。比較有趣的一點是，如果一位母親決定去工作，然後雇一位保姆看顧她的小孩，則國民所得會因計入她們兩人的薪水而增加，但小孩的照護品質很有可能是變差的。如果低所得的國家其市場以外的生產規模較大，那麼其國民所得就有低估生活水準之虞。

■ 4. 無法反映所得分配的狀況

想像有兩個經濟體，她們有相同的平均每人實質 GDP；其中一個經濟體其人民的所得水準非常接近，另一個經濟體其整體國民所得集中在非常少數的人的手上，絕大多數的人民都非常貧窮，也就是所得分配極不平均。雖然這兩個經濟體的平均每人實質 GDP 水準是一樣的，但就一般人而言，如果當不成那幾個有錢人，應該都會希望活在第一個經濟體。

■ 5. 無法有效掌握「地下經濟」的產值

國民所得統計除了上述可能無法正確反映生活水準的問題外，它通常也無法有效掌握「地下經濟」(underground economy) 的產值。地下經濟包括「非法經濟」與「隱藏經濟」。非法經濟指法律所不允許的經濟行為，如走私、盜採砂石；隱藏經濟指所得申報或統計調查未能包含之經濟行為，如地下工廠、逃漏稅。依聯合國國民經濟會計帳 (SNA) 之規範，有生產行為即須計算其產出價值，即使非為法律或社會風俗所允許。所以地下經濟在內之所有生產行為均應計算其產出價值，並納計於 GDP。惟在統計實務上，大部分非法經濟如毒品、性服務等因流向及資料掌握不易，世界主要先進國家（美、德、法、加、澳等）均未加以估算，我國亦同；惟部分地下經濟因產品流向等特性（如地下工廠生產之產品，透過下游合法廠商轉售出口至國外，該地下工廠產值即含括於海關出口總值統計之內），最終仍可納計於 GDP❻。因此，實際上，GDP 只納入部分地下經濟的產值。

由以上的說明可以得知，要以國民所得做為衡量生活水準的指標存在一些問

---

❻　行政院主計總處網站：首頁 > 政府統計 > 主計總處統計專區 > 國民所得與經濟成長 > 答客問 > 國民所得統計。

題。不過，一國若有比較高的平均每人實質 GDP 水準，通常該國的醫療、衛生、水電交通等公共建設、教育等方面的水準會比較高，因而其人民的生活水準也會比較高。

6.5 消費者物價指數

各國政府都會編製消費者物價指數 (consumer price index, CPI)，以反映一般家庭的生活成本 (cost of living)。

▶ 6.5.1 消費者物價指數的編製

我們之前曾提到，在計算實質 GDP 時，為能純粹反映數量的變動，故透過固定的基期年價格，來剔除物價的變動。相反地，在編製 CPI 時，為能純粹反映物價的變動，所以會選定基期年的一籃子商品與服務 (a basket of goods and services)，包括商品與服務的種類與數量，來剔除數量的變動。在 2021 年，我國 CPI 的基期年為 2016 年，一籃子商品與服務共分為食物、衣著、居住、交通資訊、醫藥保健、教養娛樂暨什項等七大類，共 368 項。一般家庭愈常消費的商品與服務，其被選定的數量就愈多，以反映其重要性。

表 6-3 消費者物價指數編製的假想例

年	蘋果		橘子		一籃子成本	CPI	物價膨脹率 (%)
	單價	數量	單價	數量			
2017	20 元	10 顆	20 元	8 斤	360 元	100	–
2018	26 元	10 顆	17 元	8 斤	396 元	110	10.00
2019	30 元	10 顆	10 元	8 斤	380 元	105.5	–4.04

說明：2017 年為基期年。

我們可以用表 6-3 的例子來說明如何計算 CPI。假設 CPI 的基期年為 2017 年，且一籃子商品裡放的是 10 顆蘋果與 8 斤橘子。在 2017 年，這一籃子商品的費用為 360 元 （= 20 元 × 10 + 20 元 × 8）；在 2018 年，這一籃子商品的費用為

396 元（= 26 元 × 10 + 17 元 × 8）；在 2019 年則為 380 元（= 30 元 × 10 + 10 元 × 8）。在以上的計算過程中，蘋果與橘子的數量均固定為 10 顆與 8 斤，但每一年的蘋果與橘子價格都不同。將以上每一年的費用都除以基期年 2017 年的費用，再乘以 100，即可得出這三年的 CPI 水準分別為 100、110 (= 396 ÷ 360 × 100) 與 105.5 (= 380 ÷ 360 × 100)。

我們可以用 CPI 來計算物價膨脹率（inflation rate，或稱為通貨膨脹率），公式如下：

$$物價膨脹率 = \frac{CPI_t - CPI_{t-1}}{CPI_{t-1}} \times 100\%$$

因此，以 CPI 計算的物價膨脹率反映出一般家庭所消費的商品與服務其價格的平均變動率。以上例而言，2018 年與 2019 年的物價膨脹率分別為 10% (= $\frac{(110-100)}{100} \times 100\%$) 與 −4.04% (= $\frac{(105.5-110)}{110} \times 100\%$)。

由表 6–2 可以看出，在 1974 年第一次石油危機期間，CPI 的年增率高達 47.41%❼；在當時，國際原油價格由一桶約 3 美元，大幅飆升至超過 10 美元。由該表也可以看出，臺灣的 CPI 除了在 1973～1974 年與 1979～1981 年兩次石油危機期間，其年增率較高外，其餘年間的年增率均未超過 7%。

▶6.5.2 消費者物價指數的應用

消費者物價指數反映生活成本，它除了可以做為租金等合約價格的調整依據外，它也可以應用在實質利率 (real interest rate) 的計算，以及比較不同時期金額的購買力這兩個重要的經濟議題上❽。

---

❼ 這主要是因為政府在 1973 年採取多項限制物價措施，但在國際石油與糧食價格不斷上漲下，人們加深對物價膨脹的預期，而讓當時的經濟情勢更加惡化，迫使政府於 1974 年放棄這些措施，而造成物價飆漲。

❽ 其他的應用還包括綜合所得稅之課稅級距金額、免稅額、標準扣除額、薪資所得特別扣除額、身心障礙特別扣除額等，以及遺產稅、贈與稅之免稅額，以及勞保年金給付金額的調整，它們都是以消費者物價指數的一定漲幅為調整依據。

■ 1. 實質利率與名目利率

　　假設你今天在銀行存了 10,000 元的一年期定期存款，年利率為 10%。一年後，你可以領到 11,000 元的本利和。在此情況下，多出的這 1,000 元，是否讓你比一年前「更富有」呢？

　　答案決定於我們如何定義「更富有」。就絕對金額來看，你當然比一年前更富有；但如果以金錢的購買力（亦即金錢所能購買的商品與服務的數量）的角度來看，答案就取決於物價膨脹率（通常以消費者物價指數的變動率來衡量）了。

　　當物價膨脹率愈高，則你的購買力的增加幅度愈低；如果物價膨脹率超過利率，則你的購買力實際上是下跌的。如果發生物價緊縮（亦即物價膨脹率為負值），則你的購買力的上升比率超過利率。

　　舉例來說，假設你的錢通通用來購買音樂 CD，且現在一張 CD 單價 100 元，從而你那 10,000 元可以買 100 張 CD。如果一年後 CD 單價漲為 112 元（亦即漲了 12%），則你那 11,000 元的本利和大約可以買 98 張 CD，亦即比現在的購買張數少了 2%。相反地，如果一年後 CD 單價跌至 95 元（亦即跌了 5%），則你那 11,000 元的本利和大約可以買 115 張 CD，亦即比現在的購買張數多了 15%。

　　因此，如要瞭解一個人實質上從他的存款賺到多少，我們需要同時知道利率與物價膨脹率。衡量金額變化的利率稱為名目利率 (nominal interest rate)，而經物價膨脹調整後的利率稱為實質利率 (real interest rate)。名目利率、實質利率與物價膨脹率之間的關係大約如下：

實質利率 = 名目利率 − 物價膨脹率

　　名目利率告訴你，你的銀行存款金額增加的速度；而實質利率告訴你，你的銀行存款其購買力的增加速度。當物價膨脹率大過名目利率時，實質利率為負值。

　　以 2017 年 2 月為例，當時國內銀行一年期定期儲蓄存款的固定利率約為 1.10%；經過一年之後，國內的消費者物價指數約上漲 2.20%。根據這兩個數字，如果你在 2017 年 2 月存一年期定期儲蓄存款，則你的存款的實質利率約 −1.10%，亦即你的存款在一年後的本利和其購買力還不如一開始的水準。所以，實質利率

有可能是負值。

⏱動動腦 6-3
就上例而言，為何會有人在實質利率為負的情況下去存定期存款？

■ 2. 實質薪資

如上所述，名目利率告訴你，你的銀行存款金額增加的速度；而實質利率告訴你，你的銀行存款其購買力的增加速度。但一般的受薪階級可能會更關心他領到的薪資（稱為名目薪資）其購買力的增加（或減少）速度。我們用實質薪資的變化來衡量名目薪資其購買力的變化。

某一年的實質薪資 (real wage) 為當年的名目薪資除以當年的 CPI 之後再乘上 100，亦即：

$$實質薪資 = \frac{名目薪資}{CPI} \times 100$$

根據上面的公式，實質薪資的變動率約等於名目薪資的變動率減去 CPI 的變動率，亦即減去物價膨脹率，因此，實質薪資的變動率所衡量的就是名目薪資其購買力的變動率。舉例來說，如果你今年的薪資比去年多了 3%，且今年的物價膨脹率為 2%，則你的實質薪資，亦即你的薪資的購買力，約增加 1%。不過，如果今年的物價膨脹率為 5%，則你的薪資的購買力，約下降了 2%。所以，薪水被調高後的物質生活水準有沒有跟著提高，還要看物價膨脹率。

在 2010 年代，時常可以看到臺灣的實質薪資倒退回到十幾年前水準的報導。為什麼會有這樣的結果？

表 6-4 列出我國 1980 至 2021 年每一年的工業及服務業平均 （月） 薪資和 CPI （基期年為 2016 年）。這兩欄的數字相除再乘上 100 即可得到每一年的 （平均月）實質薪資的數列。為方便比較，我們將實質薪資指數化，亦即將每一年的實質薪資的數字除以基期年的數字 （49,266 元）再乘上 100。我們將指數化後的實質薪資繪成圖 6-1。

表 6-4　臺灣的名目薪資、CPI 與實質薪資：1980～2021 年

單位：新臺幣元

年　份	工業及服務業平均總薪資	CPI	實質薪資	指數化後的實質薪資
1980	8,843	49.05	18,029	36.59
1981	10,677	57.07	18,709	37.97
1982	11,472	58.75	19,527	39.64
1983	12,122	59.55	20,356	41.32
1984	13,409	59.54	22,521	45.71
1985	13,980	59.44	23,520	47.74
1986	15,118	59.85	25,260	51.27
1987	16,496	60.16	27,420	55.66
1988	18,399	60.94	30,192	61.28
1989	21,247	63.63	33,391	67.78
1990	24,317	66.25	36,705	74.50
1991	26,881	68.65	39,157	79.48
1992	29,449	71.72	41,061	83.35
1993	31,708	73.83	42,947	87.17
1994	33,661	76.86	43,795	88.90
1995	35,389	79.67	44,419	90.16
1996	36,699	82.12	44,689	90.71
1997	38,489	82.87	46,445	94.27
1998	39,673	84.26	47,084	95.57
1999	40,781	84.41	48,313	98.07
2000	41,831	85.47	48,942	99.34
2001	41,952	85.46	49,090	99.64
2002	41,533	85.29	48,696	98.84
2003	42,068	85.05	49,463	100.40
2004	42,684	86.42	49,391	100.25
2005	43,162	88.42	48,815	99.08
2006	43,492	88.95	48,895	99.25
2007	44,411	90.55	49,046	99.55
2008	44,418	93.74	47,384	96.18
2009	42,299	92.92	45,522	92.40
2010	44,646	93.82	47,587	96.59

表 6-4（續） 臺灣的名目薪資、CPI 與實質薪資：1980～2021 年

單位：新臺幣元

年　份	工業及服務業平均總薪資	CPI	實質薪資	指數化後的實質薪資
2011	45,961	95.15	48,304	98.05
2012	46,109	96.99	47,540	96.50
2013	46,174	97.76	47,232	95.87
2014	47,832	98.93	48,349	98.14
2015	49,024	98.63	49,705	100.89
2016	49,266	100.00	49,266	100.00
2017	50,480	100.62	50,169	101.83
2018	52,407	101.98	51,389	104.31
2019	53,657	102.55	52,322	106.20
2020	54,363	102.31	53,135	107.85
2021	55,754	104.32	53,445	108.48

資料來源：行政院主計總處網站：首頁 > 政府統計 > 主計總處統計專區 > 薪資及生產力統計 > 電子書 > 薪資與生產力統計年報 >109 年薪資與生產力統計年報表十八歷年各業受僱員工每年每月總薪資；主計總處薪資與生產力統計新聞稿（2022年 2 月 17 日）。

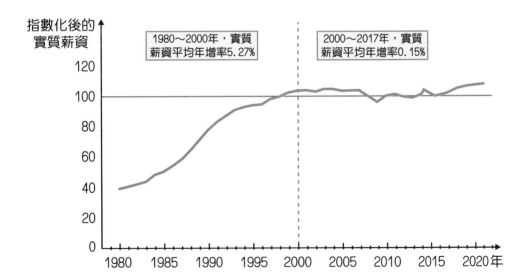

圖 6-1　指數化後的臺灣實質薪資：1980～2021 年

　　平均薪資包括經常性薪資❾、加班費及其他非經常性薪資❿。平均薪資的水準主要受到經濟景氣的影響。當經濟擴張時，不單廠商會調高經常性薪資，加班費及其他非經常性薪資也會增加；相反地，當經濟衰退時，不單廠商可能調降經常性薪資（如放無薪假），加班費及其他非經常性薪資也會減少。

　　我國在 1980 至 2000 年這段期間的平均年經濟成長率為 7.45%，平均薪資的平均年增率也高達 8.08%。這段期間 CPI 的平均年增率為 2.81%，所以這段期間實質薪資的平均年增率也高達 5.27%。但我國在 2000 至 2017 年這段期間的平均年經濟成長率只有 3.64%，平均薪資的平均年增率更只有 1.11%。這段期間 CPI 的平均年增率為 0.96%，所以這段期間實質薪資的平均年變動率為 0.15%；從表 6-4 及圖 6-1 可以看出，這段期間的實質薪資沒什麼變動，且我國 2017 年的實質薪資幾乎倒退回到 2003 年的水準，這意味著一般勞工的物質生活水準停滯了 14 年，因而引發不小的民怨。

　　除了經濟表現不佳外，行政院國發會也提出下列說明⓫：

　　「近年來我國實質薪資水準未見起色，除受金融危機衝擊外，亦受下述制度面結構性因素影響：

1. 2001 年 1 月 1 日縮減法定工時（每週減少 6 小時），但月薪不變，企業薪資成本上升減緩雇主加薪意願。

2. 2005 年 7 月 1 日實施勞退新制，實施後全體雇主每月需提撥 6% 的工資做為勞工退休金，抑制雇主加薪意願。

3. 2008 年和 2011 年提高勞保費率，2002 和 2010 年提高健保費率，雇主實際負擔增加，亦不利於勞工加薪。」

　　國發會的說明只點出部分原因。其實，一個更主要的原因應是中國與印度等

---

❾　指每月給付受僱員工之工作報酬，包括本薪與按月給付之固定津貼及獎金；如房租津貼、交通費、膳食費、水電費、按月發放之工作（生產、績效、業績）獎金及全勤獎金等。

❿　指非按月發放之工作（生產、績效、業績）獎金、年終獎金、員工紅利（含股票紅利及現金紅利）、端午、中秋或其他節慶獎金、差旅費、誤餐費、補發調薪差額等。

⓫　行政院國發會新聞稿，2013 年 9 月 25 日。

薪資低廉的人口大國自 1990 年代起，積極地融入全球經濟體系；這意味著全球中低階勞動的供給大幅增加，而拖緩了很多國家的中低階勞動其薪資的上漲幅度。同時，中國的崛起，也讓臺灣對它的投資大增❶，而抑制了國內投資及薪資的成長，再加上國內大學生畢業人數大增，遂讓臺灣的勞動市場轉為買方市場。

不管你認不認同上述的原因，就個人而言，你的實質薪資主要決定於你的生產力，亦即你的專業知識與技能（包括軟實力）水準。在人工智慧與生產自動化技術會蓬勃發展的未來，你的專業知識與技能水準足以應付未來的挑戰了嗎？

從表 6–4 及圖 6–1 也可以看出，在 2018～2021 年這段期間，我國的實質薪資呈現較大幅度增加的態勢；這主要是因為上一章所提到的臺商回臺投資增加，且疫情造成宅經濟昌盛，而讓資訊電子業積極擴廠，從而造成勞動需求增加的緣故。不過，如我們即將在下一節說明的，在 2018～2021 年這段期間，我國的失業率卻是持續上升的（參見表 6–2）。

6.6 失業率

如果你即將踏出校園，你應該會很關心就業市場。根據主計總處的統計，2021 年臺灣地區的平均失業率為 3.95%。看到這個數字你也許會想：「100 個找工作的人裡面，大約只有 4 個找不到工作，那麼工作應該不會不好找。」不過，3.95% 這個數字是全臺灣的平均值，你應該看的是 20～24 歲這個年齡群組的失業率，其 2021 年的數值為 12.52%。

▶ 6.6.1 失業率的統計

失業率是如何統計出來的？這要從一國的人口與勞動力結構談起。如圖 6–2 所示，一國的總人口分為 15 足歲以上民間人口，與軍人、囚犯及未滿 15 歲人口兩大類。15 足歲以上民間人口區分為勞動力 (labor force) 人口與非勞動力 (not in the labor force) 人口。勞動力人口再區分為就業者與失業者；15 足歲以上民間人

---

❷ 在 1991～2018 年這段期間，經濟部投審會核准的對中國大陸的投資總金額約為 1,823 億美元（經濟部投審會網站：首頁 > 出版品資訊 > 統計月報（表 3））。

口扣除就業者與失業者人口，剩下的就是非勞動力人口，包括學生、家庭主婦或主夫、因身心障礙或衰老而無法工作者，以及想工作但未找工作者。

　　主計總處於各月資料標準週（各月含 15 日之一週）內進行抽樣調查，樣本數約 6 萬人。就業者指的是在資料標準週內年滿 15 歲從事有酬工作者，或幫家屬從事營利工作 15 小時以上而不支領薪資者。失業者指的是在資料標準週內年滿 15 歲且無工作、且隨時可以工作、且正在尋找工作者。因此，如果一個人沒有工作，但並沒有在找工作，那麼他不算失業人口，而是算非勞動力人口。

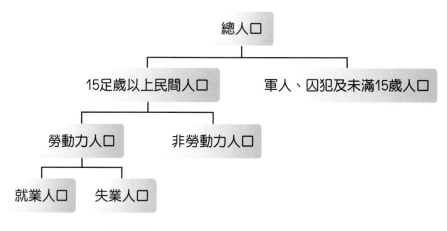

圖 6–2　一國人口與勞動力的結構

　　有了以上的定義後，我們就可以計算一國人力運用 (manpower utilization) 的兩個重要指標：失業率 (unemployment rate) 與勞動力參與率 (labor-force participation rate)。失業率為失業人口占勞動力的比率，亦即：

$$失業率 = \frac{失業人口}{勞動力人口} \times 100\%$$

而勞動力參與率為勞動力人口占 15 足歲以上民間人口的比率，亦即：

$$勞動力參與率 = \frac{勞動力人口}{15\ 足歲以上民間人口} \times 100\%$$

　　一國的失業率愈高，表示該國隨時可以工作者的閒置狀況愈嚴重；而一國的勞動力參與率愈高，表示該國人民的工作意願愈高。

　　以 2021 年為例，臺灣該年的人口結構如圖 6–3：

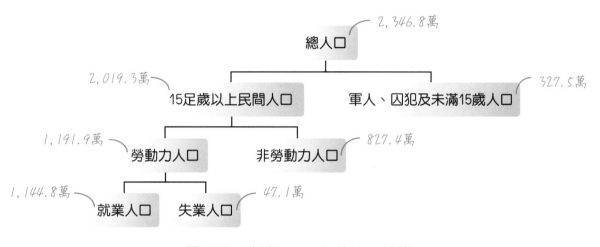

圖 6–3　臺灣 2021 年的人口結構

　　因此，臺灣 2021 年的失業率為 3.95% (= 47.1 ÷ 1,191.9)，勞動力參與率為 59.02% (= 1,191.9 ÷ 2,019.3)。

　　失業率與勞動力參與率都可以依性別再作區分，如圖 6–4 與圖 6–5 所示。從圖 6–4 可以看出，在 2000 年以前，臺灣地區的年平均失業率都未超過 3%，且男女失業率的差均未超過 1%；但自 2001 年起，臺灣地區的年平均失業率就突然竄高到超過 4% 的水準，且男女失業率的差還曾超過 1%。

　　從圖 6–5 可以看出，臺灣男性勞動力參與率基本上呈現逐年下降趨勢，而女性勞動力參與率則呈現上升趨勢。

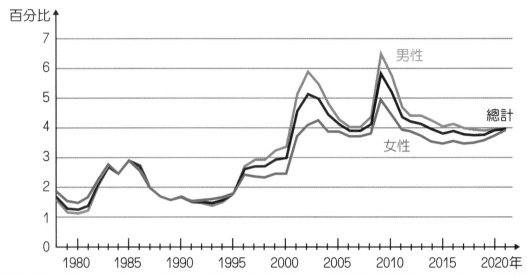

資料來源：行政院主計總處網站：首頁＞政府統計＞主計總處統計專區＞就業、失業統計
＞統計表＞時間數列統計表＞人力資源重要指標。

圖 6-4　1978～2021 年臺灣地區失業率按總計與男女分

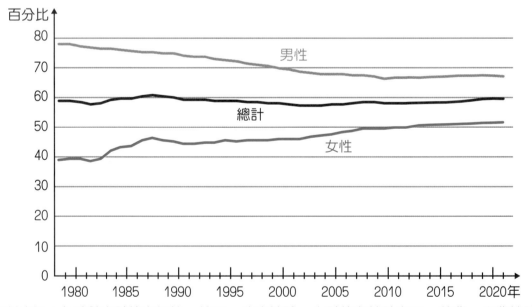

資料來源：行政院主計總處網站：首頁＞政府統計＞主計總處統計專區＞就業、失業統計
＞統計表＞時間數列統計表＞人力資源重要指標。

圖 6-5　1978～2021 年臺灣地區勞動力參與率按總計與男女分

你認為男性與女性勞動力參與率呈現上述趨勢的原因為何？

　　另外，失業率也可以依年齡及教育程度進行區分。如圖 6-6 所示，就臺灣地區而言，20～24 歲這年群的失業率一直都高於平均失業率。這跟這個年齡群組有比較多「初次尋職者」，其就業資訊較少，以及工作年資較短，因而辭職找工作的機會成本較低有關。這個年群的失業率自 2008 年起即高於其他年群。另外，如圖 6-6 所示，大學以上學歷的勞工其失業率自 2005 年起即高於平均失業率，且高出的幅度有擴大的趨勢。以上兩點合起來意味著，愈來愈多的大學畢業生因無明顯的一技之長，而陷於失業的困境。

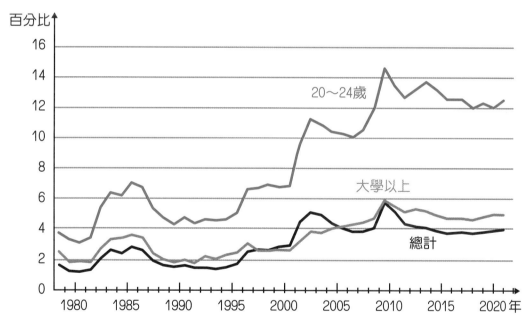

資料來源：行政院主計總處網站：首頁 > 政府統計 > 主計總處統計專區 > 就業、失業統計 > 統計表 > 時間數列統計表 > 人力資源重要指標。

圖 6-6　1978～2021 年臺灣地區失業率按總計、教育程度與年齡層分

▶ 6.6.2 失業率的成因

失業依成因的不同，可區分為摩擦性失業 (frictional unemployment)、結構性失業 (structural unemployment) 與循環性失業 (cyclical unemployment)。

■ 1.摩擦性失業

摩擦性失業指的是因求職者與廠商欠缺充分的職缺與求職者的資訊而產生的失業，種類包括不滿意工作環境而主動辭職，或因工作績效不佳而被辭退，或是初次尋職，或是離開職場一段時間再度重返職場。這些求職者若有充分的職缺資訊馬上就可以找到工作；不過，因為蒐集相關資訊需花費時間，所以這些人沒有辦法立即找到工作，而處於失業狀態。一般而言，因上述原因而產生的失業其持續期間不會太長，且像人力銀行這樣的工作中介機構愈發達，勞動市場中求職求才資訊的流通就會愈有效率，從而可以減少摩擦性失業。

■ 2.結構性失業

結構性失業指的是因勞方所具有的技能與資方所要求的不符而產生的失業。有些技能其產業特定性較高（如製鞋技能），比較無法適用在其他產業，因而若產業逐漸沒落而減少勞工的雇用量，那麼，這些失業的勞工無法在短期間在其他產業找到工作，必須接受新的職業訓練，培養新的技能，才能再找到工作。因此，結構性失業的持續期間通常會比較長。

臺灣在 1960 和 1970 年代產業結構快速轉變，農業產值占 GDP 的比重快速下降，且工業產值占 GDP 的比重快速上升。但從表 6-2 也可以看出，1970 年代的失業率基本上維持在相當低的水準，顯示這段期間工業中的大多數產業的技能特定性並不高（如紡織業與食品業），所以可以吸納不少從農村流出的勞動人口。

臺灣在 1990 和 2000 年代也經歷一次產業結構的快速調整，這次主要是由工業轉向服務業。從表 6-2 也可以看出，臺灣的失業率從 1990 年代上半期開始上升，且自 2001 年起，攀升至 4% 以上。此期間失業率上升現象，可能與不少臺商將生產基地外移至中國，以及技能特定性較高的資訊電子業變成臺灣工業中的主

要產業有關，亦即這段期間的失業可能有相當的比例是屬於結構性失業。

從失業原因來看，因工作場所歇業或業務緊縮而失業的，由 2019 年的 10.5 萬人增為 2020 年的 13.2 萬人，再增為 2021 年的 16.6 萬人。這可能與疫情造成餐飲、住宿與旅遊業的失業人口增加有關；而這些失業人口在短期間並無法轉往這段期間比較繁榮的資訊電子業。這點可以說明，雖然我國的經濟成長率在 2019〜2021 年這段期間有不錯的水準，但失業率卻持續上升（參見表 6–2）。

動動腦 6-5

試舉出結構性失業的例子。

簡單地說，結構性失業的解決之道為加強教育與職業訓練，使求職者的技能能跟得上時代。至於 2001 年起的高失業現象，除了結構性失業外，還包括經濟表現不佳所造成的循環性失業。

■ 3.循環性失業

循環性失業為經濟衰退所引起的失業。從表 6–2 可以看出，臺灣在 2000 年代的經濟成長率都不高，甚至在 2001 年與 2009 年發生自 1951 年臺灣有國民所得統計以來，唯二的年經濟負成長。經濟負成長表示最終商品與服務的產量減少，這不單意味著生產最終商品與服務的廠商會減少勞動雇用量，也會減少國內所生產的中間投入的使用量，進而造成國內生產中間投入的廠商減少勞動雇用量。

當一國經濟衰退時，雖然一開始只有部分產業的產值會減少，但由於這些產業的生產要素擁有者會因所得減少而減少支出，使得其他產業在後來也可能受到影響，而使不少產業的就業人口減少。以臺灣 2009 年為例，與 2008 年相較起來，製造業、營造業、礦業、批發及零售業、運輸及倉儲業與不動產業等產業的就業人數是減少的。另外，從失業原因來看，因工作場所歇業或業務緊縮而失業的，由 2007 年的 12.6 萬人增為 2008 年的 15.2 萬人，再增為 2009 年的 33.7 萬人。這部分的失業增加可以確定是循環性失業，因為臺灣的經濟成長率由 2007 年的 6.52% 驟降為 2008 年的 0.70% 與 2009 年的 –1.57%。

　　就循環性失業的解決之道而言，有些經濟學家主張政府應採取擴張性的政策（如增加政府消費與投資支出），來增加整個社會的支出水準，進而提升就業水準；不過，也有不少經濟學家持不同意見。關於這部分的爭議，我們會在第 10 章再詳細說明。

　　就上述三項失業而言，摩擦性失業與結構性失業很難完全消除，這是因為即使景氣再好，總還是會有人想要轉換工作，或是初次或再度進入勞動市場，而產業結構也還是會進行調整。至於循環性失業則有可能因景氣好轉而大幅改善。如果一個社會只存在摩擦性失業與結構性失業，而無循環性失業，我們稱此時勞動市場處在充分就業 (full employment) 狀態，而此時的失業率就稱為自然失業率 (natural rate of unemployment)。

　　一國的自然失業率並非固定不變的；如果一國勞動市場的求職求才資訊的流通更有效率，或教育與職業訓練所「生產」出來的各式各樣技能，可以更符合產業的未來需求，那麼自然失業率水準是會下降的。

6.7 所得分配

　　我們之前曾提到，GDP 並無法反映一國的所得分配情況。一般衡量所得分配的指標，是反映家戶可支配所得的不均 (inequality) 程度，常見的指標包括吉尼係數 (Gini coefficient)（或稱為吉尼集中係數 (Gini's concentration coefficient)）與最高最低級距所得倍數等。

▶ 6.7.1 吉尼係數

　　我們先將家戶可支配所得由小到大排列，再依戶數平分為五等分（如果一個社會總共有 100 萬戶，則每一等分有 20 萬戶。我們也可以做十等分或二十等分的分法）。表 6–5 為臺灣歷年來各等分可支配所得的資料。就每一年而言，我們可以累計各等分的可支配所得占總可支配所得的比率；這些累計的比率再配上其所對應的家戶累計的比率，就可以得到圖 6–7 中的 a、b、c、d 與 e 五點。

　　以表 6–5 中的 2018 年為例，a 至 e 這五點的座標分別為 (20, 6.66)、(40,

18.97)、(60, 36.12)、(80, 59.50) 與 (100, 100)。原點與 a 至 e 五點所連成的曲線，我們稱為洛侖士曲線 (Lorenz curve)。如圖 6-7 所示，洛侖士曲線將圖的右下半邊分為兩塊區域，其面積分別為 A 與 B。吉尼係數的計算公式為：

$$吉尼係數 = \frac{A}{A+B}$$

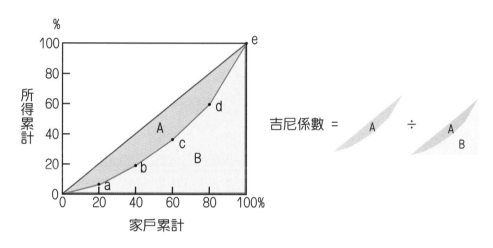

圖 6-7　洛侖士曲線與吉尼係數

　　如果一個經濟社會其每一家戶的可支配所得都是一樣的，亦即所得絕對均等，那麼圖 6-7 中的 a 至 d 點都會位在對角線上，此時，洛侖士曲線就是對角線，且 A 等於零，從而吉尼係數等於零。相反地，如果一個經濟社會的所得完全為一個家戶所有，其他家戶的所得都等於零，亦即所得絕對不均，那麼洛侖士曲線就成為右下角的直角線，且 B 等於零，從而吉尼係數等於 1。由於所得絕對均等或所得絕對不均從未在任何一個經濟社會出現過，所以吉尼係數的值介於 0 與 1 之間，且吉尼係數愈大，代表所得分配愈不平均，所以吉尼係數是一個所得不均度的指標。

　　由表 6-5 可以看出，臺灣自 1960 到 1970 年代，吉尼係數呈現下降趨勢，亦即所得分配呈現改善趨勢；1980 年代中期以後，所得分配則呈現惡化趨勢，特別是在 2000 年代。如前所述，臺灣在 2000 年代失業率攀升。當一國失業率上升時，遭殃的通常是技能水準較低的低收入勞工，臺灣 2000 年代的吉尼係數在相當程度上反映了這個現象，尤其以 2001 與 2009 年這兩個經濟負成長年特別明顯。

表 6-5　戶數五等分位組之所得分配比與所得差距

年別	可支配所得按戶數五等分位組之所得百分比					第五分位組為第一分位組之倍數（倍）	吉尼係數
	最低所得組 Lowest 20%	Second 20%	Third 20%	Fourth 20%	最高所得組 Highest 20%		
1964	7.71	12.57	16.62	22.03	41.07	5.33	0.321
1968	7.84	12.22	16.25	22.32	41.37	5.28	0.326
1970	8.44	13.27	17.09	22.51	38.69	4.58	0.294
1972	8.60	13.25	17.06	22.48	38.61	4.49	0.291
1974	8.84	13.49	16.99	22.05	38.63	4.37	0.287
1976	8.91	13.64	17.48	22.71	37.26	4.18	0.280
1977	8.96	13.48	17.31	22.57	37.68	4.21	0.284
1978	8.89	13.71	17.53	22.70	37.17	4.18	0.287
1979	8.64	13.68	17.48	22.68	37.52	4.34	0.285
1980	8.82	13.90	17.70	22.78	36.80	4.17	0.278
1981	8.80	13.76	17.62	22.78	37.04	4.21	0.281
1982	8.69	13.80	17.56	22.69	37.26	4.29	0.283
1983	8.61	13.64	17.47	22.73	37.54	4.36	0.287
1984	8.49	13.69	17.62	22.83	37.36	4.40	0.287
1985	8.37	13.59	17.52	22.88	37.64	4.50	0.291
1986	8.03	13.51	17.38	22.65	38.16	4.60	0.296
1987	8.11	13.50	17.53	22.82	38.04	4.69	0.299
1988	7.89	13.43	17.55	22.88	38.25	4.85	0.303
1989	7.70	13.50	17.72	23.07	38.01	4.94	0.303
1990	7.45	13.22	17.51	23.22	38.60	5.18	0.312
1991	7.76	13.26	17.42	22.97	38.60	4.97	0.308
1992	7.37	13.24	17.52	23.21	38.66	5.24	0.312
1993	7.13	13.12	17.65	23.44	38.66	5.43	0.315
1994	7.28	12.97	17.41	23.18	39.17	5.38	0.318
1995	7.30	12.96	17.37	23.38	38.99	5.34	0.317
1996	7.22	13.00	17.50	23.38	38.89	5.38	0.317
1997	7.24	12.91	17.46	23.25	39.14	5.41	0.320
1998	7.12	12.84	17.53	23.24	39.26	5.51	0.324
1999	7.13	12.91	17.51	23.21	39.24	5.50	0.325
2000	7.07	12.82	17.47	23.41	39.23	5.55	0.326

表 6-5（續）　戶數五等分位組之所得分配比與所得差距

年別	可支配所得按戶數五等分位組之所得百分比					第五分位組為第一分位組之倍數（倍）	吉尼係數
	最低所得組 Lowest 20%	Second 20%	Third 20%	Fourth 20%	最高所得組 Highest 20%		
2001	6.43	12.08	17.04	23.33	41.11	6.39	0.350
2002	6.67	12.30	16.99	22.95	41.09	6.16	0.345
2003	6.72	12.37	16.91	23.17	40.83	6.07	0.343
2004	6.67	12.46	17.41	23.25	40.21	6.03	0.338
2005	6.66	12.43	17.42	23.32	40.17	6.04	0.340
2006	6.66	12.37	17.42	23.51	40.03	6.01	0.339
2007	6.76	12.36	17.31	23.16	40.41	5.98	0.340
2008	6.64	12.37	17.43	23.40	40.17	6.05	0.341
2009	6.36	12.27	17.39	23.64	40.34	6.34	0.345
2010	6.49	12.21	17.39	23.72	40.19	6.19	0.342
2011	6.53	12.05	17.32	23.86	40.25	6.17	0.342
2012	6.53	12.27	17.54	23.68	39.98	6.13	0.338
2013	6.57	12.38	17.49	23.60	39.96	6.08	0.336
2014	6.63	12.28	17.36	23.59	40.13	6.05	0.336
2015	6.64	12.18	17.35	23.63	40.21	6.06	0.338
2016	6.63	12.42	17.35	23.24	40.36	6.08	0.336
2017	6.64	12.32	17.35	23.39	40.29	6.07	0.337
2018	6.66	12.31	17.15	23.38	40.51	6.09	0.338
2019	6.61	12.18	17.20	23.66	40.35	6.10	0.339
2020	6.58	12.18	17.22	23.71	40.32	6.13	0.340

資料來源：行政院主計總處網站：首頁 > 政府統計 > 主計總處統計專區 > 家庭收支調查 > 統計表 > 109 年調查報告。

▶6.7.2　最高最低級距所得倍數

　　另一個常見的所得不均度指標為最高最低級距所得倍數，其為五等分所得組中，最高所得組的所得相對於最低所得組的倍數。倍數上升，代表所得分配惡化。以 2020 年為例，此一倍數為 6.13 (= 40.32 ÷ 6.58)，其為最高所得組其（可支配）所得占總所得的比率除以最低所得組其所得占總所得的比率。由於是用最高與最

低所得組的所得來計算，所以最高最低級距所得倍數通常也反映了一國貧富差距。由表 6–5 可以看出，最高最低級距所得倍數的趨勢基本上與吉尼係數一樣。

　　表 6–6 顯示我國與一些國家在 2018 年左右的所得分配狀況。與香港、新加坡、中國、日本及南韓等經濟體相較起來，我國的所得分配要比她們來得平均，且與挪威、芬蘭及瑞典等北歐國家相近。

表 6–6　主要國家（地區）家庭所得分配狀況

國　名	年　別	五等分位組之所得分配比 (%)		最高所得組為最低所得組之倍數（倍）	吉尼係數
		最低所得組 (20%) Lowest 20%	最高所得組 (20%) Highest 20%		
一、每戶 Per household					
香港 Hong Kong	2016	–	–	21.20	0.524
日本(a) Japan (a)	2020	6.4	42.1	6.62	–
中華民國 Republic of China	2020	6.6	40.3	6.13	0.340
美國(a) U.S.A (a)	2009	4.6	44.4	9.59	0.388
美國(b) U.S.A (b)	2019	3.1	51.9	16.65	0.484
二、每人 Per capita					
巴西 Brazil	2018	3.1	58.4	18.84	0.539
加拿大 Canada	2017	7.1	40.6	5.72	0.333
中國大陸 China	2016	6.5	45.3	6.97	0.385
哥倫比亞 Colombia	2018	4.0	55.4	13.85	0.504
芬蘭 Finland	2017	9.4	36.9	3.93	0.274
法國 France	2017	8.1	40.0	4.94	0.316
德國 Germany	2016	7.6	39.6	5.21	0.319
義大利 Italy	2017	6.0	42.1	7.02	0.359
日本(b) Japan (b)	2014	7.9	39.2	4.99	0.310
南韓 Korea, Rep.	2019	6.4	40.4	6.25	0.339
盧森堡 Luxembourg	2017	6.5	41.5	6.38	0.349
馬來西亞 Malaysia	2015	5.8	47.3	8.16	0.410
墨西哥 Mexico	2018	5.4	51.7	9.57	0.454
尼德蘭 Netherlands	2017	8.8	37.6	4.27	0.285

表 6–6（續） 主要國家（地區）家庭所得分配狀況

國　名	年　別	五等分位組之所得分配比 (%)		最高所得組為最低所得組之倍數（倍）	吉尼係數
		最低所得組 (20%) Lowest 20%	最高所得組 (20%) Highest 20%		
紐西蘭 New Zealand	1997	6.4	43.8	6.84	0.362
挪威 Norway	2017	8.9	36.0	4.04	0.270
中華民國 Republic of China	2020*	9.7	37.1	3.84	0.274
	2020**	9.4	36.1	3.84	0.267
新加坡(a) Singapore (a)	2020	4.2	50.0	11.82	0.452
新加坡(b) Singapore (b)	2020	–	–	–	0.375
瑞典 Sweden	2017	8.3	37.1	4.47	0.288
英國 United Kingdom	2019	5.0	45.0	8.10	0.390
美國(b) U.S.A (b)	2019	3.6	50.5	14.03	0.465

說明： 1.資料來源：世界銀行 World Development Indicators 及各國官方公布之資料：日本(a)為家計調查之家庭年間收入，(b)全國消費時態調查報告，為家庭戶內人均可支配所得。南韓為全體家庭（不含農家）之每人可支配所得。美國(a)為全體家庭稅後所得，含政府現金給付，但不含資本利得，(b)為稅前所得，含政府現金給付，但不含資本利得及非現金給付。新加坡 2020 年數據來自 Labour Force Survey，為就業家庭，(a)不含社福移轉收入及繳稅支出，因此倍數及係數較高，(b)則含社福移轉收入及繳稅支出。英國為 Family Resources Survey 中 Households Below Average Income (HBAI) 1994/95–2019/20 年報，並以每人等值可支配所得（依修正後 OECD 等值規模計算）衡量。香港為 2016 年人口普查主題性報告：香港的住戶收入分布。

2.我國為全體家庭可支配所得，戶內人均可支配所得（*，採除以戶內人數法計算之吉尼係數為 0.274，若採 OECD 國家除以戶內人數開根號方法計算之吉尼係數為 ** 之 0.267）。

資料來源：行政院主計總處網站：首頁 > 政府統計 > 主計總處統計專區 > 家庭收支調查 > 統計表 >109 年調查報告。

✓ 課後練習

一、單選題

（　　）1.在其他條件不變下，下列敘述何者正確？

(A)中古車市場成交值增加，並不會使名目 GDP 隨之增加

(B)液晶面板新臺幣出口值增加，名目 GDP 隨之增加

(C)一國存貨價值的變動不會影響該國的名目 GDP

(D)以上(A)與(C)均正確

（　　）2. 2009 年臺灣經濟呈現負成長，主要原因為何？

(A)民間消費大幅減少　　　　(B)政府支出大幅減少

(C)民間投資大幅減少　　　　(D)貿易順差大幅減少

（　　）3.下列敘述何者正確？

(A) GDP 是一存量概念

(B)實質 GDP 為一國按當前價格所計算的整體所得水準

(C)一國的經濟成長率為名目 GDP 的變動比率

(D)以上皆非

（　　）4.以平均每人實質 GDP 做為生活水準指標的問題，不包括下列哪一項？

(A)未考慮污染　　　　　　　(B)未考慮休閒價值

(C)未考慮物價變動　　　　　(D)未考慮沒有市場價值的生產活動

（　　）5.假設一國只生產 X 與 Y 兩種最終財。如果 X 的產出成長率為 20%，且 Y 的產出成長率為 –2%，則該國的經濟成長率：

(A)大於零　　　(B)小於零　　　(C)等於零　　　(D)以上皆有可能

6.下表顯示某國關於物價的相關資料；那一籃子商品只包括 5 本書和 10 臺計算機。請回答以下問題：

年	書的單價	計算機的單價
2017	$24	$ 8
2018	30	12
2019	32	15

(   ) (1)如果基期年為 2018 年，則 2017、2018、2019 年的 CPI 分別為多少？

       (A) 74.1、100、114.8   (B) 74.1、270、310

       (C) 200、100、114.8   (D) 200、270、310

(   ) (2) 2018、2019 年的物價膨脹率分別為多少？

       (A) 22.6%、12.9%   (B) 25.9%、14.8%

       (C) 35%、14.8%   (D) 35%、20%

(   ) 7.下列敘述何者正確？

       (A)如果物價膨脹率超過名目利率，則存款的購買力一定上升

       (B)如果物價膨脹率超過名目利率，則存款的金額一定減少

       (C)如果發生物價緊縮且名目利率不變，則存款的購買力一定上升

       (D)以上皆非

(   ) 8.我國在 2000～2015 年這段期間，實質薪資的平均年增率約為多少？

       (A) 0%   (B) 2%   (C) 4%   (D) 8%

(   ) 9.關於失業，下列敘述何者正確？

       (A)結構性失業指勞方所具有的技能與資方所要求的不符而產生的失業

       (B)摩擦性失業的解決之道為加強教育與職業訓練

       (C)循環性失業的解決之道為改善勞動市場求職求才資訊的流通效率

       (D)以上皆是

(   ) 10.若一國的勞動市場處在充分就業狀態，則：

       (A)此時沒有失業   (B)此時只有摩擦性失業

       (C)此時只有結構性失業   (D)此時的失業率稱為自然失業率

(   ) 11.我國 2009 年的失業率高於 2008 年的，主要是因為

       (A)摩擦性失業增加   (B)結構性失業增加

       (C)循環性失業增加   (D)以上皆非

(   ) 12.下列何者正確？

       (A)失業率 $= \dfrac{失業人口}{成人人口} \times 100\%$

$$(B)失業率 = \frac{失業人口}{勞動力} \times 100\%$$

$$(C)勞動力參與率 = \frac{勞動力}{非勞動力} \times 100\%$$

$$(D)勞動力參與率 = \frac{就業人口}{勞動力} \times 100\%$$

(　　) 13.假設 15 歲以上民間人口數不變。那麼，當勞動力參與率提高時，失業率會如何變動？

　　　(A)上升　　　　　　(B)下降　　　　　　(C)不受影響　　　(D)以上都有可能

(　　) 14.下列何者代表一國所得分配不均情況愈嚴重？

　　　(A)吉尼係數愈大，且最高最低級距所得倍數愈大

　　　(B)吉尼係數愈小，且最高最低級距所得倍數愈大

　　　(C)吉尼係數愈大，且最高最低級距所得倍數愈小

　　　(D)吉尼係數愈小，且最高最低級距所得倍數愈小

二、問答題

1.如果政府採購外國武器的金額增加新臺幣 1 億元，則此一變動對我國的名目 GDP 會如何影響？如果採購金額增加新臺幣 1 兆元，則你現在的結論與剛剛的結論會不會有所不同，為什麼？

2.假設只有 X 與 Y 兩種最終商品。如果我國今年 X 產業的產量較去年增加 10%，但 Y 產業的產量較去年減少 5%，則我國今年的經濟成長率是正值、負值、還是無法確定？為什麼？

3.試說明下列敘述的真偽。

　(1)如果我國今年的實質投資較去年增加，則在其他條件不變下，我國今年的經濟成長率高於去年。

　(2)如果 CPI 的基期改變了，那麼以 CPI 所衡量的物價膨脹率也會跟著變動。

　(3)假設 15 足歲以上民間人口數不變。那麼，當勞動力參與率提高時，失業率會降低。

　(4)實質利率與名目利率呈同方向變動。

4.假設所有的勞動都是同質的，且失業來自於「基本工資法」的施行。下圖中的 $\overline{W}$、L^D 與 L^S 分別代表基本工資率、勞動市場需求曲線與勞動市場供給曲線。

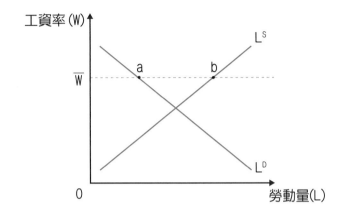

　⑴根據上圖，勞動力人口數為何？失業率又為何？

　⑵如果勞動供給減少，則在其他條件不變下，失業率會如何變動？為什麼？

5.假設你是低所得者。當主計總處發布的去年所得分配指標顯示所得分配惡化時，是否意味著你的福利水準下降了？

7 金融體系與可貸資金市場

學習重點

1. 何謂金融中介機構？何謂金融市場？
2. 債券次級市場價格與市場利率的關係為何？
3. 不同的債券有不同的特徵，而這些特徵與發行利率的關係為何？
4. 家戶儲蓄的影響因素為何？
5. 廠商投資的影響因素為何？
6. 如何透過可貸資金模型決定均衡利率水準?此一水準的影響因素為何？如何影響？

課前引言

假設你想要買一間總價 500 萬元的新成屋，到目前為止，你總共儲蓄了 200 萬元，所以還差 300 萬元。這 300 萬元一個可能的籌措方式是找 10 個朋友，然後各借 30 萬元；不過，你可能會發現，你的朋友愈來愈少。這時候，你會慶幸有「銀行」這樣一種金融機構可以讓你借到這 300 萬元。同樣地，如果你是一家公司的老闆，計畫投資 1 億元蓋一座新廠，你也有可能從銀行借到所需的資金。銀行貸出的資金來自於存戶的存款，所以銀行扮演的是撮合資金需求與資金供給的中間人角色。

就社會而言，銀行的功能就如同人的心臟，心臟將從靜脈流進的血液打入動脈，銀行則將自存戶吸收到的資金，貸給家戶、廠商，乃至政府等資金需求者。當一個人的心臟不好時，他的身體也不可能有多好；當一個社會的銀行體系不健全或貸放能力變差時，它就欠缺經濟成長所需的動能——投資。日本自 1990 年資產泡沫破滅後，銀行體系的鉅額呆帳，是其經濟在隨後的二十餘年間低迷不振的重要原因之一；而美國在 2008～2009 年期間發生的金融危機，不單讓美國發生經濟衰退，也造成全球經濟不景氣。

一國能撮合資金供給與需求的金融機構，不單包括像銀行這樣的金融中介機構 (financial intermediaries)，也包括像股票市場這樣的金融市場 (financial markets)，我們在第一節會先介紹金融中介機構與金融市場。金融中介機構與金融市場合起來構成一國的金融體系 (financial system)；我們在第二節將金融體系視為一個單一的可貸資金市場 (loanable funds market)，說明一國均衡利率水準如何決定及其影響因素。

7.1　金融體系

金融體系包括金融中介機構與金融市場，二者的區分在於資金提供者知不知道資金的流向。像你不會知道你存在銀行的錢，銀行把它貸給誰。不過，你若是參加某一上市公司的現金增資案或購買某一家公司所發行的公司債，你就會知道你的錢被誰所用。 根據這樣的區分， 我們稱金融中介機構所進行的是間接金融 (indirect finance)，而金融市場所進行的是直接金融 (direct finance)。

▶7.1.1　金融中介機構

如前所述，銀行扮演撮合資金供給與需求的中間人角色；另外，共同基金 (mutual fund) 也具有相同的功能。

■ 1.銀　行

當你到銀行存款時，走進營業大廳，你就可以看到各類存款的牌告利率。你可以參考這些利率，決定你的存款種類及金額。在 2021 年年底，如表 7–1 所示，本國一般銀行的企業及個人存款的總餘額約 40.9 兆元， 其中以活期儲蓄存款最多，約 13.6 兆元（儲蓄存款限自然人及非營利法人）。

存款是銀行的主要負債項目， 銀行利用它所吸收的存款進行放款與證券投資。如表 7–1 所示，在 2021 年年底，本國銀行的放款餘額約 30.7 兆元，超過其資產總額的半數。銀行透過放款與存款利率的差（簡稱利差）來獲利；另一個主要的獲利來源為其證券投資，包括其對非金融機構以及金融機構所持有的股份與債券。

銀行資產項目中比較特別的一個項目，是對中央銀行的債權，其他包括銀行存放在中央銀行準備金帳戶的存款應提準備 (required reserve)。關於銀行的存款應提準備，我們在下一章再詳細說明。

表 7-1　本國銀行資產負債統計表（2021 年年底）

單位：新臺幣百萬元

資產		53,966,823
國外資產		5,218,662
放款		30,774,792
政府機關	1,389,901	
公營事業	507,361	
民間部門	28,424,670	
對非金融機構證券投資		5,450,079
政府機關	2,189,107	
公營事業	619,151	
民營企業	2,641,821	
對金融機構證券投資		211,751
不動產投資		0
對金融機構債權		10,652,549
中央銀行	9,992,443	
其他貨幣機構	660,106	
人壽保險公司等	0	
庫存現金		234,250
其他資產		1,497,333
負債		49,902,589
國外負債		885,312
企業及個人存款		40,913,678
支票存款	498,170	
活期存款	6,373,276	
活期儲蓄存款	13,641,730	
定期存款	5,442,119	
可轉讓定期存單	78,646	
定期儲蓄存款	7,777,748	
外匯存款	7,101,989	
政府存款		1,063,390
對金融機構負債		3,908,053
中央銀行	437,139	
其他貨幣機構	2,243,219	
人壽保險公司等	1,197,695	
金融債券		1,197,257
其他負債		1,554,632
權益		4,064,234

資料來源：中央銀行全球資訊網：首頁 > 統計與出版品 > 統計 > 金融統計 > 金融統計月報
　　　　　> 本國銀行資產負債統計表。

就存款市場而言，存戶是資金的供給者，而銀行是資金的需求者，所以存款利率會受到存戶與銀行行為的影響。例如，如果存戶對銀行喪失信心而不願把錢存到銀行，從而存款市場資金供給減少，那麼，在其他條件不變下，銀行存款利率會上升。

就放款市場而言，銀行是資金的供給者，而借款戶是資金的需求者，所以放款利率會受到銀行與借款戶行為的影響。例如，如果人們看好未來的景氣，那麼不單企業會積極進行投資，家戶借款買房子的意願也會提高，從而放款市場的需求會增加，進而會造成銀行放款利率的上升。

■ 2.共同基金

所謂「共同基金」，簡單地說，就是由基金發行公司（即投資信託公司，簡稱投信）集合大眾的資金，由專業的基金經理人建立資產組合 (portfolio)，其投資利潤由該基金的購買人共同分享，投資風險也由該基金的購買人共同分擔。所以，共同基金的購買人，等於是出錢讓基金經理人為他進行理財。不過，不管基金獲利與否，購買人都須支付某一百分比的手續費與管理費。共同基金依投資標的主要分為債券基金、股票基金與平衡式基金（包括債券與股票）。

為何共同基金具有金融中介的功能？當共同基金購買新發行的債券時，本質上跟銀行購買新發行的債券並沒有什麼不同，差別只在於共同基金的資金來自於基金購買人，而銀行的資金來自於存戶。當共同基金參與某一家上市公司為進行擴廠投資所發起的現金增資時，本質上也跟銀行對這家公司放款沒有什麼不同。因此，共同基金的這些行為等於是讓共同基金購買人的資金間接地提供給資金需求者，所以共同基金也扮演了金融中介的角色。

共同基金的購買人等於購買該基金所建立的資產組合，所以即使是小額的投資人，也可以有相當多樣化的投資。比方說，你有 1 萬元可以購買股票，你很看好台積電、國泰金控、鴻海精密等公司的股票，但即使只各買一張這三家公司的股票，依 2019 年底的收盤價，合起來就超過 46 萬元。可是你若是買某一檔股票型共同基金，你這 1 萬元買到的股票不單有這三家公司，也可能還包括大立光等股價超過千元的股票。

由於共同基金進行多樣化的投資，所以購買人也可以分散風險。例如，如果你在 2006 年年底用 1 萬元自行購買股票，買的是在 2007 年年初爆發擠兌的中華商業銀行的股票，那麼你那 1 萬元就血本無歸了。

> ⏱ **動動腦 7-1**
> 共同基金可以分散風險，是不是就表示購買共同基金不會有虧損的風險？

▶ 7.1.2 金融市場

一國主要的金融市場包括債券市場 (bond market) 與股票市場 (stock market)，在這些市場，資金供給者可以將資金直接提供給資金需求者。

■ 1.債券市場

債券就如同借據，上面記載著金額、利率與到期日 (maturity)；發行單位同意按時支付利息，到期日一到，償還本金。到期日在 1 年以下者，稱為短期債券 (short-term bond)；到期日在 1 年以上 10 年以下者，稱為中期債券 (intermediate-term bond)；而到期日在 10 年以上者，稱為長期債券 (long-term bond)。英國政府就曾發行過一種永不到期的債券，稱為永久債券 (perpetuity)。這種債券的持有人每年都可以領到利息，但英國政府不償還本金，因為永久債券永不到期。

⑴**債券的交易價格**

假設我國政府過去曾發行過永久債券，面額為 100 萬元，年利率為 6%，也就是說，持有人當初在這張債券新發行時花了 100 萬元購買之後，每年都可以領到 6 萬元利息。再假設政府現在又要發行新的永久債券，面額依然是 100 萬元，但其年利率依現行的市場利率只有 3%。如果你有一張過去發行的永久債券，現在有人要跟你買，多少錢你才願意賣？

一個簡單的思考方式是，你用你賣了原先年利率為 6% 的那一張永久債券所

得的款項，改買新的年利率為 3% 的永久債券，每年要一樣能獲得 6 萬元的利息。因此，你原先那一張起碼要賣 200 萬元，這 200 萬元可以讓你買 2 張新的永久債券，且讓你每年一樣能獲得 6 萬元的利息。

這 200 萬元我們也可以由以下簡單的計算得到：你所持有的那一張年利率為 6% 的永久債券，每年都可以領到 6 萬元的利息，所有這些「6 萬元」其依現行 3% 年利率❶所計算的現值 (present value) 的總和為：

$$\frac{6\,萬}{1 + 0.03} + \frac{6\,萬}{(1 + 0.03)^2} + \frac{6\,萬}{(1 + 0.03)^3} + \cdots\cdots$$

$$= \frac{6\,萬}{1.03}(1 + \frac{1}{1.03} + \frac{1}{(1.03)^2} + \cdots\cdots)$$

$$= \frac{6\,萬}{1.03} \times \frac{1}{1 - \dfrac{1}{1.03}} \qquad (無窮等比級數，公比為 \frac{1}{1.03})$$

$$= \frac{6\,萬}{0.03}$$

$$= 200\,萬$$

債券持有人每年可以領到的利息為債券面額乘以債券上所載明的利率，其金額固定。如果我們以 R 代表永久債券每年可以領到的利息，i 代表現行的利率，且以 P_b 代表此一永久債券的價格，那麼根據上面的計算過程我們可以得出：

$$P_b = \frac{R}{1 + i} + \frac{R}{(1 + i)^2} + \frac{R}{(1 + i)^3} + \cdots\cdots$$

$$= \frac{R}{i} \tag{1}$$

根據此一公式，當現行市場利率下降（上升）時，已發行的債券的價格（稱為次級市場價格 (secondary market price)）會上漲（下跌），或是債券次級市場價格與市場利率呈反向關係。雖然我們是以永久債券為例來說明此一結果，但此一反向關係也適用於有期限的債券。這一點可以從上式第一個等式右邊看出：當

---

❶ 為簡化分析，我們並未考慮不同期間的利率有所不同的實際情況。

i 上升時，每一期利息（以及到期時本金）的現值都會下降，所以不管債券的期限為何，債券次級市場價格與市場利率呈反向變動關係。簡單地說，當市場利率下降時，你所持有的利率較高的債券，因可以領到較多的利息，所以就更值錢，亦即其次級市場價格會上漲。

⑵債券的風險

不同的債券有不同的信用風險 (credit risk)，其為發行單位無法按時支付利息或本金的可能性，信用風險又稱為倒帳風險 (default risk)。可以想像的，要吸引人們持有信用風險高的債券，發行者必須支付高利率來補償購買人所承擔的高風險。所以，在其他條件相同下，信用風險愈高的債券，其發行利率也愈高。由於通常政府倒帳的機率很小，所以政府公債的利率要比同期限的其他債券要來得低。

同一發行單位可能發行不同期限的債券，像財政部會發行甲種國庫券（期限在一年以下），來調節國庫收支；另外，政府也會發行長期的建設公債，來籌集建設資金。就同一單位在同一時點所發行的不同期限的債券而言，期限較長的債券通常利率較高；這是因為期限愈長，到期前的不確定性愈高，所以持有人要求較高的利率做為補償。

⑶債券的流動性

不同的債券也有不同的流動性 (liquidity)，流動性為資產轉換成現金的難易程度。流動性愈高的債券（通常其次級市場的交易金額占其發行金額的比例愈大），因為變現愈容易，所以其需求愈大，從而發行者可以用較有利的條件，亦即較低的利率來發行；這也意味著，在其他條件相同下，流動性愈高的債券，其發行利率也愈低。

■ 2.股票市場

一家股票上市的公司，除了可以透過發行公司債的方式來籌措資金之外，也可以透過辦理現金增資的方式取得資金。前者為公司向公司債購買人借錢，屬債務融通 (debt finance)，且不管公司盈虧，發行公司都必須按時支付利息與本金；

後者使公司股本增加，屬股權融通 (equity finance)，且公司股東通常在公司有盈餘時才能領取股利。

⑴股票的價格

如果有一家公司未來每年每張股票（1 仟股）都會配發金額 D 的股利，且市場利率固定為 i，那麼，你願意用什麼樣的價格購買一張這家公司的股票？或你已持有該公司的股票，你會希望以什麼樣的價格賣出一張這家公司的股票？

令此一價格為 P_s，那麼根據式(1)，我們可以得到：

$$P_s = \frac{D}{1+i} + \frac{D}{(1+i)^2} + \frac{D}{(1+i)^3} + \cdots\cdots$$
$$= \frac{D}{i} \tag{2}$$

換言之，股票的價格反映未來每年股利現值的總和。當實際的股票市場價格小於 P_s 時，就部分買者而言，他會認為股票的價值被低估而買進，從而此一股票的市場需求會增加；就部分賣者而言，他同樣也會認為股票的價值被低估而不願賣出，從而此一股票的市場供給會減少。在此情況下，此一股票的價格會上漲，直到接近 P_s 為止。

⑵股價的決定因素

式(2)告訴我們，如果公司未來的獲利提升而可能配發更多的股利（D 增加），那麼在市場利率 (i) 不變的情況下，股價會上漲；如果 D 不變，但 i 下跌，那麼股價也會上漲。這是因為此時購買股票的機會成本下降，從而部分資金會從銀行存款或債市轉到股市，而導致股票需求增加的緣故。所以當公司未來的獲利不變時，股價與利率呈反向關係。

不過，並不是利率下跌，股價就會上漲。如果 D 也下跌，且下跌的比率大過 i 下跌的比率，那麼即使利率是下跌的，股價依然會下跌。舉例來說，我國 2001 年的經濟成長率由 2000 年的 6.42% 降為 −1.26%，主要原因為民間的固定資本毛

額由 2000 年的 1 兆 9,120 億元驟降為 2001 年的 1 兆 4,764 億元。民間的固定資本毛額大幅減少意味著民間對資金的需求也大幅減少，且由於失業率由 2000 年的 2.99% 上升至 2001 年的 4.57%（見第 6 章表 6–2），人們擔心未來會失業而增加銀行的存款。銀行放款金額減少且存款金額增加，意味著銀行體系當時的資金相當寬鬆，從而國內銀行一年期定期存款的利率由 2000 年的 5.0% 降為 2001 年的 2.4%。雖然利率下降了，國內股價加權指數卻由 2000 年 2 月的 10,393 點跌到 2001 年 9 月的 3,411 點。會有這樣的結果是因為 2000 年美國科技泡沫破滅，造成全球景氣衰退，且臺灣在 2000～2001 年期間又出現「核四停工又復工」事件，打擊部分企業主的投資信心，再加上 2001 年的「911 恐怖攻擊事件」，致使市場對臺灣上市公司的獲利前景感到悲觀。

上述的這些結果，以式(2)來說明的話，就是人們預期企業未來股利 (D) 下跌的比率超過市場利率下跌的比率，致使人們所評估的未來每年股利現值的總和下降，股價因而下跌。

在 2008 年下半年，美國次級房貸風暴引發全球經濟衰退之後，國內的股價與利率走勢也是雙雙下滑。其原因也是人們預期企業未來股利 (D) 下跌的比率超過市場利率下跌的比率。

另外一個例子是，美股 Meta（原 Facebook，臉書），在 2022 年 2 月 3 日下跌 84.84 美元，跌幅高達 26.3%，其市值在一天蒸發 2,371.17 億美元，是美國資本市場史上最大的市值減損。它是因為臉書每月活躍用戶從 2021 年第三季的 19.3 億戶，降至第四季的 19.2 億戶；這是臉書經營社群 18 年來，活躍用戶數首見的負成長。另外，因為蘋果 (Apple) 公司加強用戶隱私權的保護，任何第三方軟體要追蹤客戶資料時，必須獲得客戶同意；這個遊戲規則改變，讓臉書 2021 年下半年的廣告收入減少 98.5 億美元。這兩點讓投資人大幅調降 Meta 的未來營收、獲利與股利 (D) 的預期，從而造成股價大跌❷。

當然，式(2)是極端簡化的結果，我們也可以考慮企業未來每年不同的獲利預估水準與未來每年不同的利率預期水準；不過，不管式(2)變得多複雜，企業未來

---

❷ 謝金河，美國五大科技巨擘牽動未來，《今周刊》，1312 期，頁 104，2022 年 2 月 14 日～2022 年 2 月 20 日。

獲利與利率是股價的兩大決定因素；前者為購買股票的效益，後者反映購買股票的機會成本。

我們時常可以聽到「投資股票」這樣的通俗說法，它指的是資金所有者購入股票做為其資產組合中的一項資產。不過，在經濟學，投資指的是對機器設備、廠房與新建住宅等的支出。

7.2 可貸資金市場

我們在上一節介紹了撮合資金供給與需求的金融體系，包括金融中介機構與金融市場。在本節，我們把一國的金融體系視為一個單一的資金市場，我們稱為可貸資金市場。所有的儲蓄者將他們的儲蓄存入這個市場，且所有的借款者在這個市場取得貸款。因此，可貸資金 (loanable funds) 一詞指的是人們選擇儲蓄下來並貸放出去的所得，以及借款者選擇借入來融通其投資計畫的金額。在可貸資金市場裡，只有一個利率，它同時是儲蓄的報酬以及借款的成本。

可貸資金市場的均衡利率比較偏向是長期均衡利率。總體經濟學所定義的長期均衡是指人們對物價膨脹率做出正確預期，且實際的物價膨脹率等於經濟體系的長期趨勢值的狀態❸。在本節，我們假設物價膨脹率等於長期趨勢水準且此一趨勢水準是固定的。在此一假設下，名目利率與實質利率呈同方向且同幅度的變動。

▶ 7.2.1 可貸資金市場的供給

可貸資金的供給來自於那些有多餘的所得可以儲蓄並願意貸放出去的儲蓄者。此一貸放可以直接進行，如家戶購買廠商所發行的債券；也可以間接進行，如家戶把錢存到銀行，銀行再利用這些資金進行放款。不管是哪一種情況，儲蓄是可貸資金供給的來源。

為簡化分析，本章只考慮封閉體系，亦即我們不考慮國際貿易及資本的跨國

---

❸ 我們會在第 10 章詳細說明經濟體系的長期均衡概念，且會在下一章利用貨幣供需模型說明短期均衡利率的決定。

移動。就一個經濟體系整體而言，國民儲蓄 (national saving, S) 包括民間儲蓄（以 S_P 表示）及政府儲蓄（以 S_G 表示），它等於一國所得沒有被民間及政府消費掉的部分，亦即

$$S = Y - C - G \qquad (3)$$

政府儲蓄如同民間儲蓄，等於政府淨收入 (net government income) 減去政府消費；而政府淨收入等於政府總收入減去利息支出，再減去移轉性支付淨額：

$$政府淨收入 = 政府總收入 - 利息支出 - 移轉性支付淨額 \qquad (4)$$

政府儲蓄與政府預算餘額之間的關係為何？政府預算餘額等於政府總收入減去政府總支出。政府總支出包括政府消費支出、投資支出 (I_G)、利息支出及移轉性支付淨額。因此，

$$
\begin{aligned}
政府預算餘額 = \ & 政府總收入 - 政府消費 - 政府投資 - 利息支出 - \\
& 移轉性支付淨額 \\
= \ & 政府淨收入 - 政府消費 - 政府投資 \\
= \ & 政府儲蓄 - 政府投資
\end{aligned}
$$

所以，政府儲蓄不等於政府預算餘額❹。當政府的預算餘額為正值時，我們稱政府有預算剩餘 (budget surplus)；當政府的預算餘額為負值時，我們稱政府有預算赤字 (budget deficit)。為簡化分析，我們不考慮政府的利息支出及移轉性支付淨額。在此情況及政府收入只來自於稅收 (T) 的假設下，

$$S_G = T - G \qquad (5)$$

且

$$
\begin{aligned}
政府預算餘額 &= 稅收 - 政府消費 - 政府投資 \\
&= S_G - I_G
\end{aligned}
\qquad (6)
$$

---

❹ 有些教科書將兩者定義成同義詞。

同時，式(3)可以改寫成：

$$S = (Y - C - T) + (T - G)$$
$$= S_P + S_G \tag{7}$$

民間儲蓄為家戶（個人）儲蓄與企業的保留盈餘（即企業儲蓄）之合。為簡化分析，我們假設企業不保有保留盈餘。家戶儲蓄決定於哪些因素呢？

家戶進行儲蓄主要是要獲取報酬，而可以做為未來的支用。我們簡單以利率代表儲蓄的報酬率，因此，當利率上升時，可貸資金的供給量會增加。

另外，由於家戶的可支配所得不是用於消費就是用於儲蓄，所以，當可支配所得增加時，家戶儲蓄也會跟著增加。還有，當家戶預期未來的可支配所得會減少時，其現在的儲蓄也會增加。想像你未來某一天覺得自己即將失業，那時候你會不會縮衣節食，好讓自己能有更多的儲蓄，以度過未來的困境？

因此，家戶儲蓄是利率與現在可支配所得的增函數，且是未來可支配所得的減函數。

就政府儲蓄而言，我們假設政府稅收及政府消費都是政策變數，亦即其水準是政府可以完全掌控的，因此，政府儲蓄也是政策變數。由於政府儲蓄是政策變數，且民間儲蓄是利率的增函數，因此，可貸資金供給，亦即國民儲蓄，也是利率的增函數，也因此，可貸資金的供給曲線，如圖 7–1 中的 S 曲線所示，是正斜率的。

▶7.2.2 可貸資金市場的需求

可貸資金的需求來自於那些想要借錢進行投資的家戶與廠商。此一需求包括家戶購買新成屋的房屋貸款，以及廠商購買新的機器設備或建廠房的借款。為簡化分析，我們假設民間投資只來自於廠商的投資。此外，我們假設政府借錢來支應其投資支出❺。因此，政府儲蓄構成可貸資金的供給，而政府投資如同民間投

---

❺　實際的情況是，當政府有預算剩餘時，它是可貸資金的供給者；當政府有預算赤字時，它是可貸資金的需求者。為避免政府預算餘額忽正忽負對分析造成不確定，我們作此一假設。

資，構成可貸資金的需求。

我們稱政府投資與民間投資 （以 I_P 表示） 合起來為國內投資 （domestic investment，以 I 表示）。由於利率高意味著借款的成本高，所以當利率上升時，民間投資量會減少。我們假設政府投資也是政策變數，由於民間投資是利率的減函數，因此，可貸資金需求，亦即國內投資需求，也是利率的減函數，也因此，可貸資金需求曲線，如圖 7-1 所示，是負斜率的。

廠商進行投資是要增加未來的獲利，所以其現在的投資水準也決定於其對未來獲利的展望。舉例來說，在 2009 年金融海嘯愈演愈烈之際，很多廠商都因為對未來獲利感到悲觀而減少投資。

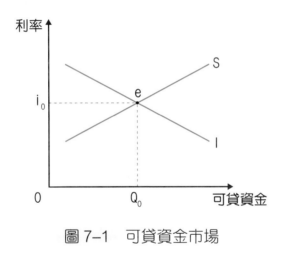

圖 7-1 可貸資金市場

▶7.2.3 可貸資金市場的均衡與變動

在圖 7-1 中，可貸資金市場的供給曲線 S 與需求曲線 I 的交點 e 點就是均衡點，其所對應的利率 i_0 就是均衡利率，所對應的數量 Q_0 就是均衡數量，它同時代表國民儲蓄及國內投資。

由以上的說明可以得到可貸資金市場的均衡式為：

$$S_P + S_G = I_P + I_G \tag{8}$$

上式等號左邊為可貸資金市場的供給，而等號右邊為可貸資金市場的需求，

因此，式(8)為可貸資金市場的均衡式，可貸資金市場透過利率的調整來達成均衡。上式也意味著在封閉體系下，一國的國民儲蓄等於國內投資。

接下來，我們就透過可貸資金市場的供需變化來看均衡利率與均衡可貸資金量的變動。

■ 1.可貸資金市場供給變動

如同一般的供需分析結果，當可貸資金市場供給增加（減少）時，均衡利率會下降（上升）且均衡數量會增加（減少）。因此，當民間儲蓄增加或政府儲蓄增加（減少）時，均衡利率會下降（上升），而誘使國內投資量增加（減少）。

根據我們剛剛的說明，當家戶現在的可支配所得增加，或家戶預期其未來的可支配所得會減少時，其現在的儲蓄會增加，而政府消費減少也會使政府儲蓄增加。在這些情況下，可貸資金市場供給會增加，可貸資金市場供給曲線，如圖 7–2 所示，會由原先的 S_0 右移至 S_1，而使均衡利率由原先的 i_0 降至 i_1，進而使國內投資量與國民儲蓄量由原先的 Q_0 增至 Q_1。

值得一提的是，政府對家戶減稅雖然會使政府儲蓄減少，但同時也會讓家戶的支配所得增加，而使其儲蓄增加。從式(3)可以得知，在國民所得 (Y) 與政府消費 (G) 不變的情況下，國民儲蓄 (S) 會因政府減稅而如何變動決定於民間消費 (C) 如何變動。由於減稅會讓家戶的支配所得增加，而使其消費增加，因此，政府對家戶減稅會造成國民儲蓄的減少，進而造成均衡利率上升，且國內投資量減少。

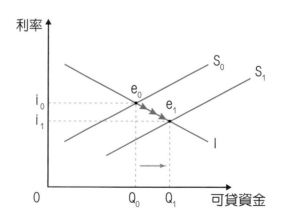

圖 7–2 可貸資金市場供給增加

⏱**動動腦 7-2**

有沒有可能政府對家戶減稅不會造成民間消費的增加，從而均衡利率不會變動？

■ 2.可貸資金市場需求變動

也如同一般的供需分析結果，當可貸資金市場需求增加（減少）時，均衡利率會上升（下降）且均衡數量會增加（減少）。因此，當廠商投資增加（減少）時，均衡利率會上升（下降），而誘使國民儲蓄量增加（減少）。

當廠商看好未來的獲利時，其投資會增加，可貸資金市場需求曲線，如圖 7–3 所示，會由原先的 I_0 右移至 I_1，而使均衡利率由原先的 i_0 上升至 i_2，進而使國民儲蓄量與國內投資量由原先的 Q_0 增至 Q_2。

政府投資增加對均衡利率、國民儲蓄量與國內投資量的影響如同廠商投資增加一樣，不過，此時的民間投資水準會因利率上升而減少。我們可以想像原先的政府投資為零，所以圖 7–3 的 I_0 曲線即為民間投資需求曲線。現在利率因政府投資增加而上升至 i_2，民間投資水準會因而由原先的 Q_0 下降至 Q_3；換言之，政府投資的增加對民間投資產生了排擠效果 (crowding-out effect)。雖是如此，政府投

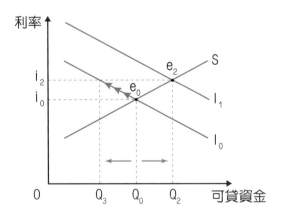

圖 7–3　可貸資金市場需求增加

資增加還是會讓國內投資量增加，否則，政府為什麼要增加投資？

結合以上的分析可以得知，如果一國民間的資金供需雙方對未來景氣的看法都變得更樂觀，那麼由於家戶儲蓄會減少且廠商投資會增加，該國的利率會上升，但國內投資量會如何變動就不一定了。（讀者可自行結合圖 7-2 與圖 7-3，而得出此一不確定結果）

另外，在政府收入及其他條件不變下，政府支出的增加，不管是投資支出還是消費支出，都會造成利率上升，而對民間投資產生排擠效果。不過，如果政府投資（如交通、電力等基礎建設）的增加可以提升廠商資本財的生產力，那麼，就長期而言，政府投資的增加不一定會造成民間投資的減少。

其他會影響一國長期投資水準的政府政策措施，還包括利息所得部分免稅與投資獎勵。如我國有 27 萬元利息免稅的規定，《產業創新條例》中也有多項投資獎勵的規定。前者透過儲蓄的稅後報酬率的提升來增加資金的供給；後者透過投資的稅後報酬率的提升來促進投資。二者均可在其他條件不變的情況下，使國內的投資水準增加。

✔ 課後練習

一、單選題

( ) 1.下列何者不屬於金融市場？

    (A)房地產市場   (B)股票市場

    (C)債券市場   (D)以上都屬於金融市場

( ) 2.下列敘述何者錯誤？

    (A)不管債券的期限為何，債券次級市場價格與市場利率呈反向變動

    (B)在其他條件相同下，信用風險愈高的債券，其發行利率也愈高

    (C)在其他條件相同下，流動性愈高的債券，其發行利率愈高

    (D)以上皆正確

( ) 3.決定股價的兩大因素為何？

    (A)利率與債券價格   (B)利率與企業未來獲利展望

    (C)利率與企業過去獲利績效   (D)以上皆非

( ) 4.下列敘述何者錯誤？

    (A)金融市場是指那些儲蓄者可以將資金直接提供給借款者的市場

    (B)金融中介機構是儲蓄者將資金間接提供給借款者的金融機構

    (C)銀行屬於金融市場

    (D)共同基金屬於金融中介機構

( ) 5.當人們對某公司的前景變得較為悲觀時，該公司股票的市場需求會

    _____，且供給會_____，從而該公司的股票價格會_____。

    (A)增加，增加，下跌   (B)增加，減少，下跌

    (C)減少，增加，下跌   (D)減少，減少，下跌

( ) 6.下列敘述何者正確？

    (A)國民儲蓄構成可貸資金市場的需求

    (B)國內投資構成可貸資金市場的供給

    (C)透過市場利率的調整可以使可貸資金市場達成均衡

    (D)以上皆是

（　）7.根據可貸資金模型，在其他條件不變下，下列何者將造成本國市場利率上升？
(A)人們變得較重視未來消費　　　(B)政府支出增加
(C)政府稅收增加　　　(D)以上(A)與(B)均正確

（　）8.根據可貸資金模型，在其他條件不變下，如果政府要提升國內的投資水準，則政府應該採行下列哪項措施？
(A)調降利息所得的免稅額　　　(B)政府增加消費支出
(C)擴大投資優惠措施　　　(D)以上(A)與(C)均正確

（　）9.根據可貸資金模型，當政府消費支出增加時，在其他條件不變下：
(A)均衡利率上升，且國民儲蓄與民間儲蓄均增加
(B)均衡利率上升，且國民儲蓄增加，但民間儲蓄減少
(C)均衡利率上升，且民間儲蓄增加，但國民儲蓄減少
(D)均衡利率下降，且國民儲蓄與民間儲蓄均減少

（　）10.假設民間投資需求不受政府投資支出的影響。根據可貸資金模型，當政府投資支出增加時：
(A)民間投資增加，且民間儲蓄亦增加
(B)民間投資減少，但民間儲蓄增加
(C)民間投資增加，但民間儲蓄減少
(D)民間投資與民間儲蓄均會減少

（　）11.當政府對利息所得增稅時，利率會_____，且民間投資會_____。
(A)下跌，增加　　(B)下跌，減少　　(C)上升，增加　　(D)上升，減少

（　）12.當政府擴大投資獎勵時，可貸資金市場的利率會_____，且國民儲蓄會_____。
(A)上升，增加　　(B)上升，減少　　(C)下跌，增加　　(D)下跌，減少

（　）13.當家戶預期未來的可支配所得會增加時，根據可貸資金模型：
(A)民間投資增加，且民間儲蓄亦增加
(B)民間投資減少，但民間儲蓄增加
(C)民間投資增加，但民間儲蓄減少
(D)民間投資與民間儲蓄均會減少

（　　）14.當勞工普遍預期勞保基金未來會破產而領不到退休金時，利率會 ＿＿＿
　　　＿＿＿，且民間投資會 ＿＿＿＿＿＿＿ 。

　　　(A)下跌，增加　　(B)下跌，減少　　(C)上升，增加　　(D)上升，減少

（　　）15.家戶儲蓄是：

　　　(A)利率的減函數　　　　　　　　(B)現在可支配所得的減函數

　　　(C)未來可支配所得的增函數　　　(D)以上皆非

二、問答題

1. 假設其他條件不變。一國人民的預期壽命延長，對該國的市場利率會有何影響？試繪圖說明之。

2. 當政府支出增加時，在其他條件不變下，債券次級市場價格會如何變動？為什麼？

3. 試繪圖說明下列敘述的真偽。

　(1)如果原先政府儲蓄為零，後來由於消費支出減少而有正儲蓄，則均衡利率會下降且國民儲蓄會增加，但民間儲蓄金額會減少。

　(2)如果人們對未來的經濟前景變得悲觀，則均衡利率會上升。

　(3)在其他條件不變下，如果政府消費支出與稅收同額增加，則均衡利率會上升。

4. 假設原先政府儲蓄為零，後來由於消費支出增加而有負儲蓄。如果民間投資對利率愈敏感（亦即當利率上升時，民間投資會有愈大的減量），則民間投資的減少金額會愈大還是愈小？試繪圖說明之。

5. 假設其他條件不變。一國生育率下降會如何影響該國的利率水準？試繪圖說明之。

8 貨幣體系與中央銀行的貨幣政策

學習重點

1. 貨幣的意義與功能為何？
2. 我國常見的貨幣總計數包括哪些？其定義各為何？
3. 銀行體系如何創造貨幣？
4. 何謂貨幣乘數？其影響因素為何？
5. 何謂銀行的槓桿操作？其與 2008～2009 年的金融危機的關係為何？
6. 中央銀行主要的貨幣政策工具為何?中央銀行如何透過這些政策工具影響貨幣供給？
7. 何謂貨幣需求？其影響因素為何？如何影響？
8. 短期名目利率的均衡水準如何決定?該水準的影響因素為何？如何影響？

課前引言

你可曾聽過美國的中央銀行採行量化寬鬆 (Quantitative Easing, QE) 貨幣政策？還有歐洲與日本的中央銀行採行負利率政策？這些都是上述中央銀行因應 2008～2009 年的金融危機與 2020 年新冠肺炎疫情所採行的異於傳統的貨幣政策。由於我國中央銀行尚未採行這些政策，所以在本章我們也會介紹中央銀行傳統的貨幣政策工具。

在介紹上述議題之前，我們會先介紹貨幣的意義與功能，接著說明銀行體系如何創造貨幣，以及銀行的槓桿操作，還有銀行的此項操作與 2008～2009 年的金融危機之間的關係。我們接著再說明中央銀行有哪些政策工具可以影響整個社會的貨幣數量，最後藉由貨幣供需模型，說明經濟體系其短期的均衡利率水準是如何決定的。在這個均衡水準的決定上，中央銀行可以扮演相當重要的角色。

8.1 貨幣的意義與功能

▶ 8.1.1 貨幣的意義

什麼是貨幣 (money)？貨幣不就是「錢」嗎？就一般的通俗用法而言，錢的意義比經濟學所稱的貨幣要來得廣泛。例如，我們說「某某人很有錢」，意思是說某某人有很多的資產，如現金、銀行存款、股票、外幣、黃金、房地產等；但經濟學所稱的貨幣，指的是那些為社會大眾所共同接受而可以用來購買商品與服務的資產。像紙鈔和鑄幣就屬於貨幣，但股票與房地產之類的資產就不算是貨幣。

貨幣是人類最偉大的發明之一，如果沒有貨幣，那就表示我們還在用物物交換 (barter) 的方式在進行交易，我們也就不會有今天的生活水準。何以如此？在一個物物交換的社會裡，如果一項交易要成交，雙方的東西必須剛好是對方需要的，亦即雙方的東西「互為需要」(double coincidence of wants)。例如，一位農夫提著一斤的米到市集想要換一尺的布，但走過整個市集，沒有一個賣布的想要換米。這時候，他的鞋子磨破了，就想說那乾脆換布鞋算了。沒想到，賣鞋的卻要求兩斤米換一雙鞋；那位農夫跟賣鞋的都不可能接受用一斤米換一隻鞋。農夫就只好把那斤米再提回家，且一氣之下就自己種起苧麻來，等收成時再學習如何織麻布和做麻布鞋。

從以上的例子可以知道，在一個物物交換的社會裡，一項交易要成交可能需要耗費相當多的時間，而使得用於生產活動的時間減少，或是被迫從事一些自己並不擅長的生產活動，而無法進行專業分工。因此，貨幣的最大意義在於它使人類社會的交易順暢許多，因而提高專業分工的程度，從而提升生產力與生活水準。

▶ 8.1.2 貨幣的功能

一個社會之所以會用物物交換的方式進行交易，就是因為欠缺可以做為交易媒介 (medium of exchange) 的貨幣。貨幣除了當作交易媒介之外，還有另外兩項功能，計價單位 (unit of account) 與價值儲存 (store of value)：

■ 1.交易媒介

交易媒介指的是交易雙方談妥交易條件時,買者交給賣者的東西。一項東西之所以可以成為交易媒介,是因為法律有明文規定,如世界各國的紙幣;或是它本身有它的固有價值 (intrinsic value),亦即如果不做為交易媒介,它本身還是有價值的,如金幣、銀幣或戰俘營中的香菸。因為這兩項因素,使交易不需要在「互為需要」的情況下才能成立,從而交易成交的可能性大為提升。

■ 2.計價單位

當你走進便利商店時,會發現絕大多數的商品都貼有價格標籤,上面的數字就是以新臺幣為計價單位所表示的價格。此一貨幣的功能也有助於交易的順利進行。如果沒有貨幣做為計價單位,那麼每兩種物品之間就有一個相對價格,因此,若市場有一百種物品,就會有 $100 \times 99 \div 2 = 4,950$ 這麼多個相對價格。若有貨幣做為計價單位,就可以立即比較商品的價格與你的主觀評價,從而就可以很快決定是否進行交易。

■ 3.價值儲存

當你賣掉一項商品而收到紙鈔之類的交易媒介時,不一定馬上要用它來買東西。這時候你會希望未來要用它時,到時候所能購買的商品數量,亦即其未來的購買力,不會比現在用它要少很多。換言之,你希望它有價值儲存的功能。

貨幣因具有價值儲存的功能,所以貨幣本身是一種資產。社會上還有其他種類的資產,如股票、房地產等。不過,這些資產並無法做為交易媒介與計價單位,所以它們不是貨幣。但如果物價持續上漲,貨幣的購買力會持續下降,其價值儲存的功能就不如房地產之類的保值性資產。

8.2 貨幣數量的衡量

▶ 8.2.1 存款貨幣

　　紙鈔與鑄幣合稱為通貨 (currency)，它們具有完全的流動性。中央銀行所發行的通貨總額稱為通貨發行額 (currency issued)。通貨本身就是貨幣，不過，社會上還有一些資產其流動性非常高，我們也稱它們為貨幣。例如，你可以用提款卡在分布廣泛的自動櫃員機 (auto tell machine, ATM)，自活期儲蓄存款帳戶中提領現金；企業的活期存款也有同樣的功能。另外，企業及個人也可以透過開立支票的方式來進行交易。不過，支票本身並不是貨幣，因為它並不是資產（支票存款才是），而只是一種支付工具而已；同樣地，信用卡本身也不是貨幣，它也是一種支付工具而已。當你申辦到一張新的信用卡，或銀行提高你的循環信用額度時，你的資產並不會增加。支票存款、活期存款與活期儲蓄存款合稱存款貨幣 (deposit money)。

　　那些可以吸收存款貨幣，並利用其所吸收的存款貨幣來進行放款的金融機構，稱為存款貨幣機構，包括本國一般銀行、外國銀行在臺分行、中小企業銀行、信用合作社與農漁會信用部。存款貨幣機構與中央銀行合稱貨幣機構。

▶ 8.2.2 通貨淨額

　　中央銀行所發行的通貨，並不是全部在社會上流通，有些成為貨幣機構的庫存現金，有些則成為中華郵政公司儲匯處（以前通稱的郵匯局）的庫存現金。中央銀行的通貨發行額減去全體貨幣機構與郵匯局的庫存現金，稱為通貨淨額 (currency held by the public)，這部分才是社會大眾所有且在社會上流通的通貨數量。

　　如上所述，存款貨幣由於具高流動性，所以也是貨幣的一種。中央銀行除了統計通貨淨額外，也會統計存款貨幣的餘額，並緊盯著它們的變動。這是因為根據《中央銀行法》，中央銀行經營的目標之一是「維護對內及對外幣值之穩定」。

對內幣值的穩定就是國內一般物價水準的穩定；對外幣值的穩定就是新臺幣兌國外貨幣（如美元）匯率的穩定（關於匯率的影響因素，我們會在下一章介紹）。

　　國內一般物價水準穩定就表示沒有物價膨脹的現象。一國之所以會有一般物價持續上漲的物價膨脹現象，通常是因為「太多的貨幣追逐太少的商品」(too much money chases too few goods)。因此，中央銀行不單會統計並緊盯通貨淨額，也會統計並緊盯各類的存款貨幣餘額。中央銀行根據這些餘額（中央銀行稱為貨幣總計數 (monetary aggregates)）以及國內物價水準，決定是否要採行貨幣政策工具 (monetary policy tools) 來改變貨幣總計數，以穩定國內的一般物價水準。

▶8.2.3　貨幣存量

　　貨幣總計數在經濟學中通常稱為貨幣存量 (money stock) 或貨幣供給 (money supply)。我國目前的貨幣總計數共分為 M1A、M1B 與 M2 三種：

M1A = 通貨淨額 + 企業及個人（含非營利團體）在貨幣機構之支票存款
　　　及活期存款

M1B = M1A + 個人（含非營利團體）在貨幣機構之活期儲蓄存款
　　 = 通貨淨額 + 存款貨幣

　　因此，M1B 與 M1A 的差別在於個人在貨幣機構之活期儲蓄存款餘額。由於我國個人股票交易的款項交割是透過活期儲蓄存款帳戶，且我國個人以股票做為理財工具的情形又很普遍，因此，當股市熱絡時，通常可以看到 M1B 有較高的年增率。

　　除了 M1A 與 M1B 之外，貨幣總計數還包括 M2，其為：

$$M2 = M1B + 準貨幣$$

　　所謂準貨幣 (quasi-money) 是指一些流動性略低的金融資產，包括企業及個人在貨幣機構之定期存款、定期儲蓄存款、外匯存款（包括外匯活期與定期存款）

以及郵政儲金（含劃撥儲金、存簿儲金及定期儲金）；自 2004 年 10 月起還包括貨幣市場共同基金（其購買的金融商品為一年期以下之有價證券）。其中，定期存款與定期儲蓄存款在到期前若要解約，必須付出利息減讓的成本，所以其流動性比存款貨幣來得低；外匯存款必須先轉化為新臺幣才能在國內使用，故其流動性也比較低。至於郵政儲金，如前所述，郵匯局不算存款貨幣機構，所以其所吸收的儲金並未計入 M1B，而只計入準貨幣。

8.3　存款貨幣的創造過程

在 2007 年元月初，中華商業銀行爆發擠兌事件，前 3 天被提領的金額超過 400 億元。存款貨幣機構（以下簡稱銀行）為因應突然間的大規模提領情況，會保留存款的一部分做為存款準備金。中央銀行為維護金融的安定，規定銀行必須保有的準備金稱為應提準備，其占存款的比率稱為應提準備率 (required reserve ratio)。存款的流動性愈高，通常其應提準備率也愈高。這是因為如果發生大規模的提領情況，首當其衝的會是沒有利息的支票存款以及利息不會遭減讓的活期存款與活期儲蓄存款。

銀行所持有的庫存現金加上它在中央銀行準備金帳戶的存款，稱為實際準備，亦即上面所提到的存款準備金。銀行的實際準備減去應提準備，稱為超額準備 (excess reserve)。通常在不景氣時，由於銀行會比較擔心其放款會變成呆帳，所以其所吸收的存款用作放款的比例會減少，而寧願保有比較多的超額準備。

有了以上銀行存款準備金的概念後，接下來我們就可以舉例說明，銀行如何透過放款創造存款貨幣。

為簡化分析，我們假設銀行不保有超額準備，且人們不持有通貨，亦即人們一拿到鈔票就存到銀行。另外，假設在一開始並沒有任何存款且中央銀行發行了 100 元的通貨。某甲拿到這 100 元後，在上述人們不持有通貨的假設下，某甲將這 100 元存入 A 銀行。假設應提準備率為 10%，在上述銀行不保有超額準備的假設下，A 銀行提了 10 元作準備金後，把剩下的 90 元全部貸給乙。此時，A 銀行的資產負債表如下：

A 銀行

資產		負債	
準備金	10 元	存款	100 元
放款	90 元		

乙取得 90 元的貸款後全部用掉。假設丙拿到這 90 元，且全部存入 B 銀行。B 銀行在提了 9 元作準備金後，把剩下的 81 元全部貸給丁。此時，B 銀行的資產負債表如下：

B 銀行

資產		負債	
準備金	9 元	存款	90 元
放款	81 元		

假設此一過程一直持續下去，我們接著可以得到 C 銀行與 D 銀行的資產負債表如下：

C 銀行

資產		負債	
準備金	8.1 元	存款	81 元
放款	72.9 元		

D 銀行

資產		負債	
準備金	7.29 元	存款	72.9 元
放款	65.61 元		

到最後，整個銀行體系的存款總額（以 D 表示）會有多少？我們可以將每家銀行的存款予以加總，而得到：

$$D = \$100 + \$90 + \$81 + \$72.9 + \cdots\cdots$$
$$= \$100(1 + 0.9 + 0.81 + 0.729 + \cdots\cdots)$$
$$= \$100(\frac{1}{1 - 0.9}) \tag{1}$$
$$= \$100(\frac{1}{0.1})$$
$$= \$1,000$$

所以，在我們上述極端簡化的假設下，最後整個銀行體系的存款總額為 1,000 元。另外，整個銀行體系的準備金總額（以 R 表示）與放款總額（以 L 表示），分別為：

$$R = \$10 + \$9 + \$8.1 + \$7.29 + \cdots\cdots$$
$$= \$100$$

$$L = \$90 + \$81 + \$72.9 + \$65.61 + \cdots\cdots$$
$$= \$900$$

因此，到最後整個銀行體系的合併資產負債表為：

整個銀行體系

資產		負債	
準備金	100 元	存款	1,000 元
放款	900 元		

中央銀行一開始發行的 100 元通貨，最後全變成銀行的準備金。由於通貨淨額等於通貨發行額減去銀行的庫存現金，所以，到最後通貨淨額為零。不過，此時的存款貨幣總額為 1,000 元，所以貨幣供給（等於通貨淨額加存款貨幣餘額）亦為 1,000 元，比起一開始的 100 元（100 元通貨淨額加零元存款），增加了 900 元。這 900 元是如何增加的呢？就是透過放款。如果銀行不放款或應提準備率為 100%，那麼，一開始 A 銀行的資產負債表會變成為：

A 銀行

資產		負債	
準備金	100 元	存款	100 元

換言之，整個社會的貨幣供給還是 100 元，只是從原先的通貨淨額 100 元變成存款貨幣 100 元。因此，在部分準備制 (fractional-reserve system) 下，銀行可以透過放款創造存款貨幣。

以上面的例子而言，最後的貨幣供給額（1,000 元）為原先（100 元）的 10 倍。此一倍數其實就是應提準備率 10% 的倒數（見式(1)）。所以，在上述極端的簡化假設下，整個社會的貨幣供給為：

$$貨幣供給 = \frac{通貨發行額}{應提準備率} \tag{2}$$

由此式可以知道，當應提準備率愈高時，貨幣供給愈少；這是因為銀行的放款金額因銀行的應提準備增加而減少，從而後續的銀行存款愈少。如果銀行保有超額準備，那麼上式等號右邊的分母變成銀行的實際準備率，因而銀行保有超額準備對貨幣供給的影響，就如同應提準備率上升一樣。

⏱ 動動腦 8-1

如果應提準備率為 10%，但銀行體系的實際準備率為 20%，試根據以上例子的推演過程，算出在此情況下，整個社會貨幣供給的最大可能金額。

如果人們持有通貨，那麼，人們的銀行存款會減少，從而銀行的放款金額，進而整個社會的貨幣供給會減少。換言之，如果人們的通貨——存款比率愈高，那麼，貨幣供給會愈少。

從上面的例子也可以知道，人們一開始存入銀行的錢就是中央銀行發行的通貨，所以在其他條件不變下，中央銀行的通貨發行額愈高，貨幣供給也會愈多。中央銀行所發行的通貨進入銀行體系之後，不管銀行把它存在中央銀行的準備金

帳戶或留作庫存現金，都可以做為準備金。不過，銀行的準備金不全然來自於通貨，例如，當中央銀行向外匯指定銀行購買 100 萬美元的外匯時，若美元兌新臺幣的匯率為 1:30，那麼，中央銀行就直接將 3,000 萬元新臺幣存入該銀行在中央銀行的準備金帳戶。如果該銀行原先沒有準備金不足的問題，那麼這 3,000 萬元新臺幣都屬於超額準備，而全部可以用來放款。所以，銀行不單可以透過存戶將通貨存入銀行而取得放款資金來創造存款貨幣，也可以透過將資產賣給中央銀行而取得放款資金來創造存款貨幣。

存款貨幣機構與郵匯局之準備金，以及社會大眾持有的通貨，合起來稱為準備貨幣 (reserve money)。當準備貨幣的數量愈多時，不管是來自於通貨，還是來自於銀行賣資產給中央銀行，銀行可用於放款的資金就愈多，從而貨幣供給就會愈大。因此，式(2)可以改寫成：

$$貨幣供給 = \frac{準備貨幣}{應提準備率} \tag{3}$$

其中 $(\dfrac{1}{應提準備率})$ 為大於 1 的倍數，我們稱之為貨幣乘數 (money multiplier)。上式可再改寫成：

$$貨幣乘數 = \frac{1}{應提準備率} = \frac{貨幣供給}{準備貨幣} \tag{4}$$

所以，貨幣乘數為貨幣供給相對於準備貨幣之倍數，同時貨幣供給等於貨幣乘數乘以準備貨幣。式(4)中的貨幣乘數為最大的可能倍數，因為它是在銀行不保有超額準備，以及人們不持有通貨這兩個可以使放款達到最大的假設下所得出來的，所以實際的貨幣乘數會小於應提準備率的倒數。

8.4 銀行的槓桿操作與 2008〜2009 年的金融危機

　　我們在上一節以相當簡單的例子說明了銀行如何運作。然而，就現代銀行體系而言，其實際運作要複雜許多，且此一複雜性在 2008〜2009 年的金融危機中扮演了關鍵角色。

　　在前面的銀行資產負債表中我們看到，銀行吸收存款，並將存款用來放款或做為準備金。但在實際上，銀行不只透過吸收存款來取得放款與投資所需資金，也像其他公司一樣，透過發行股票（以及對其他金融機構負債）來取得放款與投資所需資金。銀行透過發行股票所取得的資金稱為銀行資本。

　　以下是一個更為實際的銀行（E 銀行）其資產負債表：

E 銀行

資產		負債與股東權益	
準備金	100 元	存款	800 元
放款	700 元	對金融機構負債	150 元
證券投資	200 元	資本（股東權益）	50 元

此一資產負債表的右邊是銀行的負債與資本（或稱股東權益 (owners' equity) 或淨值 (net worth)）。E 銀行的股東注入了 50 元的資本，它也吸收了 800 元的存款且對其他金融機構有 150 元的負債。這些項目的總金額為 1,000 元，並被用在資產負債表左邊的三個用途：100 元的準備金、700 元的放款，以及 200 元的證券投資（如購買股票與債券）。銀行根據資產的報酬與風險以及相關規定（如應提準備），決定如何將其資源配置在資產負債表左邊的這些項目。

　　經濟體系中的許多企業都會進行槓桿操作 (leverage)，透過增加負債的方式取得資金來融通其投資計畫。就銀行而言，由於借貸是其業務的核心，所以槓桿操作對銀行特別重要。

　　槓桿比率是銀行的資產之於其資本的比率。在上面這個例子，槓桿比率是 20 ($1,000 ÷ $50)。槓桿比率是 20 意味著每 20 元的銀行資產，其中只有 1 元是來自於銀行的資本，剩下的 19 元都是借來的（吸收存款或增加負債）。

　　當銀行從事高槓桿操作時，它發生財務危機的風險也隨之增加。何以如此？假設銀行的資產價值因其所持有的證券之價格上漲而增加 5%。那麼，銀行的資產價值由原先的 1,000 元上升為 1,050 元，且由於銀行的存款與對其他金融機構負債之總和仍為 950 元，所以銀行資本由原先的 50 元增加為 100 元。因此，當槓桿比率是 20 時，銀行的資產價值增加 5% 會使其股東權益增加 100%。

　　當銀行的資產價值下跌時，也會有相同的擴大效應。假設銀行的某些房貸戶還不出房貸，而使銀行的資產價值下跌 5%，成為 950 元。由於銀行的存戶與債權人，相較於銀行的股東，有優先請求權，所以銀行的股東權益降為零。因此，當槓桿比率是 20 時，銀行的資產價值下跌 5% 會使其股東權益下跌 100%。如果銀行的資產價值下跌超過 5%，則銀行變成無償債能力 (insolvent)，亦即銀行無法全額給付存款與對其他金融機構的負債。

　　在 2008 年，美國不少銀行（如雷曼兄弟控股公司 (Lehman Brothers Holdings Inc.)）從事高槓桿操作；後來因房地產泡沫破滅所引發的房地產價格與相關資產價格重挫而陷入財務危機，甚至宣告破產，最後造成全世界很多國家的金融危機與經濟衰退。我們會在第 10 章詳細說明此一風暴的成因與影響。

8.5 中央銀行的貨幣政策工具

　　我們在前面曾提到，通常物價膨脹的成因為「太多的貨幣追逐太少的商品」，且貨幣供給等於準備貨幣乘以貨幣乘數。因此，中央銀行如果要影響物價水準，必須要能有效地改變準備貨幣數量與貨幣乘數水準，這樣才能改變貨幣供給量，進而影響物價水準。

　　一般中央銀行的主要貨幣政策工具，亦即中央銀行可以用來改變準備貨幣與貨幣乘數的工具，包括：⑴公開市場操作、⑵重貼現率與融通利率、⑶應提準備率、⑷對準備金付息或收息。前兩項工具旨在影響銀行的準備貨幣數量，而後兩項工具旨在影響貨幣乘數。

▶8.5.1 公開市場操作

所謂公開市場操作 (open-market operations) 是中央銀行經由金融市場，以買賣票券或債券的方式，影響銀行體系的準備金，用來調控準備貨幣的機制。當中央銀行要讓銀行體系的放款減少，以減少其所創造的存款貨幣時，就賣出債券。當銀行體系買下中央銀行所賣出的債券時，其在中央銀行準備金帳戶的餘額，進而可以用來放款的超額準備就減少。

相反地，如果中央銀行希望銀行體系的放款增加，以創造出更多的存款貨幣，那麼就買入債券，從而銀行體系在中央銀行準備金帳戶的餘額就會增加。如果銀行體系不把這部分增加的餘額全部做為超額準備，而把其中一部分用來放款，那麼貨幣供給就得以增加。

因此，如果中央銀行希望讓貨幣供給增加，那麼它就在公開市場買入債券；如果相反，就在公開市場賣出債券。前者意味著中央銀行採行擴張性貨幣政策 (expansionary monetary policy)，而後者意味著中央銀行採行緊縮性貨幣政策 (contractionary monetary policy)。

■ 1.公開市場操作：臺灣

由於我國的貨幣市場與債券市場的規模並不夠大，所以我國中央銀行主要是以其自己發行的定期存單（發行對象為金融機構）做為操作工具。當中央銀行希望貨幣供給增加時，定期存單到期後就不再續發，其本利和就成為銀行體系新增的超額準備。相反地，當中央銀行希望貨幣供給減少時，它就發行定期存單，收回準備貨幣。在 2021 年年底，中央銀行發行的定期存單餘額達 9 兆 4,826 億元。

■ 2.公開市場操作：美國

由於美國政府公債次級市場的規模夠大，所以其中央銀行，即聯邦準備體系 (Federal Reserve System, Fed) 的公開市場操作，就是以買賣美國政府公債為主。Fed 的公開市場操作策略是由聯邦公開市場委員會 (Federal Open Market Committee, FOMC) 開會決定（一年共開會 8 次）。該委員會決定聯邦資金利率

(federal funds rate) 的短期目標；紐約聯邦準備銀行的營業臺 (trading desk) 則在 FOMC 會議的間隔期間達成該目標。

聯邦資金利率為聯邦資金市場的利率，聯邦資金市場為美國金融同業的拆款市場。如果 FOMC 決定調高聯邦資金利率，紐約聯邦準備銀行的營業臺就賣出債券，收回準備貨幣。當這樣做時，美國銀行體系的超額準備，進而可拆借給同業的資金就減少，從而造成聯邦資金利率的上升。所以，當 FOMC 宣布調高（低）聯邦資金利率目標時，就表示聯邦準備要採行較為緊縮（寬鬆）的貨幣政策。

由於在過去十幾年，美國經濟有較大的波動幅度，所以 FOMC 曾多次連續調整聯邦資金利率目標。例如，由於自 2007 年下半年起，次級房貸問題對美國經濟的不利影響已逐漸浮現，Fed 將聯邦資金利率的目標值由 2007 年 9 月的 5.25%，一路往下調降至 2008 年 12 月的 0～0.25%，亦即 Fed 採行相當寬鬆的貨幣政策。

在一般情況下，當 Fed 調降聯邦資金利率目標值後，紐約聯邦準備銀行的營業臺就持續買進債券，直到新的聯邦資金利率目標值達成為止。但當聯邦資金利率的目標值降至 0～0.25% 時，已無下降空間，且美國在 2009～2012 年這段期間的經濟金融情勢仍未大幅好轉，Fed 仍需充裕銀行體系的資金，讓銀行不要緊縮放款。

為使紐約聯邦準備銀行的營業臺對買進債券的金額有所依據，Fed 遂於 2008 年年底與 2011 年 11 月實施兩輪的量化寬鬆貨幣政策，期間分別為 15 個月與 8 個月，且金額分別為 1.75 兆與 6,000 億美元（簡稱 QE_1 與 QE_2）。所謂「量化」指的就是定量的總買進金額。後來更於 2012 年 9 月與 12 月再推出兩輪另一種型態的量化寬鬆貨幣政策（合稱為 QE_3）；這兩次的「量化」指的是定量的每月買進金額，分別為每月 400 億與 450 億美元。在 2013 年 12 月，由於美國 11 月的失業率已降至 7.0% 且房市持續復甦，Fed 遂宣布自 2014 年元月起將每個月的購債總金額由原先的 850 億美元縮減至 750 億美元，且在 2014 年 10 月，因美國的勞動市場持續改善（美國 2014 年 9 月的失業率已降至 5.9%），及經濟持續溫和復甦，而宣布結束 QE_3，並於 2016 年起開始調升利率。不過，在 2020 年 3 月，由於新型冠狀病毒肺炎疫情肆虐經濟，Fed 遂將聯邦資金利率的目標值由 1～1.25% 一口氣降為 0～0.25%，並宣布採取無限量的 QE 政策。

自 2020 年 6 月起，每月購買至少 1,200 億美元的美國國債及抵押債券；在 2021 年 12 月，由於美國經濟已復甦且物價有較高的漲幅，每月購債金額降為 900 億美元；在 2022 年 3 月，由於美國 2 月的消費者物價指數的年增率達 7.9%，Fed 為抑制物價上漲，遂將聯邦資金利率的目標值由 0～0.25% 調升為 0.25～0.50%，並在之後的幾次會議，陸續再調升，以抑制日漸高漲的物價膨脹。

就我國而言，金融業隔夜拆款的年平均利率，自 2002 年起至 2022 年 1 月底都未突破 2.1%，2021 年更降到只有 0.081%；顯示我國這段期間的資金相當寬鬆。

▶8.5.2　重貼現率與融通利率

當企業或個人缺錢時，可以向銀行借錢；當銀行因準備金不足而缺錢時，可以向其他有超額準備的銀行借錢；當整個銀行體系的準備金不足時，就只好向中央銀行借錢了。所以，中央銀行又稱為「銀行的銀行」，為金融業者資金來源的最後依靠者 (lender of last resort)。

中央銀行對銀行的資金融通方式有兩種：重貼現和融通。所謂重貼現 (rediscount) 是銀行以其對顧客貼現而持有的合格商業票據，請求中央銀行予以「再貼現」。中央銀行同意後，再貼現的金額就成為銀行的準備金，而可以解決準備金不足的問題。重貼現率 (rediscount rate) 為中央銀行再貼現時所收取的利率。

因此，當中央銀行宣布調高重貼現率時，就對銀行體系發出下列訊息：「你最好不要因過度放款而有準備金不足的問題，否則你申請再貼現時，你會付出一個比較高的代價。」因此，如果中央銀行宣布調高重貼現率，那就表示中央銀行要採行較為緊縮的貨幣政策；反之，則表示中央銀行要採行較為寬鬆的貨幣政策。

在 2001 年我國經濟出現負成長時，中央銀行自 2001 年 2 月起至 2002 年 11 月，連續調降了 12 次重貼現率，降幅共 3%；也曾自 2008 年 9 月起至 2009 年 2 月，連續調降了 7 次重貼現率，降幅共 2.375%；以及自 2015 年 9 月起至 2016 年 7 月，連續調降了 4 次重貼現率，降幅共 0.5%。同樣地，在 2020 年 3 月，我國中央銀行也因為疫情的關係，而將重貼現率由 1.375% 調降為 1.125%；在 2022 年 3 月 Fed 升息 0.25% 之後，由於我國 2 月的消費者物價指數的年增率也達 2.36%，中央銀行也於 Fed 升息隔天將重貼現率由 1.125% 調升為 1.375%。

中央銀行對銀行的資金融通方式還包括短期融通與擔保放款融通。銀行可以持政府債券、中央銀行發行的定期存單,或其他經中央銀行同意的有價證券為擔保品,申請短期融通,期限不能超過 10 天;中央銀行收取的利率稱為短期融通利率。銀行因承做政府核定並經中央銀行同意的放款,或配合中央銀行貨幣政策承做的放款,或有緊急性資金需求並經中央銀行同意者,可以中央銀行同意的有價證券等為擔保品,申請擔保放款之再融通。該項融通的期限最長不能超過 360 天;中央銀行收取的利率稱為擔保放款融通利率。

當中央銀行同意銀行上述三種融通方式的申請時,銀行的準備金會增加,亦即準備貨幣會增加,所以其對貨幣供給的影響途徑與中央銀行買進債券一樣;只不過在前者,中央銀行是被動地等銀行申請,而在後者,中央銀行是主動的。

▶8.5.3 應提準備率

如前面所說明的,當應提準備率調高時,銀行必須提更多的準備金,從而可用於放款的資金變少了,進而貨幣乘數與貨幣供給跟著減少;相反地,如果應提準備率調降,那麼,貨幣乘數與貨幣供給會增加。所以,應提準備率是一項中央銀行著眼於改變貨幣乘數以影響貨幣供給的政策工具。

我國中央銀行在兩次石油危機期間,曾調高應提準備率。當國內一般物價已因國際石油價格飆漲而上漲時,中央銀行當然不希望因銀行放款增加致使國內整體支出增加,而對國內物價火上加油。另外,在 1980 年代下半期,為抑制不斷高漲的股票與房地產價格,中央銀行也曾於 1988 年 12 月與 1989 年 4 月兩次調高應提準備率(當時中央銀行定期存單的發行金額也由 1985 年年底的 267 億元,大幅增加至 1987 年年底的 9,461 億元),以減少股票與房地產市場的資金動能。

相反地,中央銀行也曾於 2001 年美國科技泡沫破滅引發全球經濟衰退之際,在當年 10 月調降應提準備率(如活期存款的應提準備率就從 13% 調降為 9.775%),希望銀行能增加放款以刺激景氣。不過,那時本國銀行的放款餘額仍出現連續兩年減少的結果,從 2000 年年底的 12 兆 8,961 億元減少為 2001 與 2002 年年底的 12 兆 7,151 與 12 兆 3,892 億元。同樣地,中央銀行也曾於 2008 年美國次級房貸風暴引發全球經濟衰退之際,在當年 9 月調降各類存款的應提準備率(如

活期存款的應提準備率就從 11.025% 調降為 9.775%），希望銀行能增加放款以刺激景氣。不過，那時本國銀行的放款餘額仍從 2008 年 11 月底的 16 兆 8,035 億元持續降至 2009 年 5 月底的 16 兆 3,892 億元。

在這兩次我國經濟出現負成長期間，可以想像的，不少企業與個人會有週轉困難的問題，但銀行對債信不佳的客戶寧願採取比較保守的放款態度；而銀行由於存款增加且放款減少，所以本身有不少所謂的「爛頭寸」。銀行也希望放款給債信良好的客戶，特別是大企業，不過那時大部分的大企業其投資也變得比較保守。所以，即使那時候中央銀行大幅調降應提準備率，本國一般銀行的放款在「不願貸」與「貸不出去」的雙重影響下，仍出現減少的結果（其他的存款貨幣機構也一樣）。

從這個例子也可以看出，中央銀行的貨幣政策效果具有不對稱性：當國內一般物價持續上升時，如果中央銀行願意不計代價，它可以透過大幅增加定期存單的發行（準備貨幣減少）與大幅調高應提準備率（貨幣乘數下跌），使國內的貨幣供給大幅減少；但當國內經濟不景氣時，即使中央銀行大幅買進債券，甚至大幅調降應提準備率，如果銀行的放款以及企業與個人的借款態度變得比較保守，那麼，銀行體系的放款餘額仍有可能是減少的，亦即中央銀行的擴張性貨幣政策是無效的。不過，不管如何，當中央銀行宣布調整應提準備率時，那就表示中央銀行有比較強烈的決心要落實新的貨幣政策。

▶8.5.4 對準備金付息或收息

傳統上，中央銀行並未付給銀行準備金利息。但在 2008 年 10 月，美國 Fed 開始對準備金付息，亦即當銀行將準備金存在 Fed 時，Fed 付給銀行準備金利息。此一變動讓 Fed 多了一項貨幣政策工具。當準備金的利率愈高時，銀行所願意保有的準備金數量就愈多；這意味著實際的存款準備率愈高，從而貨幣乘數愈低，進而貨幣供給會愈小。

相反地，當 Fed 調降準備金的利率時，銀行所願意保有的準備金數量會減少；這意味著資金從中央銀行回流到銀行，而銀行為避免這些資金成為「爛頭寸」，會調降利率以增加放款，從而貨幣供給會增加。不過，銀行願意增加多少放款還要

看當時的經濟狀況。如果經濟狀況差,從而放款的呆帳率會上升,則銀行不見得會增加多少放款;在此情況下,貨幣供給增加的幅度就可能相當有限。

　　歐洲央行與日本央行甚至分別於 2014 年 6 月與 2016 年元月開始實施「負利率」政策,亦即銀行不單無法獲得準備金利息,還要付利息給央行。負利率政策是希望更多的資金從央行回流到銀行,迫使銀行增加放款,以加大刺激經濟的力道。不過,同樣地,由於銀行在經濟表現不佳期間寧願採取比較保守的放款態度,甚至當央行加大其貨幣政策的寬鬆力道時,銀行還可能認為經濟表現會比它們預期的要來得差,而使其放款變得更加謹慎,因此,歐、日與一些國家其央行的負利率政策並未產生它們所期望的效果。

　　除了上述四種一般中央銀行的貨幣政策工具之外,中央銀行的外匯操作也會影響貨幣供給。如前所述,當中央銀行向銀行購買外匯時,銀行的準備金會增加。所以,中央銀行的外匯操作會影響其國外資產與準備貨幣,進而影響貨幣供給。雖然,中央銀行的外匯操作會影響貨幣供給,不過,其主要目的在於影響匯率,而不在於影響貨幣供給。

8.6 貨幣需求

　　如上所述,當經濟不景氣時,中央銀行會採行寬鬆的貨幣政策,希能讓銀行的放款增加,使貨幣供給與社會的投資支出增加,以達到刺激經濟的效果。但銀行放款要增加,它必須要先調降放款利率,因此,中央銀行的寬鬆貨幣政策工具要有效,要先能引導利率的下降。在下一節,我們將利用貨幣供需模型說明短期均衡利率的決定,以及貨幣政策的改變如何影響利率。在本節,我們則先說明貨幣需求及其影響因素。

▶ 8.6.1 貨幣需求的定義

　　貨幣需求指的是人們(包括個人與企業)想要持有的貨幣數量,而我們之前所介紹的貨幣供給,指的是人們實際持有的貨幣數量。當人們實際持有的貨幣數量等於想要持有的,亦即當貨幣供給等於貨幣需求時,貨幣市場達成均衡。

我們之前也曾提到，中央銀行可以透過公開市場操作，調整應提準備率、重貼現率或準備金利率，或透過外匯操作來影響貨幣供給。雖然中央銀行對貨幣供給不具完全的影響力，但仍有相當的影響力。為簡化分析，本書在未來的討論中，均假設貨幣供給完全由中央銀行決定。

▶8.6.2 影響貨幣需求的因素

■ 1.物價與實質所得

再回到貨幣需求。貨幣最主要的功能是做為交易媒介，因此，人們的交易值愈大，其貨幣需求量就愈大。一國的交易值通常以其名目國內生產毛額來代表，而名目國內生產毛額等於國內一般物價水準（以 P 表示）乘以實質國內生產毛額（以 Y 表示），所以一國的貨幣需求為一般物價與實質所得的增函數。英國著名經濟學家凱因斯 (John Maynard Keynes, 1883～1946) 稱此為交易性動機 (transactions motive) 的貨幣需求。

■ 2.名目利率

貨幣本身是一種資產，但通貨並沒有利息且支票存款並不計息，而活期存款的利率通常也都很低，因此，貨幣的平均報酬率通常是各類資產中最低的。也因此，當其他資產的報酬率（通常以債券利率 i 代表）上升時，持有貨幣的機會成本就增加，從而貨幣需求量就減少，亦即貨幣需求是名目利率的減函數。

凱因斯從另一個角度來解釋何以貨幣需求是利率的減函數。當現行的利率水準高於「正常的」(normal) 水準時，那就表示現行的債券價格低於正常的水準（因為利率與債券價格呈反向關係），人們因而會預期債券價格未來會上漲；如果現在買進債券的話（亦即現在減少貨幣持有），未來可賺取債券價格上漲的資本利得 (capital gains)。相反地，如果現行的利率水準低於正常的水準，那就表示現在並不是買進債券的好時機，因為現在的債券價格偏高，人們會因而想要多持有貨幣，等待未來利率高於正常水準，亦即債券價格低於正常水準時，再買進債券，以賺取資本利得。

因此，當利率上升（下降），亦即債券價格下跌（上漲）時，人們的債券需求會增加（減少），從而貨幣需求會減少（增加），故貨幣需求為利率的減函數。由於在利率低時，人們會想要保有更多的貨幣，是因為人們預期利率未來會上升，亦即債券價格未來會下跌，屆時再買進債券會有賺取資本利得的機會，故具有投機意味，凱因斯因而稱此為投機性動機 (speculative motive) 的貨幣需求。

■ 3.預期的物價膨脹率

影響貨幣需求的另一項因素為預期的物價膨脹率（expected inflation rate，以 π^e 表示）。當國際石油價格不斷上漲時，人們可能會因此調高未來物價的預期水準，亦即調高 π^e。這也意味著，人們認為貨幣未來的購買力會下降。為避免貨幣在未來使用時其購買力下降，人們會想要減少貨幣的持有數量，並在現在多消費甚至囤積商品，或是購買黃金或房地產之類的保值性資產。相反地，當人們因物價持續下跌而調降 π^e 時，意味著人們預期未來可以買到比現在便宜的商品，從而現在的消費會減少，或現在的儲蓄會增加。而貨幣的持有（如存 M2 中的定期儲蓄存款）是儲蓄的一種形式，因此，貨幣需求是預期物價膨脹率的減函數，亦即貨幣需求量隨 π^e 的上升而減少。

■ 4.其他因素

貨幣需求還會受到一些其他因素（以 O_m 表示）的影響。比方說，如果你的身體健康變差了，那麼未來的醫療支出可能會變得比較頻繁，甚至金額也會變大；這時你會未雨綢繆，從而想要保有的貨幣數量會增加。像為應付不時之需而想要持有的貨幣數量，凱因斯稱為預防性動機 (precautionary motive) 的貨幣需求。最後，我們通常也會觀察到，財富水準比較高的人，他皮夾裡擺的錢，或其支票存款與活期儲蓄存款的餘額也會比較多，所以，貨幣需求為財富水準的增函數。

綜上所述，我們可以把貨幣需求（以 M^d 表示）函數寫成：

$$M^d = m(\overset{+}{P}, \overset{+}{Y}, \overset{-}{i}, \overset{-}{\pi^e}, O_m) \tag{5}$$

函數中變數上方的「+」、「−」號表示該變數的水準上升時，對貨幣需求量的影響

方向。

8.7 貨幣供需與短期的利率

在本節，我們說明凱因斯的流動性偏好理論 (theory of liquidity preference) 來說明利率的決定。該理論在本質上就是一個供需模型，根據凱因斯的說法，利率會調整至使貨幣供需達成平衡的水準。

如圖 8-1 所示，縱軸為（名目）利率，橫軸為貨幣數量。我們假設貨幣供給 (M^s) 是由中央銀行所決定的，因此，貨幣供給曲線 (M^s) 是一條垂直線，其所對應的貨幣供給量為央行所決定的數量。另外，由於貨幣需求是利率的減函數，因此，貨幣需求曲線 (m) 是一條負斜率的曲線。

假設原先的貨幣供給曲線為 M_0^s，需求曲線為 m_0；兩條線交於 e_0 點，此點即貨幣市場的均衡點，其所對應的均衡利率為 i_0，且均衡貨幣數量為 M_0。

▶8.7.1 貨幣供給增加的影響

當中央銀行進行買進債券的公開市場操作，或調降應提準備率、重貼現率或準備金利率，或買進外匯時，貨幣供給量會增加，如從圖 8-1 中的 M_0 增加為 M_1。如圖所示，貨幣供給曲線由原先的 M_0^s 右移至 M_1^s。若利率維持在原先 i_0 的水準，則貨幣需求量也會維持在原先 M_0 的水準，從而在貨幣供給增加之後，一開始的貨幣供給量 M_1 會大於貨幣需求量 M_0。此意味著人們實際持有的貨幣數量 (M_1) 大於人們想要持有的貨幣數量 (M_0)，從而人們會開始處分多餘的貨幣數量 ($M_1 - M_0$)。

人們可以選擇的處分方式之一，是把多餘的貨幣拿去購買債券。當人們這樣做時，債券的價格會上漲，這也意味著債券的利率會因債券需求增加而下跌；在利率下跌之後，人們持有貨幣的機會成本也跟著減少，而使貨幣需求量增加（如圖中的箭頭所示）。此一過程會一直持續到新的均衡（圖中的 e_1 點）達成為止。如圖所示，新的名目利率均衡水準 i_1 小於原先的 i_0。

因此，在其他條件不變下，貨幣供給增加會使名目利率的均衡水準下降。從

另一個角度來看，當中央銀行在公開市場買進債券或調降應提準備率時，銀行的超額準備會增加；銀行會把一部分或全部新增的超額準備用來放款，從而貨幣供給會增加。而銀行為使資金能夠順利貸放出去，會調降放款利率，以吸引更多的企業與個人來向銀行借款。不過，由於銀行的利潤來自於存放款的利差，所以銀行也會同時調降存款利率。當銀行這麼做時，貨幣需求量會增加，直到貨幣市場達成新的均衡為止。

因此，如果中央銀行的寬鬆貨幣政策有效，則會使市場利率降低，且銀行的放款增加，從而使社會支出增加，而達到刺激經濟的效果。不過，如果銀行的放款態度保守，則央行的寬鬆貨幣政策能刺激經濟的效果有限；以圖形表示的話，就是貨幣供給曲線右移的幅度有限。

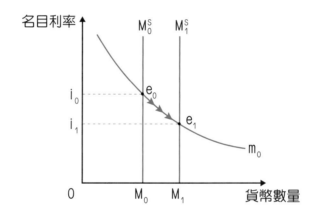

圖 8–1　貨幣供給增加對短期名目利率均衡水準的影響

▶8.7.2　貨幣需求增加的影響

相反地，如果貨幣供給不變，而實質 GDP 或一般物價上漲了，這時候貨幣需求會增加，亦即每一利率水準下的貨幣需求量會增加。如圖 8-2 所示，貨幣需求曲線由原先的 m_0 右移至 m_1，從而使貨幣市場的均衡點由原先的 e_0 變成 e_2，而名目利率的均衡水準也由原先的 i_0 上升為 i_2。

因此，當實質 GDP 或一般物價上漲時，名目利率會因貨幣需求增加而上升。從另一個角度來看，當貨幣供給不變時，實質 GDP 增加或一般物價上升會造成貨

幣需求量增加，此時名目利率要上升，使貨幣需求量減少，才能抵銷之前因實質GDP 增加或一般物價上升所造成的貨幣需求量的增加，貨幣市場才能重新回到均衡。相反地，當實質 GDP 或一般物價下跌時，名目利率會因貨幣需求減少而降低。

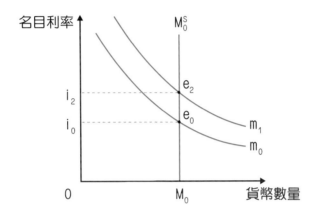

圖 8-2 實質 GDP 增加或一般物價上漲對均衡名目利率的影響

✓ 課後練習

一、單選題

( ) 1. 貨幣的最大作用在於：
　　　　　(A)促進物價穩定　　　　　　　　(B)促使交易順暢
　　　　　(C)改善所得分配　　　　　　　　(D)改善政府財政

( ) 2. 如果人們將定期儲蓄存款轉為活期儲蓄存款，則在其他條件不變下，
　　　　　就 M1A，M1B 與 M2 而言：
　　　　　(A)只有 M1A 不變　　　　　　　(B)只有 M1B 不變
　　　　　(C)只有 M2 不變　　　　　　　　(D)只有 M1B 變動

( ) 3. 貨幣乘數的最大可能值為下列哪一項的倒數？
　　　　　(A)超額準備率　　　　　　　　　(B)應提準備率
　　　　　(C)通貨與存款之間的比率　　　　(D)放款與存款之間的比率

( ) 4. 假設應提準備率為 10%，且社會大眾持有通貨占 M1A 的比率為 20%。
　　　　　若中央銀行買進 100 元的政府債券，則 M1A 可能增加的最大金額介
　　　　　於以下哪個區間？
　　　　　(A) (100, 200)　　(B) (200, 300)　　(C) (300, 400)　　(D) (400, 500)

( ) 5. 當中央銀行賣出債券時，在其他條件不變下：
　　　　　(A)債券價格會下跌　　　　　　　(B)債券市場利率會下跌
　　　　　(C)銀行放款利率會下跌　　　　　(D)以上(A)與(C)均正確

( ) 6. 下列何者不會使貨幣供給增加？
　　　　　(A)中央銀行買進債券
　　　　　(B)中央銀行提高其定期存單的發行金額
　　　　　(C)中央銀行調降應提準備率
　　　　　(D)中央銀行調降準備金利率

( ) 7. 當中央銀行在外匯市場買進外匯，且同時調降應提準備率時，貨幣供
　　　　　給將如何變動？
　　　　　(A)會增加　　　　(B)會減少　　　　(C)不受影響　　　　(D)以上都有可能

(   ) 8.下列敘述何者正確？

    (A)存款準備率愈高，貨幣乘數愈大

    (B)應提準備率愈高，貨幣乘數愈小

    (C)人們持有通貨的意願愈高，貨幣乘數愈大

    (D)以上皆是

(   ) 9.假設應提準備率為 20%，且所有銀行保有 5% 的超額準備。如果中央銀行買了 200 元的債券，則貨幣供給最大的可能變動為何？

    (A)增加 400 元　　(B)增加 800 元　　(C)增加 1,000 元　(D)減少 600 元

(   ) 10.假設應提準備率為 20%，且所有銀行不保有超額準備。如果中央銀行買了 300 元的債券，且人們的「通貨：存款」比值為 1/5，則貨幣供給最大的可能變動為何？

    (A)增加 600 元　　(B)增加 900 元　　(C)減少 300 元　　(D)減少 1,200 元

(   ) 11.當槓桿比率是 20 時，銀行的資產價值下跌 5% 會使其股東權益下跌多少？

    (A) 4%　　　　　(B) 20%　　　　　(C) 50%　　　　　(D) 100%

(   ) 12.下列敘述何者正確？

    (A)貨幣需求指的是人們實際持有的貨幣數量

    (B)貨幣需求指的是人們想要持有的貨幣數量

    (C)貨幣供給指的是人們想要持有的貨幣數量

    (D)以上(A)與(C)均正確

(   ) 13.在其他條件不變下，下列何者會使貨幣需求量減少？

    (A)利率下降　　　　　　　　(B)本國一般物價上漲

    (C)本國國民所得增加　　　　(D)人們調高預期的物價膨脹率

(   ) 14.根據流動性偏好理論，當一國實質 GDP 增加時，其短期名目利率的均衡水準會如何變動？

    (A)上升　　　　　(B)下降　　　　　(C)不受影響　　　(D)以上都有可能

(   ) 15.根據流動性偏好理論，下列何者會使短期名目利率的均衡水準下降？

    (A)一般物價上漲　　　　　　(B)中央銀行在外匯市場買進外匯

    (C)中央銀行調高應提準備率　(D)銀行調高超額準備率

二、問答題

1. 如果應提準備率為 25%，且人們持有的通貨占貨幣的比率為 20%，那麼當中央銀行通貨發行額增加 100 元時，貨幣供給的最大可能增額為何？

2. 假設美元兌新臺幣的匯率為 $\dfrac{30 \text{ NT\$}}{\text{US\$}}$。如果中央銀行向銀行買 100 萬美元，且同時發行 3,000 萬元的定期存單，那麼貨幣供給會不會受到影響？為什麼？

3. 假設應提準備率為 10%。在其他條件相同下，是中央銀行買了 100 元的政府公債，還是你把藏在枕頭下的 100 元存入銀行，會使貨幣供給增加得比較多？如果有增加得比較多，則會多多少？

4. 當中央銀行在公開市場買進債券時，債券市場利率會如何變動？銀行放款利率又會如何變動？

5. 當中央銀行調高應提準備率時，銀行的放款利率會如何變動？債券市場利率呢？試說明之。

6. 試繪圖說明下列敘述的真偽。

　⑴在其他條件不變下，一國發生技術進步會使該國利率的短期均衡水準降低。

　⑵中央銀行調降應提準備率會使該國利率的短期均衡水準降低。

　⑶中央銀行買進外匯會使該國利率的短期均衡水準降低。

筆記欄

9 → 外匯市場與匯率理論

學習重點

1. 何謂國際收支帳？其主要項目為何？其各項目餘額的意義又為何？
2. 何謂國際收支順差與逆差？
3. 何謂超額儲蓄？其實質面的意義為何？其資金面的意義又為何？
4. 為何一國有經常帳順差不見得就是好事，且一國有經常帳逆差不見得就是壞事？
5. 哪些交易構成一國外匯市場的供給與需求？
6. 在浮動匯率制度下，均衡匯率水準如何決定？
7. 何謂實質匯率？
8. 匯率制度有哪幾種？其各自的優缺點為何？
9. 何謂購買力平價理論？
10. 何謂未避險利率平價理論？

課前引言

當你決定買手機時，也許會比較宏達電和蘋果兩廠牌最新款式的性能與價格。當你打算到海邊度假時，也許會比較到墾丁與到普吉島的花費。當你開始存你的退休金時，也許會考慮該購買國內共同基金還是海外共同基金。

以上這些例子顯示，你所參與的不只是本國經濟，而是全球經濟。如果你決定買蘋果手機或決定到普吉島度假，則將享受國外所提供的商品與服務；如果你決定買海外共同基金，那麼資金會流向海外。簡言之，當你進行國際交易時，會造成商品、服務或資金的跨國移動。

可以想像的，國際交易會受到匯率的影響。舉例來說，如果蘋果手機的進口報價是 1,000 美元，且美元兌新臺幣的匯率是 30，亦即 1 美元可以換 30 元新臺幣，則蘋果手機的進口價格為新臺幣 30,000 元。如果美元兌新臺幣的匯率降為 20，且蘋果手機的進口報價仍是 1,000 美元，則蘋果手機的進口價格降為新臺幣 20,000 元。在此情況下，蘋果手機在臺的銷售量會大增。

由於匯率在國際交易扮演相當重要的角色，因此，本章會先介紹外匯市場與匯率，以及匯率制度，最後再介紹兩個匯率理論：購買力平價 (purchasing power parity, PPP) 與利率平價 (interest-rate parity) 理論。這些理論說明一國匯率的影響因素，當這些因素變動時，這些理論可以幫助我們預測匯率會如何變動。另外，我們也會說明，為何臺灣以 PPP 匯率所表示的平均每人 GDP 的世界排名，會遠優於以市場匯率所表示的平均每人 GDP。

為瞭解匯率如何決定，本章會先簡單介紹國際收支帳 (balance-of-payments accounts)，其記錄在某一特定期間（通常是一年或一季），一國之個人、企業及政府所進行之商品、服務與資產之國際交易流量。此帳有助於我們瞭解外匯市場的供需變化，進而瞭解匯率的波動。

9.1 國際收支帳

如同國內生產毛額 (GDP)，國際收支帳是一流量概念，可以用來說明一國所得與支出中與國際貿易有關的部分；但與國內生產毛額不同的是，國際收支帳還包括資產的跨國交易。

▶9.1.1 國際收支帳的項目

國際收支帳包含一些分帳，藉以將眾多的國際商品、服務與資產的交易項目分門別類，進而可提供我們與決策者關於一國經濟表現（如投資環境的相對吸引力）的有用資訊。其三個主要的分帳為經常帳 (current account)、金融帳 (financial account) 與準備資產 (reserve assets)，分別介紹如下：

■ 1.經常帳

經常帳記錄商品、服務與所得的跨國流通。它的四個基本項目為商品、服務、所得與經常移轉。

⑴商　品

此一項目包括消費財、資本財（如機器設備）、原物料與中間產品等有形商品的出口與進口。任何一項出口都會產生外匯收入；反之，任何一項進口都會產生外匯支出。在 2021 年，我國商品的收入約為 4,590 億美元，支出為 3,689 億美元，故有 901 億美元的順差。

⑵服　務

此一項目包括運輸服務、旅行服務與其他服務（如通訊服務與資訊服務等）的進出口。就旅行服務而言，當你到國外旅遊時，搭乘交通工具或住宿飯店，可以想像成你「進口」該地的服務；相反地，外國人在本國旅遊時，可以想像成他享受本國所「出口」的服務。在 2021 年，我國服務的收入約為 520 億美元，支出

為 397 億美元，故有 123 億美元的順差。

(3)初次所得

此項目主要包括薪資所得與投資所得。薪資所得是指居留期間在一年以下的非居民其工作的報酬；例如，本國國民在國外工作的薪資所得與我們支付給外籍勞工的薪資。投資所得是指持有國外金融資產的收益，主要包括股利與利息；例如，台積電付給外國股東的股利與本國收到外國的利息或股利。在 2021 年，我國初次所得的收入約為 383 億美元，支出為 219 億美元，故有 164 億美元的順差。

(4)二次所得

此一項目包括工作者匯款（居留期間在一年以上的外籍人員的工作報酬）與捐贈等。在 2021 年，我國二次所得的收入約為 87 億美元，支出為 114 億美元，故有 27 億美元的逆差。

將以上四個項目的淨額加總可以得知，我國 2021 年有 1,161 億美元的經常帳順差。

■ 2.金融帳

此項目記載國內外個人、企業或政府（不包括中央銀行）之間資產的跨國交易，包括直接投資 (direct investment)、證券投資 (portfolio investment) 與其他投資。直接投資係投資者對於企業具有持久性利益的投資，如臺商到中國或外商到臺灣設廠的投資；證券投資包括股權證券（如股票）與債權證券（如債券）；其他投資為不屬於上述兩項的投資，如貸款與存款。

當本國增持國外資產時，會產生外匯支出；當本國處分國外資產時，會產生外匯收入。相反地，當外國增持本國資產時，會產生外匯收入；當外國處分其所持有的本國資產時，會產生外匯支出。

■ 3.準備資產

準備資產係指貨幣當局（一般為中央銀行）所控管隨時可動用的國外資產，

包括外匯存底（含外幣現金、存款及有價證券）、貨幣用黃金與其他債權。此項目記載貨幣當局所進行的金融資產跨國交易。若本國中央銀行所持有的國外資產增加，則會產生外匯支出；若本國中央銀行處分國外資產，則會產生外匯收入。

▶9.1.2　國際收支的順差與逆差

國際收支帳除了上述的經常帳、金融帳與準備資產外，還包括「資本帳」(capital account) 及「誤差與遺漏淨額」兩項。資本帳包括資本移轉及非生產性、非金融性資產（如專利權、商譽等無形資產）的取得與處分。另外，由於在記帳的過程中，有些項目是推估而來的，或有些交易被遺漏，因此有「誤差與遺漏淨額」這一項。由於這兩項金額通常都不大，本書在後面的討論中會予以忽略。

外匯不會從天而降也不會憑空消失。例如，本國出口商在收到美元貨款時，會將這些美元賣給銀行，以換取新臺幣來支付員工薪水及其他生產要素；而銀行在收到這些美元以後，會賣給本國進口商、赴國外旅遊者、購買國外資產者，或中央銀行。簡單地說，由於外匯無法在本國做為交易媒介，所以我們因出口所賺取的外匯不是被用來購買國外商品，就是被用來購買國外資產。因此，如果我們有經常帳順差，則我們的金融帳與準備資產這兩項合起來一定會有逆差，且金額等於經常帳順差，亦即以下的等式會成立：

$$經常帳餘額 + 金融帳餘額 + 準備資產項下餘額 = 0$$

由於經常帳與金融帳記載的是中央銀行以外的行為者的國際交易，這些行為者通常是基於自利動機進行這些交易，因此，經常帳與金融帳中的項目為所謂的自發性項目 (autonomous items)；而準備資產項下的餘額通常反映中央銀行介入外匯市場進行調節的結果，這些調節通常是企圖影響匯率水準，所以我們稱準備資產這個項目為調節性項目 (accommodating items)。

上面的等式意味著一國整體的國際收支餘額為零。那為什麼我們有時候會聽到媒體稱我們有國際收支順差或逆差呢？其實它們指的並不是整體國際收支，而是只包括經常帳與金融帳這兩大自發性項目的餘額而已。如果此一餘額為正值，

表示不包括中央銀行,外國支付給本國的外匯金額大於本國支付給外國的外匯金額,此時稱本國有國際收支順差 (balance-of-payments surplus)。因為整體國際收支是平衡的,一國有國際收支順差就意味著該國的準備資產項下餘額為負值。

以 2021 年為例,臺灣的經常帳順差約 1,161 億美元,金融帳逆差 1,046 億美元,誤差與遺漏淨額約 95 億美元,因此臺灣約有 210 (= 1,161 − 1,046 + 95) 億美元的國際收支順差,也因此準備資產項下餘額約 −210 億美元,且中央銀行的外匯存底約增加 210 億美元。反之,如果一國經常帳加金融帳的餘額為負值,則稱一國有國際收支逆差 (balance-of-payments deficit)。

綜上所述:若資本帳餘額及誤差與遺漏淨額都小,那麼,一國若有國際收支順差,則其準備資產項下餘額為負值,通常表示該國中央銀行的外匯存底增加;一國若有國際收支逆差,則其準備資產項下餘額為正值,通常表示該國中央銀行的外匯存底減少。

▶9.1.3 國民所得會計帳與國際收支帳

接下來我們可以透過國民所得會計帳來瞭解國際收支帳中的經常帳餘額與金融帳餘額的意涵。一國的經常帳餘額反映一國與國外有關的所得的來源與支用,本國商品與服務的出口,本國生產要素的國外所得和來自國外的經常移轉,均構成本國的當期所得;而商品與服務的進口,以及外國生產要素在本國的所得和本國對外國的經常移轉,均構成本國當期的支出。

因此,從支出面來看,一國的國民所得毛額 (gross national income,簡稱 Y) 可以表示成:

$$Y = C + I + G + CAB$$

其中 C 為民間消費,I 為國內投資,G 為政府消費,CAB 為經常帳餘額 (current account balance)。

上式可以改寫成:

$$Y - (C + I + G) = CAB$$

　　此式的意義為一國的經常帳餘額為所得 (Y) 與總支出 (C + I + G) 之間的差。舉例來說，假設一國只生產椰子且每年生產 100 顆，其中民間與政府各消費 65 顆與 10 顆，且種了 20 顆（由於可使未來的椰子產量增加，故為投資），那麼剩下的 5 顆可以用來出口或進行經常移轉。這是從實質面來看經常帳餘額的意涵。

　　上式可再改寫成：

$$(Y - C - T) + (T - G) - I = CAB$$

　　其中 T 為政府淨收入，(Y - C - T) 為民間儲蓄，(T - G) 為政府儲蓄，這兩項之和即為國民儲蓄（national saving，以 S 表示）。從上式可以得知，一國的經常帳餘額反映一國儲蓄與投資之間的差距。如果 CAB 之值為正，即一國有經常帳順差，則表示該國有超額儲蓄 (excess saving)，即 S > I。這是因為一國產出沒有被消費掉的部分 (Y - C - G) 構成國民儲蓄，而國民儲蓄沒有完全轉化成國內投資的部分，可以用來出口或進行經常移轉。反之，如果 CAB 之值為負，即一國有經常帳逆差，則表示該國有超額投資 (excess investment)，即 I > S，二者差額的部分需由進口來支應。這是從實質面來看經常帳餘額與超額儲蓄之間的關係。

　　之前我們曾提到，一國的經常帳餘額加金融帳餘額再加準備資產項下餘額等於零。我們稱金融帳餘額加準備資產項下餘額為廣義的金融帳餘額。因此，一國若有經常帳順差（逆差），則表示該國一定有廣義的金融帳逆差（順差）。如上所述，一國有經常帳順差，表示該國有超額儲蓄；當一國有超額儲蓄時，多餘的儲蓄可以用來購買國外資產，而形成淨資本外流，此時會有廣義的金融帳逆差。反之，一國有經常帳逆差，表示該國有超額投資；當一國投資無法完全由該國的儲蓄來融通時，須透過國外資金來挹注差額的部分，亦即會有淨資本內流，因而會有廣義的金融帳順差。這是從資金面的角度來看廣義的金融帳餘額與超額儲蓄之間的關係。

　　綜上所述，我們可以得到下列等式：

超額儲蓄 = 經常帳餘額 = −廣義的金融帳餘額

透過以上等式我們可以連結國民所得會計帳與國際收支帳。

▶9.1.4　一國有經常帳順差是不是一定就是好事？

接下來我們要問，一國有經常帳順差是不是一定就是好事？或反過來說，一國有經常帳逆差是不是一定就是壞事？這個問題沒有一定的答案，要看發生的原因。

例如，臺灣的經濟成長主要是由出口帶動，經常帳順差增加通常表示臺灣的國際競爭力提升，但臺灣經濟在 2009 年負成長時，那一年的經常帳順差也由前一年的 248 億美元增加到 406 億美元❶。

這主要是因為那一年的經濟表現不佳，生產及投資減少，致使商品進口大幅減少 643 億美元，而出口只減少 541 億美元，因此商品貿易順差增加 102 億美元。泰國在 1997 年第 3 季發生金融風暴，其第 4 季的經常帳也是因為進口大幅減少而由逆差轉為順差。所以，一國有經常帳順差不見得是好事。

而一國經常帳逆差也不見得是壞事，如美國在 1990 年代經濟持續繁榮，其消費與國內投資持續增加，而導致經常帳逆差不斷擴大。從另一個角度來看，當一國有經常帳逆差時，也意味著這個國家有淨資本流入；如果一國能善用這些資本，提升其生產力，那麼，經常帳逆差也不見得會使失業率升高。但如果一國的貿易逆差源自於該國的國際競爭力下滑，且未善用淨流入的資本，那麼該國經濟就有可能產生危機，如 1997 年發生金融風暴的泰國與 2009 年發生主權債信危機的希臘。所以，一國有經常帳順差不一定就是好事，或反過來說，一國有經常帳逆差不一定就是壞事，要看發生的原因。

9.2 外匯市場與匯率

一國進行國際交易會產生外匯（即他國貨幣）的進出，流進的外匯構成外匯市場的供給，而流出的外匯構成外匯市場的需求。在中央銀行不介入外匯市場的情況下，外匯市場的供需共同決定出匯率的均衡水準。在本節，我們說明外匯市

---

❶ 臺灣在 2001 年發生首度的年經濟負成長，那一年的經常帳順差也由前一年的 82 億美元增加到 170 億美元。

場的供需如何影響匯率的均衡水準,接著說明國際貿易不單受匯率的影響,也決定於國內外的物價水準,亦即國際貿易決定於兩國之間的實質匯率。

▶9.2.1 外匯市場供需與均衡匯率

由於新臺幣並非國際通用貨幣,因此我們在進行國際交易時,必須以美元之類的國際貨幣做為交易媒介。在臺灣,美元市場是主要的外匯市場。就國際交易而言,商品、服務與資產就像水一樣從一國流到另一國;而外匯市場就像國際的排水系統,此一系統是由銀行、外匯經紀商以及中央銀行所構成。透過此一系統,家戶、企業及政府可以買賣外匯。一國外匯市場的效率愈高,其商品、服務及資產的國際交易也就會愈順暢,而匯率(即外匯的市場價格,我們以 1 元的外國貨幣可以換成多少元的本國貨幣表示)在此一系統中扮演相當重要的角色。

舉例來說,如果你是手機的出口廠商,且國外客戶訂單的報價是一支 500 美元,你會不會接下這筆訂單?這時候你必須知道美元兌新臺幣的匯率,才能知道一支 500 美元的手機折合新臺幣多少錢,也才能知道一支 500 美元的報價獲利多少,這是因為你是用新臺幣支付員工薪水、零組件貨款等。又比方說,你是進口車車行的老闆,國外出口廠商的報價是一輛 2 萬美元,你會不會下訂單?訂單數量又是多少?這時候你也必須知道美元兌新臺幣的匯率,才能計算未來進口車的新臺幣訂價,以及此一訂價與其他同級的國產車相較起來是否有價格競爭力。

以上這些例子說明了匯率會影響一國人民的國際交易決策,這是因為影響交易的一個最重要因素就是價格,而匯率就是外幣的價格。一國外匯市場的主要角色就是提供外匯買賣雙方交易平臺,進而決定匯率水準。

除了商品與服務的國際貿易會形成外匯的供給與需求外,國際間的資產交易也會影響外匯的供需。例如,臺商對中國的直接投資會形成臺灣外匯市場對美元的需求,因為臺商不能直接拿新臺幣去支付中國廠的建築與其他費用,他必須先以新臺幣購買美元,再將購得的美元匯至中國,轉換成人民幣。又例如,如果國外投資機構想購買臺灣的股票,它們必須先將外匯匯至臺灣,換得新臺幣後才能購買臺灣的股票,此一行為形成臺灣外匯市場的供給。簡單地說,國際收支帳那些會造成外匯流出的項目形成外匯市場的需求,而那些會造成外匯流入的項目形

成外匯市場的供給。

　　如同一般的商品與服務的市場價格是由市場供需所共同決定，外匯市場的匯率水準在匯率可以自由變動時，也是由外匯市場的供需雙方所共同決定的。如圖 9–1 所示，根據需求法則，外匯市場需求曲線為一負斜率曲線；根據供給法則，外匯市場供給曲線為一正斜率曲線。兩條線交點所對應的匯率 (e_0) 為均衡匯率；所對應的數量 (Q_0) 為均衡外匯數量。

　　當外匯市場的供需發生變動時，匯率也就隨著變動。在其他條件不變下，若外匯市場需求增加（減少），匯率會上升（下跌）；若外匯市場供給增加（減少），匯率會下跌（上升）。

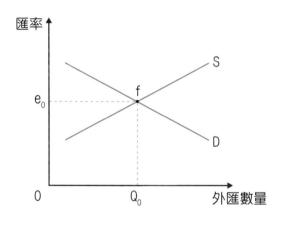

圖 9–1　均衡匯率的決定

　　例如，如果石油的國際價格大漲，則臺灣購油的支出與美元需求將增加，在其他條件不變下，將導致美元兌新臺幣匯率的上升，比方說由 32 NT$/$ 上升至 33 NT$/$，此時我們稱美元（對新臺幣）升值或新臺幣（對美元）貶值。相反地，如果石油的國際價格大跌，則臺灣外匯市場美元的需求將減少；在其他條件不變下，美元兌新臺幣的匯率將下跌，比方說由 32 NT$/$ 下降至 31 NT$/$，此時我們稱美元貶值或新臺幣升值。

▶9.2.2　實質匯率

　　到目前為止，我們所探討的是名目匯率 (nominal exchange rates)。以國內的進

口車車行為例，車行老闆所決定的進口量會受到美元兌新臺幣的名目匯率的影響，如果新臺幣貶值，那麼他以新臺幣所表示的進口成本將上升。比方說，一輛報價 2 萬美元的進口車，在美元兌新臺幣的匯率為 32 時，其以新臺幣表示的進口成本為 64 萬元新臺幣；如果美元兌新臺幣的匯率為 33 時（即新臺幣貶值），則其進口成本上升為 66 萬元新臺幣。此時，進口車在國內車市的競爭力將下降。另外，如果進口車的報價上升為 21,000 美元且美元兌新臺幣的匯率為 32，那麼其進口成本將上升為 67.2 萬元新臺幣，此亦不利其在國內車市的競爭力。此外，如果美元的匯率維持在 32，且進口報價維持在 2 萬美元，那麼當國產車的價格下降時，該進口車在國內車市的競爭力也會下降。

由以上的說明可以得知：一國的進口量除了受到名目匯率影響外，也決定於國外商品價格與國內商品價格。我們將國外商品價格（如 2 萬美元）乘以美元兌新臺幣的匯率（如 32），即可得到國外商品以新臺幣所表示的價格（如 64 萬元新臺幣）。在此情況下，國外商品可與國內商品直接比較價格，而國內進口商也可以用這個相對價格（國外商品以新臺幣表示的價格／國內商品價格）來決定要不要進口國外商品或進口多少數量。此一相對價格稱為實質匯率或實質交換比率 (real exchange rate)。之所以稱為「實質」，是因為這個相對價格或交換比率反映出 1 單位國外商品可以兌換多少單位的本國商品（如 1 輛進口車以新臺幣表示的價格為 64 萬元新臺幣，而國內同級車的價格為 60 萬元新臺幣，那麼 1 輛進口車約可換 1.067 輛國內汽車）。

總而言之，一國進口數量的增減不能只看名目匯率的變動，還需要考慮國內外價格的變動；換言之，一國的進口數量決定於實質匯率水準。當實質匯率上升（下降）時，即國外商品相對本國商品變貴（便宜）時，本國的進口數量將減少（增加）。此一概念也可適用於本國的出口數量。當本國貨幣貶值，或國外商品價格上漲，或國內商品價格下跌而導致本國商品相對於國外商品變便宜時（即實質匯率上升時），本國的出口數量將增加。

如果我們以 e_t 表示第 t 期某一外幣兌新臺幣的平均匯率水準，P_t^* 表示外國第 t 期的物價水準，通常以消費者物價指數代表，P_t 表示國內第 t 期的物價水準，那麼本國第 t 期的實質匯率水準 (E_t) 為：

$$E_t = \frac{e_t P_t^*}{P_t}$$

除了實質匯率之外，一國的進出口量還會受到國內外所得、運輸成本及國內外貿易政策的影響。有興趣的讀者可以考慮修習「國際貿易」課程。

9.3 匯率制度

在以上關於外匯市場之均衡匯率的討論中，我們假設匯率可以自由變動，亦即中央銀行不干預外匯市場。在此情況下，均衡匯率是由外匯市場供需雙方所共同決定的。不過，一國的中央銀行有時會透過買賣外匯，試圖影響匯率水準，甚至將匯率釘住在某一水準。因此，各國外匯市場的匯率有不同的決定方式，亦即各國有不同的匯率制度。

匯率制度依中央銀行介入外匯市場的程度的不同，大致可分為固定匯率制度 (fixed exchange rate system)、純粹浮動匯率制度 (pure floating exchange rate system) 與管理浮動匯率制度 (managed floating exchange rate system) 等三種。

▶ 9.3.1 固定匯率制度

一國貨幣當局（通常是中央銀行）將本國貨幣與某一外幣之間的兌換比率，固定在某一水準，除非維持此一水準有重大困難，否則不會輕易變動，這樣的匯率制度稱為固定匯率制度。例如，在 1973 年 2 月以前，新臺幣兌美元的官定匯率為 40 比 1，1973 年 2 月改為 38 比 1，然後一直維持到 1978 年 7 月 11 日中央銀行宣布實施「機動匯率」制度（即管理浮動匯率制度）為止。

在平常時期，亦即在國內外政經情勢穩定的時期，固定匯率制度的維持不至於有太大的問題；但如果國內外政經情勢有較大且持續的波動，則一國可能會被迫廢除固定匯率制度。這一點可以用圖 9–2 來說明。

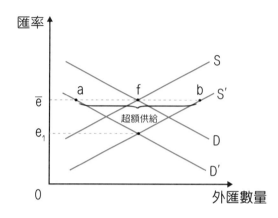

圖 9-2 固定匯率下外匯市場存在超額供給

　　假設中央銀行的官定匯率水準為 1 美元可以換 ē 這麼多元的新臺幣，且一開始 ē 正好是外匯市場美元供給曲線與需求曲線交點 f 所對應的匯率水準。如果由於某一個原因，市場預期新臺幣對美元會升值，亦即美元對新臺幣會貶值，那麼美元的供給會增加（比方說由圖 9-2 中的 S 右移至 S'），且美元的需求會減少（比方說由圖中的 D 左移至 D'）。這道理就如同賣者預期商品的價格會下跌時，現在的供給會增加，免得以後賣到較低的價格；而買者預期商品的價格會下跌時，現在的需求會減少，因為未來還可以用更低的價格買到這項商品。

　　如圖 9-2 所示，當美元的市場供給增加且需求減少時，在 ē 這個匯率水準下，市場會有 $\overline{ab}$ 這麼多的超額供給。中央銀行為維持 ē 這個匯率水準，它必須進場買進 $\overline{ab}$ 這麼多的美元，否則，美元兌新臺幣的匯率會跌到 e_1 的水準。當中央銀行向銀行買進 $\overline{ab}$ 這麼多美元時，它必須支付給銀行 $\bar{e} \times \overline{ab}$ 的新臺幣，從而銀行在中央銀行的準備金帳戶會有相同金額的增加。由於這部分準備金餘額的增加絕大部分屬於銀行的超額準備，亦即銀行可以用來進行放款的資金，因此，在部分準備制之下，最後貨幣供給量會呈倍數增加。

　　如果上述美元對新臺幣會貶值的預期心理一直持續下去，則中央銀行為維持匯率固定，必須持續買進美元。在此情況下，雖然中央銀行的外匯存底會不斷地增加，但貨幣供給也會大幅增加，從而可能會造成物價膨脹或資產價格膨脹的結果。臺灣在 1980 年代後期房地產與股票價格的飆漲，基本上有相似的過程。

相反地，如果市場預期新臺幣對美元會貶值，亦即美元對新臺幣會升值，那麼美元即期市場的需求會增加且供給會減少。如圖 9–3 所示，這時在 ē 的匯率水準下會有 $\overline{gh}$ 的超額需求。中央銀行為維持 ē 的匯率水準，必須進場賣 gh 這麼多的美元。如果此 1 美元對新臺幣升值的預期心理一直持續下去，則中央銀行就必須不斷地賣美元且同時收回準備貨幣。前者最終會造成中央銀行外匯存底耗盡而被迫放棄固定匯率制度；後者可能造成對經濟的嚴重緊縮效果。

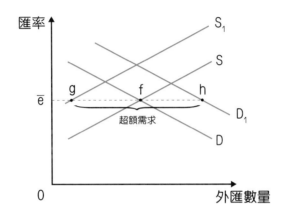

圖 9–3　固定匯率下外匯市場存在超額需求

因此，在固定匯率制度下，雖然在平常時期由於匯率固定不變，可以讓國際交易的決策不必考量匯率變動的風險，而使國際交易較能順利進行。例如出口商不必擔心未來收到美元貨款時，美元會不會貶值，又例如外人來臺進行直接投資時，不必擔心未來新臺幣會貶值而使其新臺幣的利潤轉換成美元時會縮水。不過，在非常時期，固定匯率制度有可能造成一國經濟情勢有較大的波動，甚至其中央銀行有可能被迫放棄固定匯率制度。

▶9.3.2　純粹浮動匯率制度

在純粹浮動匯率制度下，中央銀行完全不介入外匯市場，而放任外匯市場供需雙方共同決定均衡匯率水準。由於中央銀行完全不買賣外匯，因此，國際收支帳中的準備資產項下的餘額為零，也因此國際收支一定處在均衡的狀態下；同時，中央銀行的準備貨幣餘額也不會變動。

　　浮動匯率制度的另一個好處是可以隔絕國外因素對國內經濟的影響。例如，當外國一般物價上漲時，外國商品相對本國商品變貴了，從而使本國的出口增加且進口減少，進而導致外匯市場供給增加，以及外匯需求減少。出口增加且進口減少對本國經濟具有擴張的效果，但如圖 9–4 所示，外匯市場供給增加且外匯需求減少，會使匯率下降，亦即外國貨幣貶值。外國貨幣貶值表示外國商品相對本國商品變便宜了，因此使得本國出口減少且進口增加，這對本國經濟具有緊縮效果。最後，外國一般物價上漲對本國經濟的擴張效果與外國貨幣貶值對本國經濟的緊縮效果會互相抵銷，從而外國一般物價上漲只會造成本國貨幣升值，而本國一般物價與實質所得並不會受到影響。因此，在浮動匯率制度下，本國可以隔絕外國一般物價上漲對本國經濟的影響。

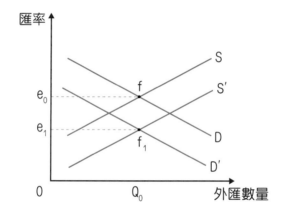

圖 9–4　外國一般物價上漲對匯率的影響

　　不過，這個結論是針對外國一般物價，如果漲的是國際石油價格，結論就正好相反。由於我國的石油百分之百仰賴進口，且石油的需求彈性低，因此當國際石油價格上漲時，我國的石油進口支出會增加，而使得外匯需求增加，進而使匯率上漲。這表示石油的新臺幣進口成本會有雙重的推升效果。國內的石油價格上漲會使廠商的生產成本上升，而造成國內一般物價的上漲與產出的減少。因此，就石油進口國而言，浮動匯率制度並無法隔絕國際石油價格上漲對國內經濟的影響。

⏱ 動動腦 9-1

就國際石油價格上漲及臺灣而言，在固定匯率制度下，國內一般物價的漲幅會不會小於在浮動匯率制度下的漲幅？為什麼？

相較於固定匯率，在浮動匯率制度下，由於匯率是波動的，所以國際交易必須考量匯率變動這項因素。由於匯率變動很難捉摸，所以當匯率波動程度較大時，如果沒有足夠的避險管道，可能會妨礙國際交易的進行（匯率的避險工具不在本書的討論範圍，有興趣的讀者可以修習「國際金融」課程）。

▶9.3.3 管理浮動匯率制度

管理浮動匯率制度是介於固定匯率與純粹浮動匯率二者之間的制度。在此制度下，匯率原則上是由外匯市場供需雙方共同決定，亦即中央銀行尊重外匯市場價格機能，但「若因偶發性因素，以致匯率波動過度時，央行將致力維持外匯市場之秩序」❷，亦即中央銀行將透過買賣外匯來降低匯率的波動幅度。

當中央銀行不希望新臺幣對美元升值時，亦即不希望美元對新臺幣貶值時，中央銀行會進場買美元以支撐美元的價位。之前我們曾提到，當市場預期新臺幣對美元未來會升值時，外匯市場的美元供給會增加且需求會減少。如圖 9-5 所示，若中央銀行不介入，則美元兌新臺幣的匯率會貶到 e_1；但如果中央銀行不希望美元跌到這個價位，它會進場買美元，而使市場需求增加（需求曲線由 D_1 右移至 D_2），從而使均衡匯率只下降到 e_2。由於中央銀行向銀行買進美元，因此準備貨幣與貨幣供給量都會增加。

相反地，若中央銀行不希望美元對新臺幣升值時，它會進場賣美元，以減緩美元對新臺幣升值的幅度。

---

❷ 中央銀行新聞稿，2006 年 11 月 5 日。

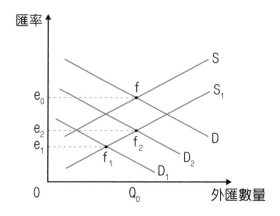

圖 9–5　中央銀行買進外匯與匯率

9.4 匯率理論

　　到目前為止，我們並未有系統地說明哪些因素會影響外匯市場的供需，進而影響均衡匯率水準。在本節，我們會介紹兩個匯率理論：購買力平價理論與利率平價理論；這兩個匯率都告訴我們哪些因素會影響外匯市場的供需。如果我們知道這些影響因素未來會如何變動，那麼我們就可以根據這兩個理論來預測匯率的未來可能走勢。

▶9.4.1　購買力平價理論

　　購買力平價 (purchasing power parity, PPP) 理論認為，影響匯率的最主要因素為兩國的物價水準。購買力平價理論講的是：「如果我們忽略運輸成本，且其他會影響價格的條件（包括稅率、市場結構等）都一樣，那麼任一種貨幣，不管是用來購買該國商品，或依匯率轉換成外幣而用來購買其他國家同質的商品，匯率會調整至使此一貨幣可以購買相同數量的兩國商品的水準；換言之，匯率會調整至讓一國貨幣不管是用來購買哪一國的同質商品，都會有相同的購買力。」因此，此一匯率理論稱為購買力平價理論。

　　購買力平價理論是以「單一價格法則」(law of one price) 為基礎。單一價格法

則講的是如果不考慮運輸成本，且其他條件都一樣，那麼在自由貿易下，兩地同質商品的價格會趨於相等。這是因為如果不相等，就會存在套利 (arbitrage) 機會。套利機會的存在會讓商人在便宜的地方買進此一商品，再運到貴的地方去賣，來賺取價差。此一套利行為會使便宜地區的市場需求增加，從而導致其價格上漲，同時也會使貴的地區的市場供給增加，進而導致其價格下跌。這兩地的價格最後會趨於相等。接下來我們就以 1GB DRAM 為例，來說明如何透過單一價格法則得出購買力平價的匯率理論。

假設臺灣 1GB DRAM 原本的單價是新臺幣 300 元，美國的單價是 12 美元，且美元兌新臺幣的匯率為 30 NT\$/\$。根據這些價格，在自由貿易及不考慮運輸成本的情況下，臺灣的 DRAM 如果運到美國市場去賣，它的單位成本是 10 美元 (= $\frac{300 \text{ NT\$}}{(30 \text{ NT\$/\$})}$)。在此情況下，套利的立即報酬是 20% (= $\frac{(12-10)}{10}$)。這樣的獲利機會會吸引很多商人在臺灣搜購 DRAM，再運到美國去賣。前者造成臺灣的 DRAM 新臺幣價格 (P) 上漲；後者造成美國 DRAM 價格 (P*) 下跌。臺灣由於出口 DRAM 到美國，會收到出口的美元貨款，從而臺灣美元市場的供給會增加，進而造成美元兌新臺幣匯率 (e) 的下跌。

原先美國 DRAM 單價換成新臺幣為 360 元 (30 × 12)，且臺灣 DRAM 的價格（300 元）要比美國便宜。以符號來表示，可以寫成：

$$P < eP^*$$

也就是一開始兩地存在價差。在「買賤賣貴」的套利行動後，臺灣的 DRAM 價格上漲（P 上升），美國的 DRAM 價格下跌（P* 下降），且美元對新臺幣貶值（e 下降）。這樣的價格調整會一直持續到兩地的價格相等為止（比方說臺灣的 DRAM 單價漲到 308 元，美國的 DRAM 單價跌到 11 美元，且美元兌新臺幣的匯率跌到 28 NT\$/\$）。這樣的均衡結果以符號表示，可以寫成：

$$P = eP^*$$

以上所說明的是「單一價格法則」，亦即在自由貿易及不考慮運輸成本的情況

下，兩地同質商品的價格會趨於相等。上一個等式可以改寫成：

$$\frac{\$1}{P^*} = \frac{e}{P}$$

此一等式左邊講的是 1 塊美元在美國可以買的商品數量，即這 1 塊美元在美國的購買力；右邊講的是這 1 塊美元以 e 的匯率換成新臺幣後，在臺灣可以買的商品數量，即這 1 塊美元在臺灣的購買力。在均衡達成時，美元在美國及臺灣有相同的購買力，且實質匯率之值 ($\frac{eP^*}{P}$) 會等於 1。

上式可以進一步改寫成：

$$e = \frac{P}{P^*}$$

此一等式的意義為美元對新臺幣的均衡匯率，反映臺灣之於美國的相對物價水準。根據此一等式，當臺灣物價上升時 （P 上漲），如果美國物價不變 （P^* 不變），那麼美元對新臺幣會升值 （e 上升），即新臺幣對美元會貶值。為何會有這樣的結果？我們知道這個等式是由上一個表示購買力相等的等式而來的，當臺灣物價上升時，新臺幣在臺灣的購買力下降。根據購買力最終會相等的結果，新臺幣換成美元後，其在美國的購買力也會下降。在美國物價不變的情況下，此意味著新臺幣可以換的美元數量減少，即新臺幣對美元貶值 （e 上升）。

在實際上，透過什麼樣的途徑，臺灣物價上升而美國物價不變會導致新臺幣對美元貶值？當臺灣商品相對美國商品變貴時，臺灣來自美國的進口數量會增加，且臺灣對美國的出口數量會減少。如圖 9–6 所示，前者造成臺灣外匯市場美元需求的增加，而後者造成美元供給的減少，二者均導致新臺幣對美元貶值。

總而言之，購買力平價理論告訴我們，均衡的匯率水準反映兩國的相對物價水準。當一國相對於另一國的物價上漲時，這個國家的貨幣對另一國的貨幣會貶值。

不過，即使運輸成本小到可以忽略，實際的匯率水準與 PPP 理論所預測的匯率水準通常並不相符。主要的原因有三點：

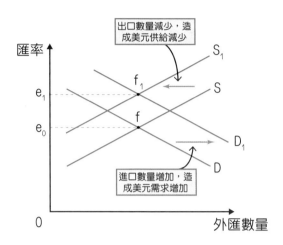

圖 9-6 本國物價相對外國物價上漲對匯率的影響

■ 1.會影響物價的因素不一定會影響匯率

假設政府提高營業稅的稅率。由於這個稅一體適用於本國商品及進口的國外商品，且為比例稅 (proportional tax)，因此，不會對國內外商品的相對價格有顯著的影響。從而進出口的數量不會有顯著的變動，外匯市場的供需以及匯率的變動幅度就很有限。然而，提高稅率會造成國內一般物價 (P) 上升。依據絕對 PPP 理論，P 的上升會導致本國貨幣的貶值（e 上升），但剛剛提及提高營業稅稅率所造成的匯率變動幅度應很有限，所以，就此例而言，根據 PPP 理論所做的匯率變化的預測並不正確。

■ 2.非貿易財 (nontradable goods) 價格的變動會影響 CPI，但不會影響匯率

例如，房屋租金的上漲會使 CPI 上升，根據 PPP 理論，本國貨幣會貶值。但房屋為非貿易財，即使房屋租金因房地產價格上漲而提高，我們也無法從國外進口房地產，因此房租上漲並不會影響匯率，也因此 PPP 理論的匯率預測並不正確。

■ 3.資本的跨國移動，即廣義的金融帳項目，也會影響匯率

　　根據外匯供需模型，只要外匯的供需發生變動，匯率就會變動。而外匯供需不只受到國際貿易的影響，也會受到資本跨國移動的影響。如果大量的國外資金匯入本國購買本國的資產，本國貨幣會大幅升值。例如，在 1986 至 1987 年期間，由於市場預期新臺幣會大幅升值，導致大量的投機性「熱錢」流入臺灣，而造成美元兌新臺幣的匯率一路由 40 NT\$/\$ 左右下降至 29 NT\$/\$ 左右。然而，這段期間臺灣 CPI 相對於美國 CPI（即 $\frac{P}{P^*}$）變動幅度相當有限，所以，就此例而言，絕對 PPP 的匯率理論並不具解釋能力。

　　雖然在以上我們所舉的例子當中，PPP 理論不具良好的解釋能力，但是一國發生惡性物價膨脹 (hyperinflation) 時期，我們通常都可以看到這個國家的貨幣對美元是貶值的。這是因為當國內物價持續飆漲時，本國貨幣的購買力會持續下降。人們為了保值，遂持有美元之類的國際通貨，而導致本國貨幣貶值；而本國的出口淨額也會因本國物價（相對國外物價）持續上漲而減少，這也會造成本國貨幣的貶值。

　　總而言之，在物價平穩且資本的跨國移動大到足以影響匯率的時期，國內外金融情勢的變化會主宰匯率的波動，這時候 PPP 理論對匯率的波動就比較不具解釋能力；但在國內外物價高度波動時期，PPP 理論的解釋能力就比較強。

　　另外，PPP 理論的一個常見應用是用它來做國際間所得購買力的跨國比較。

▶9.4.2　比較各國的平均每人 GDP

　　全球最大旅外人士網站 InterNations 曾針對各國旅外人士就移居他國的生活品質、工作及財務等狀況做評量調查，結果，臺灣打敗 66 國與城市，榮登全球冠軍，成為最適宜居住的地方！其中一個原因是物價便宜❸。舉例來說，在國外一

---

❸　其他原因包括：交通便利、美食王國、便利商店密集、人民熱情友善、蔬果新鮮、健康服務佳、安全、生態豐富且風景優美，以及環境整潔。資料來源：台灣最宜居！10 個榮登榜首的原因，Knowing News，2016 年 8 月 30 日。

杯手搖飲料可能要 3 到 4 塊美金，但臺灣手搖飲料種類眾多，價錢從 25 塊到 70 塊新臺幣都有。

物價便宜讓臺灣民眾的所得其購買力高，所以，雖然臺灣在 2011–2021 這段期間的平均年經濟成長率只有 3.19%，但在 2021 年，臺灣平均每位國民的購買力排在全世界第 14 名，優於瑞典、德國與日本等先進國家。本小節將說明為何會有這樣的結果。

為使國際間的比較有意義，各國都會有平均每人 GDP 的資料，且換算成美元。美元對該國貨幣的匯率有兩種：一為外匯市場的匯率，另一為 PPP 匯率。

■ 1.以外匯市場匯率計算

我們在第 6 章曾提到，臺灣 2021 年的 GDP 為新臺幣 21 兆 7,106 億元，期中人口數約為 2,346 萬人，相除可得平均每人 GDP 為新臺幣 924,796 元；當年美元兌新臺幣的平均匯率為 28.02 元／美元，因此，臺灣 2021 年平均每人 GDP 以美元表示為 33,011 美元。此一數值在 1961 年只有 154 美元，當年的美元兌新臺幣的匯率為 40 元／美元。

在 2021 年，美國、新加坡、香港、日本、南韓與中國大陸的平均每人 GDP 分別為 69,375、66,263、49,485、40,704、35,196 與 11,891 美元；臺灣在當年排名世界第 40 名❹。

■ 2.以 PPP 匯率計算

⑴以市場匯率計算的問題

不過，上述的做法可能無法反映一國人民其所得的購買力，亦即其所得所能購買的商品與服務的數量。舉例來說，假設 A 與 B 兩國使用相同的貨幣（如歐元），且 A 國的物價水準比 B 國高出一倍，但其他條件都一樣，從而根據上述的做法，A 國的平均每人 GDP 為 4 萬美元（假設值），而 B 國只有 2 萬美元。雖是

---

❹ 資料來源：List of countries by GDP (nominal) per capita, *Wikipedia, the free encyclopedia.*

如此，A 國的 4 萬美元的平均每人 GDP 的購買力跟 B 國的 2 萬美元的購買力是一樣的。

為了讓平均每人 GDP 反映購買力，以美元所表示的平均每人 GDP 是用 PPP 匯率換算的。假設在美國購買某一籃子的商品要花 100 美元，而在臺灣購買同一籃子的商品要花 3,000 元新臺幣，那麼，如果 1 美元可以兌換 30 元新臺幣，則每一塊美元在美國跟臺灣都有相同的購買力；也可以說，每一塊新臺幣在臺灣跟美國都有相同的購買力。我們稱 1 美元可以兌換 30 元新臺幣為此例的 PPP 匯率，$e_{NT\$/\$}^{PPP} = 30$ 表示。

(2)以 PPP 匯率計算平均每人 GDP

如果由於某個原因，在臺灣購買此一籃子的商品變成只要 1,500 元新臺幣，那麼，$e_{NT\$/\$}^{PPP} = 15$。因此，在其他條件不變下，如果臺灣的物價下跌，則美元對新臺幣的 PPP 匯率會降低。在此情況下，臺灣以 PPP 匯率所換算的美元平均每人 GDP 會增加。此一例子跟臺灣的實際情況非常接近。在 2021 年，臺灣以 PPP 匯率所換算的平均每人 GDP 為 $59,398 ($e_{NT\$/\$}^{PPP} = 15.56$)，排在全世界第 25 名；雖然還是低於新加坡 ($102,742)、香港 ($62,839) 與美國（還是 $69,375），但高於日本 ($44,585) 與南韓 ($47,027)（中國為 $18,931）❺。

▶9.4.3 利率平價理論

當兩國相似資產的預期報酬率有所不同時，投資人會將資金由報酬率低的國家移向報酬率高的國家。此一移動一方面會使資金移出國的可貸資金供給減少，而造成其利率上升；另一方面也會使資金移入國的可貸資金供給增加，而造成其利率下降。另外，當資金由移出國移向移入國時，資金移入國的貨幣對移出國的貨幣會升值。匯率及兩國利率的變動會一直持續到兩國資產的預期報酬率相等，而使資金不再移動為止。此一狀態稱為利率平價 (interest-rate parity，簡稱 interest parity；嚴格來說，應稱為報酬率平價)。

---

❺ 資料來源：List of countries by GDP (PPP) per capita, *Wikipedia, the free encyclopedia.*

利率平價理論分為兩種：未避險利率平價 (uncovered interest parity) 與已避險利率平價 (covered interest parity)。由於已避險利率平價牽涉到遠期外匯等可以規避匯率風險的避險工具，而這些避險工具不在本書的討論範圍，因此接下來我們僅介紹未避險利率平價。

■ 1.未避險利率平價理論

假設你是某大企業的財務長，手中有 1 億元新臺幣的資金，正在考慮要購買我國一年期的政府公債（利率為 i）或美國一年期的政府公債（利率為 i*）。再假設你認為這兩種公債的風險、交易成本與流動性是一樣的，那麼，除了考慮這兩種公債的利率外，你還會考慮哪些因素？

購買美國政府公債首先需將新臺幣換成美元，到期後再將美國政府公債的美元本利和匯回臺灣。由於美元兌新臺幣的匯率在這兩個時點很可能不同，所以你在計算美國政府公債的預期報酬率時，還需考慮匯率的變動。如果未來這一年，美元對新臺幣貶值，那麼一年後美國政府公債的美元本利和，所能換到的新臺幣金額將變少，也就是說你會有所謂的匯兌損失。相反地，如果一年後美元對新臺幣升值，那麼你購買美國政府公債可享有匯兌收益。因此，購買一年期美國政府公債的預期報酬率為美國政府公債本身的利率，加上你所預期的美元對新臺幣的升值率或貶值率。

舉例來說，假設我國政府公債利率 i 與美國政府公債利率 i* 分別為 3% 與 5%，且現在美元兌新臺幣的匯率為 30 NT$/$。如果你預期一年後美元兌新臺幣的匯率貶到 29 NT$/$，那就表示現在用 30 元新臺幣買到的 1 美元，一年後只剩 29 元新臺幣，因此，你會有 3.33% 的匯兌損失；從而你若是現在購買美國政府公債，一年後的預期報酬率只有 1.67% (5% – 3.33%)。在此情況下，你不應該購買美國政府公債。

接下來，我們用一點簡單的數學說明未避險利率平價理論。假設現在美元兌新臺幣的即期匯率水準為 e，且你預期一年後美元兌新臺幣的匯率水準為 E(e)。根據以上的說明，購買一年期的我國政府債券的每一塊錢新臺幣，一年後的本利和為 $1+i$；而每一塊錢新臺幣現在可以換 $\frac{1}{e}$ 這麼多的美元，$\frac{1}{e}$ 這麼多的美元購

買一年期的美國政府公債，一年後的美元本利和為 $\frac{1}{e}(1+i^*)$，且你預期一年後可以換成 $\frac{1}{e}(1+i^*)E(e)$ 這麼多的新臺幣。如果：

$$1+i < \frac{1}{e}(1+i^*)E(e)$$

則表示購買一年期美國政府公債的預期報酬率大於購買我國政府公債的報酬率。在此情況下，如果你對風險的態度是中立的 （risk neutral，即如果預期值與確定值相同，則這兩種情況對你而言是無差異的），你會選擇將手中的資金換成美元後去購買美國政府公債。

如果很多人跟你有相同或接近的預期匯率水準，則臺灣的美元市場需求會因美元資產需求增加而增加，從而造成美元對新臺幣升值。另外，由於資金從臺灣流向美國，臺灣的可貸資金供給減少，所以臺灣的利率會上漲（如果我們所舉的例子是日本這樣的資金大國，那麼大規模的資金由日本流向美國，可能會使美國的利率下跌）。

資金這樣跨國移動之後，本國的利率 (i) 會上升，本國的貨幣會貶值 （e 上升），且外國的利率可能下降。在此情況下，上述不等式左右兩邊的差距會逐漸縮小，直到兩邊相等為止，亦即，

$$1+i = \frac{1}{e}(1+i^*)E(e)$$

此時達成所謂的利率平價均衡。在此情況下，資金不再做跨國移動。
上式可以改寫成：

$$\frac{1+i}{1+i^*} = \frac{E(e)}{e}$$

上式兩邊減 1 後成為：

$$\frac{i-i^*}{1+i^*} = \frac{E(e)-e}{e}$$

從而：

$$i - i^* = (1 + i^*)[\frac{E(e) - e}{e}] = \frac{E(e) - e}{e} + i^*[\frac{E(e) - e}{e}]$$

由於第二個等號右邊第二項為兩個百分比的乘積，一般來說其值可以忽略，因而上式成為：

$$i = i^* + \frac{E(e) - e}{e}$$

此一均衡式稱為未避險利率平價條件 (uncovered interest parity condition)。之所以稱為「未避險」，是因為未來的匯率水準不一定等於 E(e)，且資金所有人未進行規避匯率風險的避險動作。如果我們將 i 與 i* 擴大解釋成本國與外國相似資產自身的預期報酬率，那麼上式的意義為：在均衡時，本國資產的預期報酬率會等於外國相似資產的預期總報酬率，其為外國資產自身的預期報酬率加上外國貨幣兌本國貨幣匯率的預期變動率（簡稱預期匯差率）。

■ 2.未避險利率平價理論的應用

未避險利率平價條件告訴我們，一國的均衡匯率水準會受到兩國資產的預期報酬率與預期匯率水準的影響。當 i、i* 與 E(e) 發生變動而使得未避險利率平價條件不成立時，會引發資金的跨國移動，從而造成 i、i* 與 e 的變動，直到未避險利率平價條件重新成立為止。

例如，假設一開始未避險利率平價條件成立，後來由於某個原因，人們調降 E(e) 的水準，我們將這樣的變動簡單說成人們預期本國貨幣未來會升值。在此情況下，

$$i > i^* + \frac{E(e) - e}{e} \quad \text{或，} \quad i + \frac{e - E(e)}{e} > i^*$$

由於現在人們預期本國貨幣會升值（E(e) 下降），因此外人持有本國資產可享有匯差的報酬，而使本國資產的預期報酬率變得較高，遂引發資金流向本國。資金流向本國後，本國貨幣會升值（e 下降），且本國資產的價格會因需求增加而上漲，而使得報酬率下降（i 下降）。由於本國貨幣升值後，持有本國資產可享有的

匯差下降,再加上本國資產的報酬率下降,上面不等式左右兩邊的差距會縮小,而使流入本國的資金減少。這樣的調整過程會一直持續到未避險利率平價條件又重新成立為止。如上一小節所述,在 1986 至 1987 年期間,由於市場預期新臺幣會大幅升值,遂造成美元兌新臺幣的即期匯率大幅貶值。

另外,如果 i* 代表美國利率,且一開始未避險利率平價條件成立,那麼,如果美國聯邦準備銀行出乎預期地調高利率,則持有美國生息資產(如債券或美元定期存款)的報酬率會高於本國相似資產的報酬率。這會造成美元需求的增加,從而導致美元的升值。因此,在其他條件不變下,i* 與 e 會有正向關係,從而如果市場預期美國聯邦準備銀行未來會調升利率,那麼市場也會進一步預期未來美元會升值,亦即 E(e) 會上升。在此情況下,即使現在美國利率沒有變動,但由於人們預期美元會升值,現在持有美國生息資產可享有較高的預期升值率,從而造成現在美元需求的增加,進而導致現在美元的升值。

我們經常可以觀察到市場預期美國聯邦準備銀行未來會調升利率,導致現在美元升值的結果。美國聯邦準備銀行調升利率意味著它要採取較為緊縮的貨幣政策(通常是在美國物價蠢蠢欲動時),因此,如果美國所公布的物價膨脹率高於市場的預期水準,那麼市場會接著預期美國聯邦準備銀行會調升利率,從而預期美元未來會升值。根據我們上面的說明,這會造成美元現在就會升值。

⏱ 動動腦 9-2

如果美國所公布的失業率低於市場的預期,那麼,美元現在會升值還是會貶值?

另外,我們也經常可以觀察到,當一國發生大規模的資本外逃時(如 2022 年 2 月入侵烏克蘭的俄羅斯),其中央銀行大幅調升利率的現象(如俄羅斯的中央銀行在 2022 年 2 月 28 日宣布將指標利率從 9.5%,一口氣上調到 20%)。根據上式,如果我們以該國為本國,則其中央銀行大幅調升利率(i 上升),在其他條件不變下,該國貨幣的貶值幅度得以減緩。這是因為該國人民購買外匯的機會成本因利率上升而提高,從而造成其外匯市場的需求減少的緣故。

✓ 課後練習

一、單選題

(　　) 1.下列敘述何者正確？

    (A)國人所持有的國外資產增加時，會使本國的金融帳餘額減少

    (B)本國對外直接投資增加，會使本國的經常帳餘額增加

    (C)一國若有國際收支順差，則該國準備資產項下餘額為正值

    (D)以上皆非

(　　) 2.在其他條件不變下，一國貨幣升值：

    (A)有利於該國的出口　　　　　(B)有利於該國的進口

    (C)會使該國出國觀光的人數減少　(D)以上(A)與(C)均正確

(　　) 3.下列哪一條等式正確？

    (A)國民儲蓄 = 國內投資 + 民間消費

    (B)國民儲蓄 = 國內投資 − 經常帳餘額

    (C)國民儲蓄 = 國內投資 + 經常帳餘額

    (D)以上皆非

(　　) 4.下列何者正確？

    (A)金融帳餘額 = 本國國民所購買的外國資產 − 外國人所購買的本國資產

    (B)金融帳餘額 = 外國人所購買的本國資產 − 本國國民所購買的外國資產

    (C)金融帳餘額 = 本國央行所購買的外國資產 − 外國央行所購買的本國資產

    (D)金融帳餘額 = 外國央行所購買的本國資產 − 本國央行所購買的外國資產

(　　) 5.在固定匯率制度下，下列何者終將造成本國貨幣供給增加？

    (A)本國出口值增加　　　　　(B)本國進口值增加

    (C)外國利率上升　　　　　　(D)市場預期本國貨幣將貶值

（　）6.在浮動匯率制度下，下列何者將造成本國貨幣供給增加？
　　　　(A)本國出口值增加　　　　　　(B)本國進口值減少
　　　　(C)中央銀行調降應提準備率　　(D)以上皆是

（　）7.在浮動匯率制度與其他條件不變下，當國際熱錢流入本國時，本國貨幣供給與匯率會如何變動？
　　　　(A)供給增加，升值　　　　　　(B)供給增加，貶值
　　　　(C)供給減少，升值　　　　　　(D)以上皆非

（　）8.在固定匯率制度與其他條件不變下，當本國發生資本外逃時，本國貨幣供給與利率會如何變動？
　　　　(A)供給增加，利率上升　　　　(B)供給增加，利率下降
　　　　(C)供給減少，利率上升　　　　(D)供給減少，利率下降

（　）9.假設美元兌新臺幣的比率為 1:30，美元兌日圓的比率為 1：100，且新臺幣兌日圓的比率為 1:4。在此情況下，套利的瞬間報酬率為：
　　　　(A) 10%　　　　(B) 20%　　　　(C) 30%　　　　(D) 40%

（　）10.下列哪項因素會造成實際的匯率水準與購買力平價理論所預測的匯率水準不相符？
　　　　(A)本國與外國的物價水準不同　　(B)本國與外國的均衡實質匯率不同
　　　　(C)資本的跨國移動　　　　　　　(D)以上皆是

（　）11.假設其他條件不變。根據 PPP 理論，下列何者將造成本國貨幣貶值？
　　　　(A)本國貨幣供給增加且國外物價上漲
　　　　(B)本國貨幣供給增加且國外物價下跌
　　　　(C)本國貨幣供給減少且國外物價上漲
　　　　(D)本國貨幣供給減少且國外物價下跌

（　）12.根據利率平價理論，在其他條件不變下，下列何者將造成本國貨幣升值？
　　　　(A)人們預期本國貨幣將升值　　(B)本國利率上升
　　　　(C)外國利率下降　　　　　　　(D)以上皆是

（　　）13.如果 A 國採取比 B 國還要緊縮的貨幣政策，則根據購買力平價理論，
A 國物價相對於 B 國物價會＿＿＿＿＿＿，且 A 國貨幣相對於 B 國貨幣
會＿＿＿＿＿。

⒜上升，升值　　⒝上升，貶值　　⒞下降，升值　　⒟下降，貶值

（　　）14.如果 A 國採取比 B 國還要緊縮的貨幣政策，則根據利率平價理論，A
國利率相對於 B 國利率會＿＿＿＿＿，A 國貨幣相對於 B 國貨幣會
＿＿＿＿＿。

⒜上升，升值　　⒝上升，貶值　　⒞下降，升值　　⒟下降，貶值

（　　）15.當一國中央銀行推出量化寬鬆貨幣政策時，在其他條件不變下，該國
利率會＿＿＿＿＿，且該國貨幣會＿＿＿＿＿。

⒜上升，升值　　⒝上升，貶值　　⒞下降，升值　　⒟下降，貶值

二、問答題

1.當中央銀行進場賣美元時，在其他條件不變下，美元對新臺幣會升值還是貶值？
中央銀行此舉會造成什麼樣的利益重分配？

2.假設匯率是固定的且其他條件不變。試分析下列事件對本國貨幣供給的影響。

⑴本國出口增加。

⑵本國對外投資增加。

⑶台積電配發金額龐大的現金股利給外國股東。

3.假設匯率固定，且其他條件不變。

⑴當本國中央銀行在公開市場買進債券時，一開始本國貨幣供給與利率會如何
變動？

⑵利率變動之後，我國金融帳餘額會如何變動？該變動會使本國外匯市場有超
額供給還是超額需求？

⑶面對該外匯市場失衡情況，本國中央銀行要買進外匯還是賣出外匯？

⑷中央銀行該外匯操作會使本國貨幣供給增加還是減少？該貨幣供給的變動方
向是否與⑴小題的相反？

⑸如果相反，那是不是意味著在固定匯率制度下，中央銀行並無法透過貨幣政
策工具影響貨幣供給？

4. 假設牛奶是唯一的商品，且購買力平價在甲、乙兩國之間成立。

⑴ 在 2010 年，一瓶牛奶在甲國是 2 元，在乙國是 6 披索。甲乙兩國貨幣的名目匯率為何？兩國之間的實質匯率又為何？

⑵ 在接下來的 10 年間，甲國的牛奶物價漲了 50%，乙國則漲了 100%。在這段期間，兩國的牛奶價格與名目匯率將如何變動？實質匯率呢？

5. 假設只有 A 與 B 兩國且匯率是浮動的。

⑴ 當 A 國中央銀行調高應提準備率時，在其他條件不變下，A 國的市場利率會如何變動？根據未避險利率平價理論，此一變動會使 A 國貨幣對 B 國貨幣升值還是貶值？

⑵ 假設市場調高 B 國貨幣兌 A 國貨幣匯率的預期水準（如果以 A 國為本國，B 國為外國，則可以表示成 $E(e)$ 上升）。回答⑴小題問題。

筆記欄

10 → 景氣循環

學習重點

1. 何謂景氣循環？
2. 何謂總合需求曲線？其影響因素為何？如何影響？
3. 何謂總合供給曲線?長短期總合供給曲線的形狀各為何？
4. 影響長短期總合供給的因素為何？如何影響？
5. 如何利用總合供需的變動來解釋一國短期的景氣循環現象（如美國次級房貸風暴造成我國 2009 年的經濟衰退與 2020 年在全球疫情嚴重的情況下我國經濟仍能維持正成長）？
6. 何謂停滯性通膨？其成因為何？
7. 何謂反景氣循環政策 ？ 這些政策有哪些時間落後問題？
8. 理性預期學派的主張為何？

課前引言

景氣循環 (business cycle)，或稱經濟波動 (economic fluctuations)，指的是一國的總體經濟指標環繞其長期趨勢，呈現上下起伏變動的現象。以經濟成長率為例，如表 6–2 所示，我國的經濟成長率自 1970 年起，連續四年都超過 10%，但 1974 年就因第一次石油危機而降至 2.67%。

在 2008～2009 年全球金融海嘯期間，我國的經濟成長率也自 2007 年的 6.85%，降至 2008 年的 0.80% 與 2009 年的 −1.61%；而平均失業率也自 2007 年的 3.91%，升至 2008 年的 4.14% 與 2009 年的 5.85%。在那兩年，人們不太敢消費，企業也不太敢投資，股票與房地產等資產的價格也重挫，整個社會瀰漫著悲觀氣氛，很多人也企盼政府推出強力的擴張政策，讓經濟能早日擺脫衰退。

⏱ 動動腦 10-1

當時，企業放「無薪假」的消息也時有所聞。有一位竹科工程師在公司放無薪假期間回辦公室拿東西，卻發現很多同事照常上班。他很訝異，心想：公司不是在放無薪假嗎？來上班也沒有薪水可拿，那為什麼還有那麼多同事回來上班？是啊！為什麼？

是什麼原因造成一國經濟的短期波動？一國的總體經濟政策是否有可能改善一國的經濟表現？這些問題是本章所要探討的。在本章，我們會先說明景氣循環的意義；接著介紹總合需求 (aggregate demand) 與總合供給 (aggregate supply)，再利用總合需求或總合供給的變動來說明景氣循環現象；最後再說明政府反景氣循環政策（亦即降低經濟波動幅度的政策）之效果。

10.1　何謂景氣循環？

　　景氣指的是一國在某一段期間其一般經濟活動盛衰的狀況。如圖 10-1 所示，景氣循環包括擴張 (expansion) 與收縮 (contraction) 兩個階段。擴張期可再分為復甦 (recovery) 與繁榮 (prosperity) 二個階段；收縮期可再分為緩滯 (slowdown) 與衰退 (recession) 二個階段。一般而言，復甦指的是景氣脫離谷底後逐漸恢復，而繁榮指的是經濟相當活絡的狀態；緩滯指的是景氣由高峰反轉而下，呈現趨緩，而衰退則是經濟指標呈現下降的狀態。 如果經濟長時間嚴重的衰退則稱為蕭條 (depression)。

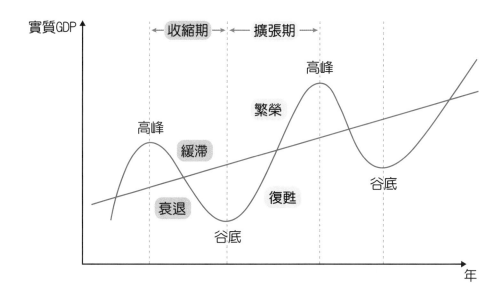

圖 10-1　景氣循環階段

　　行政院國發會會根據各項經濟指標認定景氣循環的週期。根據國發會所發布的「臺灣景氣循環基準日期」，如表 10-1 所示，自 1954 年 11 月起，至 2016 年 2 月為止，我國共經歷 14 次完整的景氣循環。其中，擴張期最長的是第二次循環的 96 個月（1956 年 9 月至 1964 年 9 月），最短的是第一次循環的 12 個月（1954 年 11 月至 1955 年 11 月）。而收縮期最長的是第五次循環的 37 個月（1980 年 1 月至 1983 年 2 月），最短的是第一次循環的 10 個月（1955 年 11 月至 1956 年 9 月）。

表 10-1　臺灣景氣循環峰谷認定

循環次序	谷　底	高　峰	谷　底	持續期間（月數）		
				擴張期	收縮期	全循環
第 1 循環	1954.11	1955.11	1956.09	12	10	22
第 2 循環	1956.09	1964.09	1966.01	96	16	112
第 3 循環	1966.01	1968.08	1969.10	31	14	45
第 4 循環	1969.10	1974.02	1975.02	52	12	64
第 5 循環	1975.02	1980.01	1983.02	59	37	96
第 6 循環	1983.02	1984.05	1985.08	15	15	30
第 7 循環	1985.08	1989.05	1990.08	45	15	60
第 8 循環	1990.08	1995.02	1996.03	54	13	67
第 9 循環	1996.03	1997.12	1998.12	21	12	33
第 10 循環	1998.12	2000.09	2001.09	21	12	33
第 11 循環	2001.09	2004.03	2005.02	30	11	41
第 12 循環	2005.02	2008.03	2009.02	37	11	48
第 13 循環	2009.02	2011.02	2012.01	24	11	35
第 14 循環	2012.01	2014.10	2016.02	33	16	49
平均				38	15	53

資料來源：行政院國家發展委員會網站：首頁 > 主要業務 > 經濟發展規劃 > 景氣動向 > 臺灣景氣循環峰谷認定。

　　由以上的數字可以知道，景氣循環雖名之為「循環」，但是是不規則且無法預測的，因此，有些經濟學家認為「經濟波動」是比較適宜的用詞。

　　根據國民所得統計，按支出用途區分，（實質）GDP 等於民間消費支出、投資支出、政府消費支出與出口淨額之和。就民間消費支出而言，一般人通常希望其跨期消費呈現平滑的型態，亦即不希望有暴起暴落的情形，且民間消費水準主要被動決定於可支配所得水準，因此，除非人們極度看好或看壞未來經濟前景，而大幅增加或減少目前的消費，否則民間消費支出的變動不會是一國 GDP 波動的主要因素。

　　就政府消費支出而言，除非社會民意強烈要求政府由「小而美」變成「大有為」，或是相反，否則政府消費支出的變動也不足以成為一國 GDP 波動的主要因素。

　　至於固定資本形成毛額 (主要項目為民營企業投資)，由於投資計畫的回收期間通常不會太短，有些甚至超過二十年，因此投資者對國內外政經情勢的變化會比較敏感，有時甚至形成「一窩蜂」的現象，也因此，固定資本形成毛額的成長率有時會有比較大的變動幅度，而造成一國景氣的變動。例如，在 2009 年，我國固定資本形成毛額因美國次級房貸風暴引發全球經濟衰退，而較 2008 年大幅減少 8.81%，使得那一年的經濟成長降為 −1.61%。

　　由於我國是高貿易依存度 (通常以貿易總值占 GDP 的比率來衡量) 國家，因此，國際景氣與國際重要原物料 (如石油) 價格的變化也會影響我國景氣。例如，當 1974 年爆發第一次石油危機時，國際原油價格由一桶不到 3 美元，大幅上漲到一桶超過 10 美元；國際原油價格的飆漲，不但造成我國進口金額大幅增加，也使我國出口金額因國際不景氣而中斷了 1954 年以後持續增加的趨勢。在上述雙重的影響下，我國的經濟成長率由 1973 年的 12.83% 大幅降為 1974 年的 2.67%。像臺灣這樣一個高貿易依存度的經濟體，進出口的波動程度通常遠高於民間消費與政府消費。

　　值得一提的是，就一個持續成長的經濟體而言，並不是只有在經濟負成長時，景氣才發生衰退。如上所述，截至 2016 年 2 月為止，我國共經歷 14 次景氣循環，亦即發生過 14 次經濟衰退，但我國經濟只在 2001 與 2009 年出現過負成長。簡單地說，一國的經濟成長率連續兩季低於長期趨勢值，則該國經濟就很有可能陷入衰退。

10.2　總合需求

　　經濟學利用總合需求與總合供給模型 (model of aggregate demand and aggregate supply) 來解釋景氣循環現象。根據這個模型，一國經濟可能因總合需求減少或總合供給減少而陷入衰退。我們在下一節再詳細說明總合供給。

▶ 10.2.1　負斜率的總合需求曲線

　　總合需求 (aggregate demand, AD) 所呈現的是，國內一般物價與全世界對本國境內所生產的最終商品與服務的總需求量之間的關係。如果我們以實質 GDP 為橫軸變數，物價為縱軸變數，那麼總合需求曲線會像圖 10–2 所畫的，是一條負斜率的曲線，亦即當物價下跌時，本國所面對的總合需求量會增加。為何如此？若從支出面來衡量一國的 GDP（以 Y 表示），則它等於民間消費 (C)、投資 (I)、政府消費 (G) 與出口淨額 (NX) 之和：

$$Y = C + I + G + NX$$

　　這四個組成項目的每一項都是總合需求的一部分。我們假設政府對其消費與投資支出有其政策考量而將它們固定在某一水準；其他的項目則決定於相關的經濟變數，特別是一般物價水準。因此，為瞭解為何總合需求曲線斜率是負的，我們必須檢視物價水準如何影響民間消費、民間投資與出口淨額。

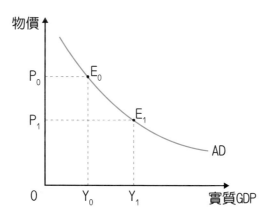

圖 10–2　總合需求曲線

■ 1.物價水準與消費：財富效果

　　當一般物價下跌時，人們手中的每一塊貨幣所能購買的商品數量會增加，亦即貨幣的購買力會增加，從而人們會增加消費。人們的其他資產，如股票、債券

與房地產，在其價格不變下，一般物價下跌也意味著這些資產轉換成貨幣時，其購買力也會增加，從而人們也會增加消費。因此，一般物價下跌會使人們的實質財富以及消費增加；我們稱此為財富效果 (wealth effect)。

■ 2.物價水準與投資：利率效果

我們在第 8 章曾說明，當一般物價下跌時，名目利率會因貨幣需求減少而下降。利率下跌意味著借款的成本下降，這會誘使廠商借更多的錢購買新的機器設備或蓋新的廠房，也會誘使更多的家戶借房貸買新成屋，因此，利率降低會使商品與服務的需求量增加。我們稱此為利率效果 (interest-rate effect)。

■ 3.物價水準與出口淨額：實質匯率效果

我們在上一章也曾說明，實質匯率 $\frac{eP^*}{P}$ 為外國商品之於本國商品的相對價格。當本國商品價格下跌，但外國商品價格不變時，表示本國商品相對外國商品變便宜了，從而不單本國的出口會增加，本國的進口也會減少，從而本國的出口淨額會增加。這意味著本國與外國人對本國所生產的商品與服務的需求量增加。我們稱此為實質匯率效果 (real-exchange-rate effect)。

以上所說明的是總合需求曲線線上的移動，接下來我們說明總合需求曲線整條線的移動。

▶10.2.2　總合需求曲線的移動

■ 1.人們對未來景氣的看法

當人們對未來景氣的看法變得比較樂觀時（例如，兩岸關係有大幅且實質的改善），則不管物價水準為何，人們的消費與投資以及企業的投資支出都會增加，從而造成總合需求量的增加，此意味著總合需求曲線會往右移，如從圖 10–3 中的 AD_0 右移至 AD_1。相反地，如果整個社會對未來景氣的看法變得比較悲觀，則社會的消費與投資支出會減少，從而造成總合需求曲線往左移，如從圖 10–3 中的 AD_0 左移至 AD_2。

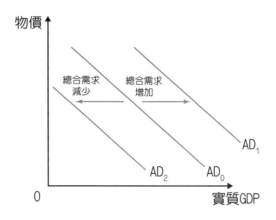

圖 10–3　總合需求曲線的移動

■ 2.政府政策

⑴財政政策

當政府消費與投資支出增加時,在其他條件(包括政府稅收)不變下,社會的總支出會增加,而造成總合需求曲線往右移。不過,如果政府支出的增加是透過發行公債來挹注,且人們認為政府支出的增加對本國未來生產力的提升並沒有助益,那麼由於未來政府公債到期時,政府會增加稅收以償還公債,因此人們現在可能會多儲蓄,亦即少消費,以因應未來稅收的增加。當愈多的人有這樣的想法時,政府支出增加所能造成的總合需求的增加幅度就愈小,亦即政策效果愈有限。

政府也可以透過減稅的方式來刺激消費(與投資),使總合需求增加;不過,如果政府在減稅時造成預算赤字提高而增加公債的發行,則人們現在仍可能會多儲蓄(亦即少消費),以因應未來稅收的增加。在此情況下,政府透過減稅來刺激消費的效果會變小;如果完全沒有刺激效果,則政府減稅無法使總合需求增加,此即所謂的李嘉圖對等命題 (Ricardian equivalence proposition)。

總之,如果政府增加支出以及減稅均可使總合需求增加,則我們稱政府採行的是擴張性財政政策 (expansionary fiscal policy)。相反地,如果政府減少支出或

增稅，造成總合需求減少，則我們稱政府採行的是緊縮性財政政策 (contractionary fiscal policy)。

⑵貨幣政策

政府除了透過支出與稅收的改變來影響總合需求外，也可以透過貨幣政策工具改變貨幣供給，來影響總合需求。例如，中央銀行可以透過買進債券或定期存單到期不再續發，或調降應提準備率或重貼現率，使貨幣供給增加。貨幣供給增加會使利率下降，從而使投資支出增加，進而造成總合需求增加。由於上述措施具有使總合需求增加的效果，我們稱中央銀行採行的是擴張性貨幣政策 (expansionary monetary policy)。

中央銀行會採行擴張性貨幣政策通常是在景氣不好的時候，其效果則取決於社會其他部門的反應。如果銀行因為景氣不好而擔心放款的呆帳會增加，那麼，即使中央銀行透過買進債券或調降應提準備率使銀行的超額準備增加，銀行放款的增加仍可能很有限；或如果整個社會因看壞未來景氣而減少投資，那麼，中央銀行採行擴張性貨幣政策所能刺激的總合需求增加幅度就會比較有限。相反地，如果中央銀行賣出債券或發行定期存單，或是調高應提準備率或重貼現率，那麼總合需求會因利率上升造成投資下降而減少，我們稱中央銀行採行的是緊縮性貨幣政策 (contractionary monetary policy)。

■ 3.國外因素

當外國所得增加時，由於其進口會增加，所以本國的出口也會增加；當外國的物價上升時，由於我國的產品變得相對便宜，所以本國的出口會增加且進口會減少。因此，外國所得增加或外國物價上漲，都會使本國的總合需求增加。另外，當外國利率上升時，本國貨幣會因本國資金流向外國而貶值，從而本國商品也會變得相對便宜，而使本國的出口淨額增加。所以，外國利率上升也會使本國總合需求增加。此外，當國際石油價格飆漲時，我國進口支出會大幅增加，從而總合需求會減少。

10.3 總合供給

以上的分析都是以本國物價在某一水準為前提。如圖 10–2 所示，單靠總合需求曲線是無法決定均衡物價水準與實質 GDP 的。在本節，我們介紹總合供給 (aggregate supply, AS)，其所呈現的是，國內一般物價與本國境內生產最終商品與服務的廠商其供給量之間的關係；總合供給有分短期與長期的。我們結合總合需求與長短期總合供給，就可以分析長短期均衡物價水準與實質 GDP 的決定方式，以及其影響因素。

為簡化分析，我們假設實體資本財存量與技術水準均維持不變，因此，產量的變動純粹來自勞動雇用量的變動。本章長短期的區分標準為人們是否對物價做出正確預期；如果人們對物價做出正確預期，則我們稱一國的經濟處在長期均衡的狀態，此時該國的實質 GDP 水準，稱為自然產出水準 (natural level of output)，其所對應的就業水準稱為自然就業水準 (natural level of employment)，其所對應的失業率為自然失業率 (natural rate of unemployment)。另外，為簡化分析，我們也假設所有的市場，包括勞動市場，都是完全競爭市場。

▶ 10.3.1　正斜率的短期總合供給曲線

如圖 10–4 所示，短期總合供給曲線 (AS_{SR}) 為一正斜率曲線，意味著當一國國內物價上漲時，該國的實質 GDP 會增加。有兩個理論可以解釋此一現象，一為名目工資僵固理論 (sticky-wage theory)，另一為錯誤認知理論 (misperception theory)。

■ 1.名目工資僵固理論

根據此一理論，名目工資在短期是僵固的。工資僵固的一個可能原因是勞工契約一簽就是數年，且在契約中明訂契約有效期間內的工資水準（如職棒球員的契約）。如果一個社會這樣的長期勞工契約相當普遍，那麼這個社會的短期名目工資就具有相當程度的僵固性。在此情況下，當一國物價上漲時，由於勞動的邊際

產值（value of marginal product of labor，等於價格乘以勞動邊際產量）提高，所以廠商的勞動需求會增加。名目工資僵固意味著整個社會的勞動供給曲線是一條對應當前名目工資水準的水平線，因此，廠商勞動需求因物價上漲而增加後，整個社會的勞動雇用量會增加，從而實質 GDP 水準也會增加，所以，短期的總合供給曲線為正斜率。

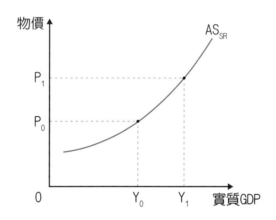

圖 10–4　正斜率的短期總合供給曲線

■ 2.錯誤認知理論

　　勞動供給者其勞動供給會決定於其預期的物價水準（以 P_e 表示），這是因為一部分的薪資所得會被儲蓄下來，以供未來消費之用，因此，勞動供給者會在意未來的物價水準，也因此，每一條勞動市場的供給曲線會對應一個勞工預期的物價水準。如圖 10–5 (a)所示，$L^s(P_e = P_0)$ 這條曲線代表的就是勞工對物價的預期水準為 P_0 時的勞動市場供給曲線。

　　假設原先的物價維持在 P_0 的水準，所以一開始勞工對物價做出正確預期。在 P_0 的物價水準下，勞動市場的需求曲線為圖 10–5 (a)的 $L^d(P_0)$。此時，勞動市場的均衡數量為 L_0，均衡的名目工資為 W_0。在我們上述實體資本財存量與技術水準均維持不變的假設下，總合生產函數為圖 10–5 (b)中的 $Y = f(L)$。因此，當勞動雇用量為 L_0 時，實質 GDP 為 Y_0，從而我們可以得出圖 10–5 (c)中 E_0 點之 (Y_0, P_0) 組合。由於這時候勞工對物價作做出正確預期，我們稱 L_0 為自然就業水準，且

Y_0 為自然產出水準。

假設由於某個原因物價上漲至 P_1，且勞工由於訊息不完全，使其對物價的預期水準仍維持在原先的 P_0 水準，因此，勞工對物價有短期錯誤認知的情形。在此情況下，勞動市場的供給曲線並未變動。在物價上漲至 P_1 後，勞動市場的需求會增加（如增加至圖 10–5 (a) 中的 $L^d(P_1)$），而使勞動雇用量增加為 L_1，且實質 GDP 增加為 Y_1，從而我們可以得到圖 10–5 (c) 中 E_1 點的 (Y_1, P_1) 組合。因此，我們可以得到圖 10–5 (c) 中正斜率的總合供給曲線 $AS_{SR}(P_e = P_0)$。由於此一總合供給曲線是在勞工對物價的預期水準維持在 P_0 下所得出來的，所以我們在 AS_{SR} 後面加上 $P_e = P_0$❶。

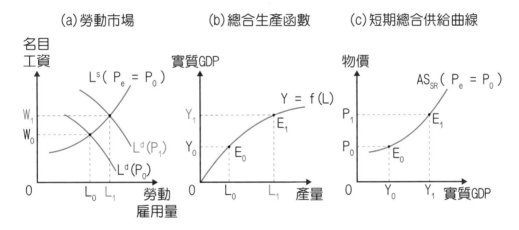

圖 10–5　錯誤認知理論下的短期總合供給曲線

不過，勞工不會永遠對物價有錯誤認知。隨著時間的經過，勞工終究會覺察到物價已經上漲，因而會調高其對物價的預期水準。時間要經過多久，勞工才會調整其對物價的預期水準？這決定於整個社會訊息的流通效率。當勞工愈能迅速地接收到新的物價訊息時，其調整物價預期所需的時間也就愈短。

假設在物價由 P_0 上漲至 P_1 後，勞工後來也將物價的預期水準從原先的 P_0 調高到 P_1，亦即 $P_e = P_1$。在勞工調高對物價的預期水準之後，其每一勞動供給量下

---

❶　其實，名目工資僵固理論也有相同的意涵，即每一總合供給曲線都對應勞工對物價的某一預期水準；這是因為勞工願意接受的契約有效期間內的工資水準，反映其對未來物價的預期。

所要求的名目工資水準也跟著提高（以維持其未來的實質消費水準），此意味著其勞動供給減少，或圖 10-5(a)中的勞動供給曲線往左移。在勞動供給減少之後，勞動市場的均衡工資會上漲，而使勞動雇用量減少（讀者可自行利用圖 10-5(a)畫出此一結果），從而實質 GDP 會跟著減少，此意味著 P_1 下的實質 GDP 水準會比以前小，因此，我們可以得到圖 10-6 中的總合供給曲線由原先的 $AS_{SR}(P_e = P_0)$ 左移至 $AS_{SR}(P_e = P_1)$ 的結果。

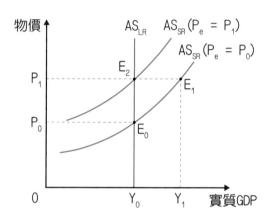

圖 10-6 長短期總合供給曲線

因此，當勞工調高對物價的預期水準之後，短期總合供給曲線會往左移。從另一個角度來看，當勞動市場的供給因勞工調高對物價的預期而減少時，名目工資會上漲，從而廠商的生產成本會增加，因此，廠商每一產量下所要求的價格會上漲，而使短期總合供給曲線往上移，亦即往左移。雖然，我們在這邊只考慮勞動這一項生產要素，但其他生產要素的價格上漲，如石油價格上漲，同樣也會造成廠商成本的增加，從而也會造成短期總合供給曲線往上移，亦即造成總合供給減少。

▶ 10.3.2 垂直的長期總合供給曲線

我們剛剛提到，如果一開始的物價維持在 P_0，且勞工對物價做出正確預期，這時候的實質 GDP 水準（如圖 10-6 的 Y_0）稱為自然產出水準。當物價上漲到 P_1 且維持在此一水準，同時勞工也對新的物價做出正確預期，那麼，這時候的實質

GDP 水準也會是自然產出水準。所以,圖 10-6 中的短期總合供給曲線 $AS_{SR}(P_e = P_1)$ 會通過 E_2 點,其對應的物價為 P_1,實質 GDP 為勞工對物價做出正確預期下的自然產出水準 Y_0。由於 E_0 點與 E_2 點所對應的實質 GDP 均為 Y_0,因此,將 E_0 與 E_2 點相連,即可得到圖 10-6 中的垂直線。由於此一垂直線線上的每一點都跟 E_0 與 E_2 點一樣,都表示勞工對物價做出正確預期,所以線上每一點都表示經濟達成長期均衡,因此,此一垂直線 (AS_{LR}) 為長期的總合供給曲線。

▶10.3.3　長短期總合供給曲線的移動

一國的長短期總合供給曲線的位置並非一成不變的。我們在上面曾提到,油價上漲會造成短期總合供給曲線往左移。如果油價一直維持在高檔,則長期總合供給曲線也會往左移;這是因為廠商的長期產量會因油價一直維持在高檔,使其長期成本上升而減少。

另外,當一國的新冠肺炎疫情嚴重時,不單其勞動雇用量會減少,且其中間財可能也會短缺,而造成其短期總合供給曲線往左移。從另一角度來看,新冠肺炎疫情嚴重所導致的「缺工」與「缺料」現象,會導致生產要素價格上漲(如缺工導致運輸服務價格上漲,再進一步導致原物料價格上漲),從而造成總合供給曲線往上移。

此外,當一國的實體資本存量增加或技術水準提升時,勞動的邊際產量會增加,而造成經濟體系其長短期產出的增加,這意味著長短期總合供給曲線都會往右移。不過,為簡化分析,我們在下一節解釋景氣循環時仍維持資本存量與技術水準不變的假設。

10.4　利用總合供需模型解釋經濟波動

有了總合需求與長短期總合供給的概念後,接下來我們就可以結合這些概念來解釋一國的景氣循環現象。

▶10.4.1　總合需求變動引發經濟波動

　　如圖 10-7 所示，假設原先的總合需求曲線為 AD_0，且勞工對物價的預期水準為 P_0，因此，短期的總合供給曲線為 $AS_{SR}(P_e = P_0)$，其與 AD_0 交於 E_0 點。由於 E_0 點是總合需求曲線與短期總合供給曲線的交點，所以其所對應的物價水準 P_0，為短期的均衡物價水準。因為 P_0 亦為勞工所預期的物價水準，所以，E_0 點位在長期總合供給曲線 AS_{LR} 之上，此時的實質 GDP 水準 Y_0 為自然產出水準。換言之，我們假設原先本國處在長期均衡之下。

　　假設現在由於某個原因，人們對未來景氣的看法變得比較樂觀而增加投資（消費支出也可能增加），造成總合需求的增加，總合需求曲線因而由原先的 AD_0 右移至 AD_1。再假設一開始勞工並未改變他們對物價的預期水準，所以短期總合供給曲線仍為 $AS_{SR}(P_e = P_0)$。在此情況下，新的總合需求曲線 AD_1 與 $AS_{SR}(P_e = P_0)$ 交在圖中的 E_1 點，其為新的短期均衡點。這時，實質 GDP 增加為 Y_1，且物價上漲為 P_1。隨著時間的經過，勞工終究會察覺物價實際上已經上漲，而調高他們對物價的預期水準；假設調高為 P_1，亦即 $P_e = P_1$。當勞工調高對物價的預期水準後，勞動市場的供給會減少，而使名目工資以及廠商的生產成本上升，從而短期總合供給曲線會由原先的 $AS_{SR}(P_e = P_0)$ 上移至通過 E_2 點的 $AS_{SR}(P_e = P_1)$。

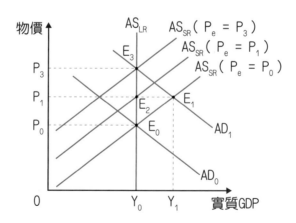

圖 10-7　總合需求增加與經濟波動

　　當短期總合供給減少時，物價會由 P_1 再進一步往上漲；當物價再往上漲時，

勞工會再進一步調高對物價的預期,而使短期總合供給再進一步減少。此一過程會一直持續下去,直到新的長期均衡點 E_3 達成為止,此時,實質 GDP 又回到自然產出水準 Y_0,物價則上漲至 P_3。因此,我們可以觀察到總合需求增加所造成的實質 GDP 水準由一開始的 Y_0 增加到 Y_1,再回到 Y_0 這樣的經濟波動過程。

相反地,當人們對未來的經濟前景比較悲觀時,投資會減少。以 2008 年第 2 季至 2009 年第 3 季為例,在那段期間,因美國次級房貸風暴所引發的全球經濟衰退,造成我國每一季實質民間投資的年增率都出現負成長,進而造成當時每一季實質 GDP 的年增率也都出現負成長,且衡量最終商品與服務價格水準的 GDP 平減指數 (GDP deflator)❷的年增率在 2008 年每一季也都出現負成長。我們可以用圖 10–8 來說明這些現象。

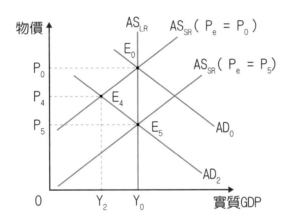

圖 10–8　總合需求減少與經濟波動

假設原先我國處在長期均衡下(圖 10–8 中的 E_0 點)。隨後,民間投資減少造成總合需求減少,而使總合需求曲線由原先的 AD_0 左移至 AD_2,且交原先的短期總合供給曲線 $AS_{SR}(P_e = P_0)$ 於 E_4 點。短期的物價水準由原先的 P_0 下跌至 P_4,且實質 GDP 由原先的 Y_0 減少為 Y_2,因此,經濟出現負成長。之後,勞工調降對物

---

❷　其值等於 $(\dfrac{名目\ GDP}{實質\ GDP}) \times 100$。一國名目 GDP 的變動可能同時反映價格與數量的變動,而實質 GDP 的變動只純粹反映數量的變動,因此,名目 GDP 除以實質 GDP 的商可以用來衡量一般物價的變動。

價的預期水準，而使短期總合供給增加，從而造成物價的進一步下跌。此一過程會一直持續下去，直到新的長期均衡 E_5 達成為止。在此一過程中，我們可以觀察到實質 GDP 由 Y_0 減少為 Y_2，然後再回到 Y_0，且物價持續下跌。

所以，在此一過程中，實質 GDP 與物價水準的變化與上述 2008 年第 2 季至 2009 年第 3 季期間的情形頗為吻合。當然，這段期間的總合需求與總合供給都會因其他影響因素發生變動而改變。不過，該段期間的經濟衰退始於 2008 年民間投資的大幅減少，應是不爭的事實。

自 2009 年第 4 季起，全球經濟主要因各國政府採取強力的擴張政策而開始復甦，且持續至 2014 年。這段期間的經濟波動現象可以用圖 10–7 來解釋。因此，我們可以結合圖 10–8 與圖 10–7 來說明一個完整的景氣循環：谷底為圖 10–8 中的 Y_2，高峰為圖 10–7 中的 Y_1。

▶ 10.4.2　美國次級房貸風暴的成因與影響及政府政策

由於美國次級房貸風暴所引發的全球經濟衰退，造成我國的失業率大幅攀升，也造成部分歐洲國家（如希臘）爆發主權債信危機，而對全球經濟復甦產生很大的不確定性，所以接下來，我們花一點篇幅說明美國次級房貸風暴的成因與影響。

■ 1.成　因

美國次級房貸風暴起源於美國的房地產泡沫破滅，而美國之所以會有房地產泡沫是因為其金融體系的資金太過寬鬆；而美國金融體系的資金之所以會太過寬鬆則要從 2001 年的美國科技泡沫破滅談起。

在 1990 年代中期，個人電腦開始普及，而網際網路在 1990 年代末期也開始盛行，同時出現一些新的商業模式，如亞馬遜 (Amazon) 的網路書店與 eBay 的拍賣網站。人們對這些商業模式的獲利前景高度樂觀，而大量投資資訊設備與產能，進而造成科技泡沫。大量投資的結果造成相關產品的價格大幅下滑，最後造成企業虧損與科技泡沫破滅，而引發全球的經濟衰退；臺灣經濟也在 2001 年出現有國民所得統計以來的首度負成長。當時，美國聯邦準備銀行為刺激總合需求，自

2001 年 1 月起，開始調降聯邦資金利率目標值，共連續 13 次，由 6.5% 降至 1% 的歷史新低水準。

之後的幾年，美國金融體系的資金相當寬鬆，有些金融機構（如美國兩大房貸機構，房地美 (Freddie Mac) 與房利美 (Fannie Mae)）便衝刺房貸業務（就如同我國一些銀行在 2002 與 2003 年衝刺現金卡與信用卡業務一樣，埋下我國在 2006 年爆發「雙卡風暴」的種子）。但一些貸款戶是所謂的次級 (subprime) 房貸戶，亦即就他們的所得與信用歷史而言，他們有較高的債務不履行風險。

讓次級房貸戶能借到房貸的另一項原因是證券化 (securitization)，其為金融機構（特別是專門承作房貸業務的房貸機構）將其部分放款集結成抵押擔保證券 (mortgage-backed securities) 的過程。這些抵押擔保證券再賣給其他金融機構（如銀行與保險公司），而這些金融機構不一定完全察知這些證券的風險（例如，如果次級房貸戶還不出房貸的本息，則相關的抵押擔保證券的需求會減少，從而其價格會下跌）。由於房貸金融公司可以藉由賣出抵押擔保證券將房貸被倒帳的部分風險轉嫁出去，所以它們承作次級房貸業務的意願提升，從而不少次級房貸戶能借到房貸。

■ 2.影　響

不過，房市不可能長保榮景。從 2006 到 2009 年，全美國的房價大約下跌了 30%，這帶來下列兩項衝擊，而不利於美國的總合需求。

⑴房貸違約和法拍屋大幅增加

當房市熱絡時，不少次級房貸戶能借到房貸。但從 2006 到 2008 年，由於次級房貸戶其利率優惠期已過，而必須面臨頗高的利率，不少次級房貸戶便無法按時還款，而變成房貸違約戶。再加上當房價大幅下跌而造成房價低於房貸金額時，部分購屋人（如投資客與另一些次級房貸戶）便不再還房貸。在此情況下，銀行為減少損失，遂將這些問題房屋法拍，而造成房價的進一步下跌，形成惡性循環，房市也因此低迷。當房市低迷時，建商也不願意推案，從而造成總合需求中新住屋的投資支出減少。

⑵持有抵押擔保證券的金融機構遭受巨額損失

如前所述，如果次級房貸戶還不出房貸，則相關抵押擔保證券的價格會下跌。在此情況下，那些壓寶房市會維持榮景而持有大量抵押擔保證券的金融機構甚至會面臨破產。由於這些巨額損失，不少金融機構出現資金週轉問題，而被迫緊縮放款（包括消費性貸款），並賣出其所持有的證券資產（如股票），從而造成總合需求中的投資支出與消費支出減少，以及資產價格的全面重挫❸，而資產價格的重挫會讓人們進一步緊縮消費支出，進而讓廠商進一步緊縮投資支出。

由於這些事件與發展，美國的總合需求大幅緊縮，而造成實質 GDP 與就業的減少。從 2007 年第四季到 2009 年第二季，美國的實質 GDP 下降 4%，失業率則從 2007 年 5 月的 4.4% 上升至 2009 年 10 月的 10.1%。

■ 3.政府因應措施

由於這次的經濟衰退主要是由民間投資下降帶動總合需求減少所造成的，所以絕大多數的國家為擺脫經濟衰退，遂採行增加政府支出或減稅的擴張性財政政策，及引導利率下降以刺激民間投資的擴張性貨幣政策，來刺激總合需求。前者如我國在 2009 年推出四年 5,000 億的 「振興經濟擴大公共建設方案」，以及在 2010 年將營利事業所得稅稅率由 20% 調降為 17%；後者如我國中央銀行於 2008 年 9 月調降各類存款的應提準備率，以及自 2008 年 9 月起至 2009 年 2 月，共連續調降了 7 次重貼現率，降幅共 2.375%。

而美國 FOMC 也於 2007 年 9 月起開始調降聯邦資金利率目標值，由 5.25% 降至 2008 年 12 月的 0～0.25% 的水準，並且在 2008 年年底至 2014 年 10 月實施三輪的量化寬鬆貨幣政策。由於這些強力的總合需求刺激政策，全球經濟在 2010 年開始復甦，如我國當年的經濟成長率就高達 10.25%。

不過，天下沒有白吃的午餐。這些強力的刺激政策也帶來一些後遺症。例如，擴張性財政政策會造成政府財政惡化，而可能發生政府無法償還到期公債的主權債信危機，如希臘。而擴張性貨幣政策可能會造成資產價格膨脹，如臺北市的「房

---

❸ 　如我國的股價加權指數從 2008 年 5 月的 9,295 點跌至同年 11 月的 3,995 點。

價指數」自 2009 年的第 4 季持續上升至 2011 年的第 1 季，波段累積漲幅將近三成，而中國也因房價高漲而自 2010 年起開始實行所謂的「打房」措施；另外，全球的原物料（如糧食、黃金與石油）價格也因全球資金寬鬆而持續上漲❹。

▶10.4.3　新冠肺炎的影響

在 2020 年，不少國家因新冠肺炎疫情，而陷入經濟衰退。以美國為例，其 2020 年第二季的季經濟成長率為 –31.4%，且其 GDP 平減指數由第一季的 113.4 降為 112.8❺。會有這樣的結果是因為其民間消費與投資支出減少造成總合需求減少的緣故。

反觀臺灣，雖然實質民間消費減少，但投資、政府消費與出口淨額都增加，造成總合需求增加，而使 2020 年的經濟成長率為 3.36%，且 GDP 平減指數由 2019 年的 98.41 增為 99.70。在那一年，由於世界的宅經濟昌盛，5G、物聯網、高效能運算與車用電子持續發展，且臺灣因疫情控制得宜與美中貿易磨擦使不少臺商回臺投資，而使實質民間投資支出（2016 年為參考年）由 2019 年的新臺幣 35,991 億元增為 37,621 億元，增加 1,630 億元（政府投資與公營事業投資也分別增加 332 億元與 627 億元）。另外，實質出口淨額由 2019 年的新臺幣 25,533 億元增為 30,599 億元，增加 5,066 億元；這主要是因為出口因上述讓民間投資增加的原因使積體電路出口增加❻，而由 2019 年的新臺幣 125,252 億元增為 126,574 億元，增加 1,322 億元，且進口因對國外服務（如旅遊服務）的需求減少❼，而由 2019 年的新臺幣 99,541 億元減為 95,694 億元，減少 3,847 億元的緣故❽。

---

❹　在 2012 年 3 月，國際油價曾漲至每桶 120 美元以上。

❺　Fereral Reserve Bank, St. Louis.

❻　積體電路為我國主要出口貨品，占比由 2016 年 28.0% 升至 2020 年 35.5%，金額為 1,225 億美元，成長率為 22%，遠高於臺灣總出口的成長率 4.9%，是帶動出口成長最主要的力量。（經濟部新聞稿，2021 年 1 月 29 日）

❼　我國對服務的進口金額由 2019 年的 56,905 百萬美元減為 37,855 百萬美元，減少 19,050 百萬美元億元（《金融統計月報》，國際收支簡表）

❽　行政院主計總處：首頁 > 主計總處統計專區。

　　由美國 2020 年第二季的季經濟成長率為負值，且其 GDP 平減指數下降，以及臺灣 2020 年的經濟成長率為正值，且 GDP 平減指數上升可以得知，2020 年新冠肺炎疫情主要造成總合需求的變動，而導致經濟波動。

▶ 10.4.4　總合供給變動引發經濟波動

　　以上是透過總合需求的變動來說明經濟波動現象，而一國的經濟波動也可能源自於總合供給的變動。當 1974 年第一次石油危機發生時，我國那一年的 CPI 年增率高達 47.5%，且 1974 年第 3 與第 4 季以及 1975 年第 1 季的實質 GDP 都較上年同期減少。這些現象可以用圖 10–9 來說明。

　　我們仍假設我國經濟一開始仍處在長期均衡下（圖 10–9 中的 E_0 點）。當國際石油價格大幅飆漲時（由 P_{g0} 上漲至 P_{g1}），由於廠商的生產成本大幅增加，遂造成總合供給大幅減少，而使短期總合供給曲線大幅上移。如果人們因國際油價大漲而調高預期的物價膨脹率，那麼短期總合供給曲線會再進一步往上移，且總合需求也可能因民間消費支出增加而增加❾。自 1974 年第 2 季到 1975 年第 1 季，我國每季的實質民間消費都較上年同期成長，實質固定資本形成則在 1974 年的每一季都較上年同期成長，但成長率大幅下滑。

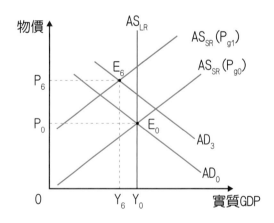

圖 10–9　總合供給減少與停滯性膨脹

---

❾　這道理就如同人們因預期某一商品的價格會上漲而增加其現在需求。

假設最後的短期總合供給曲線由原先的 $AS_{SR}(P_{g0})$ 大幅上移至 $AS_{SR}(P_{g1})$，且總合需求曲線由原先的 AD_0 右移至 AD_3。新的短期均衡點位於 E_6 點，此時，實質 GDP 由 Y_0 減少為 Y_6❿，物價由 P_0 上漲為 P_6；換言之，我國當時出現實質 GDP 減少與物價上漲並存的停滯性通膨 (stagflation) 現象。

當停滯性通膨發生時，政府會陷入兩難：如果要讓產出與就業回復原先的長期均衡水準，則必須採取擴張性財政政策或（且）擴張性貨幣政策，但這會讓物價進一步上漲；如果要讓物價回復原先的長期均衡水準，則必須採取緊縮性財政政策或（且）緊縮性貨幣政策，但這會讓失業率進一步上升。

石油價格終究會因全球經濟不景氣而開始下跌。屆時，剛剛所敘述的過程會反轉，經濟體系最後會回到原先的長期均衡。像這樣，一國經濟可能因石油危機造成生產成本上升而陷入衰退，也可能因石油價格下跌或發生重大技術進步，造成生產成本下降而邁向擴張。因此，一國經濟的短期波動，也可能來自於那些會造成生產成本大幅變化的因素發生波動所造成的，亦即一國經濟的短期波動也可能源自於短期總合供給的波動。

▶ 10.4.5 總合供給與總合需求同時發生變動

如上所述，新冠肺炎疫情不單會影響總合需求，它也會造成總合供給的減少。在 2021 年，全球經濟因絕大多數的國家採取強力的貨幣與財政政策，使總合需求增加而復甦；我國也因全球經濟復甦使實質出口淨額由 2020 年的新臺幣 30,599 億元增至 2021 年的 35,022 億元，再加上政府也採取強力的貨幣與財政政策，以及民間投資支出依舊暢旺（如台積電等資訊電子廠不斷擴廠，實質民間投資支出由 2020 年的新臺幣 37,621 億元增至 2021 年的 45,111 億元），而使我國 2021 年的經濟成長率因總合需求增加而高達 6.57%。不過，由於全球新冠肺炎疫情依然嚴峻，造成運輸服務價格與原物料價格高漲，我國 2021 年的 GDP 平減指數也部分因總合供給減少而由 2020 年的 99.70 增至 2021 年的 102.59，年增率為 3.00%。

就美國而言，其 2021 年的經濟成長率因總合需求增加而為 5.7%，但因其疫

---

❿ 從支出面來看，我國經濟在 1974 年第 3 與第 4 季以及 1975 年第 1 季之所以較上年同期負成長，是因為進口大幅增加所致。

情較為嚴重,從而其 GDP 平減指數的年增率也高達 4.1%❶。

10.5 政府總體經濟政策效果

如前所述,當一國經濟處在衰退狀態時(如圖 10–8 中的 E_4 點),由於失業率上升,政府通常會採取擴張性財政政策或(且)擴張性貨幣政策,以刺激總合需求的增加。相反地,如果一國經濟處在繁榮的狀態(如圖 10–7 中的 E_1 點),政府為抑制物價的上漲,通常也會採取緊縮性的財政政策或(且)貨幣政策,使總合需求減少。因此,政府採取上述這些反景氣循環政策的目的,在於透過影響總合需求,以降低經濟波動的程度。

不過,我們在 10.2 節曾經說明,民間部門的一些反應可能會降低政府政策的效果。另外,即使政府的政策可以有效地影響總合需求,那也並不表示在經濟波動幅度不大的時候,政府應該採取比較積極的反景氣循環政策。這是因為政府政策有時間落後的問題。這些落後包括表 10–2 所列的種類:

表 10–2 政府政策的時間落後種類

認知落後 (recognition lag)	政府當局體認到問題存在時,往往已經過了一段時間
決策落後 (decision lag)	政府研擬政策到預算通過所需時間
執行落後 (execution lag)	政策完全執行所需時間
效應落後 (impact lag)	乘數效果 (multiplier effect) 充分發揮所需的時間

所謂乘數是總合需求增額之於自發性支出增額的倍數;自發性支出指的是非因所得變動所誘發的支出。像政府消費支出通常就被視為是一種自發性支出,因為即使景氣再差,政府還是要發薪水。

以封閉體系為例,當政府對本國最終商品與服務的消費支出增加 100 元,並

---

❶ Fereral Reserve Bank, St. Louis.

一直維持在增加後的水準時，一開始這增加的支出會變成某些人的所得，故國民所得會增加 100 元。但故事並未到此結束，當這些人的所得增加 100 元時，如果他們的邊際消費傾向（marginal propensity to consume，以 b 表示）為 0.8，亦即其所得如果增加 100 元，則他們的消費會增加 80 元，而這 80 元又會變成某些人的所得，且其消費會增加 64 元。此一過程會一直維持下去，而使得政府消費增加 100 元所造成的所得總增量為：

$$100 + 100 \times b + 100b \times b + \cdots\cdots$$
$$= 100 \times \frac{1}{1-b} = 100 \times \frac{1}{1-0.8} = 500$$

因此，之所以會有乘數效果，是因為邊際消費傾向小於 1，而使得一開始自發性支出的增加，會導致後續國內所得與對國內最終商品與服務的支出不斷地增加。

由於我國歷次景氣循環的收縮期最短只有 10 個月，擴張期最短只有 12 個月，在上述時間落後問題下，政府的反景氣循環政策反而可能有「落井下石」或「火上加油」的效果，因而反倒加大經濟波動的幅度。例如，當景氣繁榮而讓物價膨脹升溫時，政府可能採取緊縮性政策。但這些政策其效果顯現時，景氣可能已自高峰反轉向下而進入收縮期，從而這些政策有可能由於時間落後問題而加快經濟衰退的速度（落井下石）。

相反地，當景氣衰退而讓失業率上升時，政府可能採擴張性政策。但這些政策其效果顯現時，景氣可能已脫離谷底而進入擴張期，從而這些政策有可能由於時間落後問題而升高物價膨脹率（火上加油）。因此，由於可能存在時間落後問題，政府反景氣循環政策反而可能加大經濟波動的幅度。

另外，一些政府在大選年，有時會採取擴張性政策讓失業率降低，以贏得選舉。理性預期學派 (rational expectations school) 主張，人們在做決策時，會充分應用其所擁有的信息。如果上述政府刺激總合需求的「技倆」被預期到，那麼勞動供給者會調高預期的物價水準，而使總合供給減少，進而部分或完全抵銷政府擴張性政策刺激景氣的效果。此一結果可以利用圖 10–7 來說明。假設原先的均衡

點為 E_0，現在政府採取擴張性政策使總合需求曲線由 AD_0 右移至 AD_1；如果此一政策對物價的影響被預期到，則短期總合供給曲線會由原先的 $AS_{SR}(P_e = P_0)$ 上移，因而短期的均衡點不會落在 E_1 點，而是在它的左邊。如果政策對物價的影響被完全預期到，那麼短期總合供給曲線會上移到 $AS_{SR}(P_e = P_3)$，因而短期均衡點會由 E_0 點直接跳到 E_3 點。在此情況下，政府政策連短期的效果也沒有，只是造成物價上漲而已。

總而言之，主政者應該恰如其分地運用其所擁有的權力，而不應為了勝選而採行一些不恰當的經濟政策，這樣才能真正做到「經世濟民」。

✅ 課後練習

一、單選題

( ) 1. 下列哪一項是使總合需求曲線為負斜率的效果？

(A)利率效果 　　(B)所得效果 　　(C)替代效果 　　(D)物價預期效果

( ) 2. 在其他條件不變下，下列何者會造成本國的總合需求曲線右移？

(A)本國一般物價下跌 　　　　　(B)本國一般物價上漲

(C)外國的所得增加 　　　　　　(D)以上(A)與(C)均正確

( ) 3. 在其他條件不變下，下列何者會使本國的總合需求減少？

(A)中央銀行調高應提準備率

(B)人們對未來景氣的看法變得比較悲觀

(C)中央銀行賣出債券

(D)以上皆是

( ) 4. 在其他條件不變下，當勞動供給者調高對一般物價的預期水準時：

(A)勞動市場供給增加 　　　　　(B)勞動市場供給減少

(C)短期總合供給增加 　　　　　(D)以上(A)與(C)均正確

( ) 5. 下列何者會使短期總合供給增加？

(A)勞動供給者調高對一般物價的預期水準

(B)勞動供給者調低對一般物價的預期水準

(C)政府調高基本工資

(D)以上(A)與(C)均正確

( ) 6. 下列敘述何者正確？

(A)一國短期的均衡物價水準與實質 GDP 水準呈同向變動

(B)一國短期的均衡物價水準與實質 GDP 水準呈反向變動

(C)一般而言，一國經濟的波動主要源自於民間投資的波動

(D)以上(A)與(C)均正確

( ) 7. 當一國出現停滯性通膨現象時，其名目國民所得水準將如何變動？

(A)增加 　　(B)減少 　　(C)不變 　　(D)無法確定

( ) 8.政府反景氣循環政策的目的在於：

    (A)增加出口   (B)促進投資

    (C)降低經濟波動的幅度   (D)以上皆是

( ) 9.在其他條件不變下，一般而言，一國貨幣供給增加將造成：

    (A)長期實質 GDP 增加   (B)長期實質 GDP 減少

    (C)長期一般物價上漲   (D)長期一般物價下跌

( ) 10.假設一國經濟原先處在長期均衡狀態下。下列何者使政府的擴張政策在長期是無效的？

    (A)人們調整其對未來景氣的看法

    (B)勞動供給者調整其對未來物價的預期水準

    (C)民間消費變動

    (D)民間投資變動

( ) 11.當自然失業率上升時，在其他條件不變下，長期均衡所得與均衡物價將如何變動？

    (A)均衡所得與均衡物價均上升   (B)均衡所得與均衡物價均下降

    (C)均衡所得上升，均衡物價下降   (D)均衡所得下降，均衡物價上升

( ) 12.我國在 2009 年發生經濟負成長，主要是因為下列何者較 2008 年大幅減少？

    (A)實質消費支出   (B)實質投資支出

    (C)實質政府支出   (D)實質出口淨額

( ) 13.當中央銀行調降應提準備率時，在其他條件不變下：

    (A)短期均衡所得會減少

    (B)在經濟體系趨向長期均衡的過程中，人們會調高物價的預期水準

    (C)在經濟體系趨向長期均衡的過程中，人們會調降物價的預期水準

    (D)以上(A)與(C)均正確

( ) 14.下列何者確定會造成短期均衡物價下跌？

    (A)總合需求增加，且短期總合供給增加

    (B)總合需求增加，且短期總合供給減少

(C)總合需求減少，且短期總合供給增加

(D)總合需求減少，且短期總合供給減少

( ) 15.根據理性預期學派的主張，若物價的變動被充分預期，則：

(A)財政政策有效，但貨幣政策無效

(B)貨幣政策有效，但財政政策無效

(C)財政政策與貨幣政策均有效

(D)財政政策與貨幣政策均無效

二、問答題

1. 如果投資對利率愈敏感，亦即就相同的利率下跌幅度而言，投資需求量的增加幅度愈大，那麼，貨幣政策效果會愈大還是愈小？試說明之。

2. 假設財政政策是有效的。當政府減稅時，在其他條件不變下，

(1)總合需求會如何變動？

(2)長短期均衡物價與實質 GDP 又會如何變動？試說明之。

3. 當一國的自然失業率下降時，在其他條件不變下，該國的長期一般物價水準會如何變動？試繪圖說明之。

4. 當一國出現停滯性膨脹現象時，該國政府（特別是中央銀行）會面臨什麼樣的取捨問題？試繪圖說明之。

5. 假設一國經濟一開始處在長期均衡。

(1)畫圖顯示此一狀態（均衡點為 E_0 點）。

(2)假設中央銀行讓貨幣供給增加。利用(1)小題中的圖形顯示當該國由 E_0 點移至新的短期均衡點（E_1 點）時，實質 GDP 與物價水準的變化。

(3)再畫圖顯示新的長期均衡（E_3 點）。該國為何會由 E_1 點移至 E_3 點？

(4)根據工資僵固理論，先比較 E_0 點與 E_1 點下的名目工資，再比較 E_0 點與 E_3 點下的名目工資。

(5)根據工資僵固理論，先比較 E_0 點與 E_1 點下的實質工資，再比較 E_0 點與 E_3 點下的實質工資。

(6)根據你上面的答案，貨幣政策在短期是否有效？在長期是否無效？

9 劃

12 劃

筆記欄

經濟學（修訂三版）

賴錦璋／著

◎化抽象為具體，看得見摸得著

本書利用大量生活實例，帶出經濟學的觀念，將經濟融入生活，讓您從生活體悟經濟。

◎用筆幽默風趣，內容好讀好記

運用輕鬆幽默的筆調、平易近人的語言講解經濟學，讓經濟不再是經常忘記。

◎精闢講解重點，理論涵蓋全面

內容涵蓋個體及總體經濟學的重要議題，讓讀者完整掌握經濟學的理論架構。

◎經濟現況說明，統計數據佐證

介紹臺灣各階段經濟發展的狀況，更透過歷年實際的統計數據輔助說明，提升讀者運用數據資料分析經濟情勢與判斷趨勢的能力。

財務報表分析（修訂二版）

盧文隆／著

◎深入淺出，循序漸進

行文簡單明瞭，逐步引導讀者檢視分析財務報表；重點公式統整於章節末，並附專有名詞中英索引，複習對照加倍便利。

◎理論活化，學用合一

有別於同類書籍偏重原理講解，本書新闢「資訊補給」、「心靈饗宴」及「個案研習」等應用單元，並特增〈技術分析〉專章，融會作者多年實務經驗，讓理論能活用於日常生活之中。

◎習題豐富，解析詳盡

彙整各類證照試題，有助讀者熟悉題型；隨書附贈光碟，內容除習題詳解、個案研習參考答案，另收錄進階試題，提供全方位實戰演練。

國際貿易法規（修訂七版）

方宗鑫／著

◎國際貿易公約

主要包括：1.關稅暨貿易總協定(GATT)；2.世界貿易組織(WTO)；3.聯合國國際貨物買賣契約公約；4.與貿易相關之環保法規，如華盛頓公約、巴塞爾公約、生物多樣性公約等。

◎主要貿易對手國之貿易法規

主要介紹美國貿易法中的201條款、232條款、301條款、337條款、反傾銷法及平衡稅法。

◎國際貿易慣例

主要包括：1.關於價格條件的國貿條規(Incoterms 2000)；2.關於付款條件的信用狀統一慣例(UCP 600)、國際擔保函慣例(ISP 98)、託收統一規則(URC 522)及協會貨物保險條款(2009年ICC)等。

◎其他相關之貿易法規

主要包括：1.貿易法；2.國際貨幣金融體制與管理外匯條例；3.國際標準化組織與商品檢驗法；4.世界海關組織與關稅法。

初級統計學：解開生活中的數字密碼（修訂二版）

呂岡坪、楊佑傑／著

◎生活化

以生活案例切入，避開艱澀難懂的公式和符號，利用簡單的運算推導統計概念，最適合對數學不甚拿手的讀者。

◎直覺化

以直覺且淺顯的文字介紹統計的觀念，再佐以實際例子說明，初學者也能輕鬆理解，讓統計不再是通通忘記！

◎應用化

以應用的觀點出發，讓讀者瞭解統計其實是生活上最實用的工具，可以幫助我們解決很多周遭的問題。統計在社會科學、生物、醫學、農業等自然科學，還有工程科學及經濟、財務等商業上都有廣泛的應用。

西洋經濟思想史（七版）

林鐘雄／著

這是以現代用語和觀點探討、介紹西洋經濟思想演進的書。作者依時間順序與學說性質，詳細描述兩百年來西洋經濟學家在經濟思想上的貢獻，另外對現代主要經濟學家的理論及其思想淵源亦有深入的剖析。有志研讀經濟理論的年輕朋友，或有意充實經濟知識的人士，可以本書作為研究現代經濟學的起點。

國家圖書館出版品預行編目資料

簡明經濟學／王銘正著.——修訂三版.——臺北市：
三民，2022
　　面；　公分

　ISBN 978-957-14-7475-5　（平裝）
　1.經濟學

550　　　　　　　　　　　　　　　111009304

簡明經濟學

作　　　者	王銘正
發 行 人	劉振強
出 版 者	三民書局股份有限公司
地　　　址	臺北市復興北路 386 號 (復北門市)
	臺北市重慶南路一段 61 號 (重南門市)
電　　　話	(02)25006600
網　　　址	三民網路書店 https://www.sanmin.com.tw
出版日期	初版一刷 2017 年 4 月
	修訂二版一刷 2020 年 6 月
	修訂三版一刷 2022 年 9 月
書籍編號	S552520
Ｉ Ｓ Ｂ Ｎ	978-957-14-7475-5